微格教学与微格教研

(第2版)

主　编　荣静娴
副主编　钱　舍

华东师范大学出版社
上海

图书在版编目（CIP）数据

微格教学与微格教研/荣静娴主编.—2版.—上海：华东师范大学出版社，2011.8
ISBN 978-7-5617-8881-3

Ⅰ.①微… Ⅱ.①荣… Ⅲ.①微格教学-教学研究-高等学校-教材 Ⅳ.①G424.21

中国版本图书馆CIP数据核字(2011)第177720号

微格教学与微格教研（第2版）

主　　编	荣静娴
副主编	钱　舍
责任编辑	朱建宝
审读编辑	金青秋
责任校对	时东明
封面设计	卢晓红
出版发行	华东师范大学出版社
社　　址	上海市中山北路3663号　邮编 200062
网　　址	www.ecnupress.com.cn
电　　话	021-60821666　行政传真 021-62572105
客服电话	021-62865537　门市（邮购）电话 021-62869887
地　　址	上海市中山北路3663号华东师范大学校内先锋路口
网　　店	http://hdsdcbs.tmall.com
印刷者	昆山市亭林印刷有限责任公司
开　　本	787毫米×1092毫米　1/16
印　　张	14.5
字　　数	328千字
版　　次	2012年2月第2版
印　　次	2024年1月第11次
书　　号	ISBN 987-7-5617-8881-3
定　　价	33.00元
出版人	王　焰

（如发现本版图书有印订质量问题，请寄回本社客服中心调换或电话021-62865537联系）

前　言

微格教学作为一种培训教师课堂教学技能的优化模式已在世界各国范围内广泛使用,自20世纪80年代引入我国以来,广大教育工作者结合国内的教育实际,实践探索,研究总结,在理论发展和实际运用推广方面都取得了一定的成绩。20世纪80年代中期,我国的教育学院系统率先将国外用于培训师范生的微格教学应用到在职教师的继续教育中,在理论与实践相结合的培训中,很快提高了青年教师的整体素质;也使许多有经验的资深教师突破了教学的"高原期现象",使教学水准更上一层楼。与教育学院联系紧密的许多中小学校和师范院校也对微格教学进行了推广应用及研究,并取得了相应的研究成果。

微格教研是在微格教学基础上发展变化而产生的。最初是上海市的一所普通中学将微格教学的基本理论和模式,运用到中学教师的教研活动中,对传统的教研组活动进行了大胆的改革和创新。微格教研采用了微格教学的合理内核,将师范生用来"学习教学"的"微格教学"发展为在职教师用于"研究教学"的"微格教研"。经过几年的实践研究,这一研究课题取得了可喜的成果,促进了学校师资队伍向能力型发展。

21世纪的教育改革旨在培养能适应新世纪需要的高素质、高质量人才,而人才的培养又决定于师资队伍的建设。党的二十大报告提出了全面建设社会主义现代化国家的路径,对建设教育强国、科技强国、人才强国作出了重要部署。在2023年5月29日举行的中共中央政治局第五次集体学习中,习近平总书记对建设教育强国的性质、意义、价值作出了全新论述,同时强调"强教必先强师。要把加强教师队伍建设作为建设教育强国最重要的基础工作来抓,健全中国特色教师教育体系,大力培养造就一支师德高尚、业务精湛、结构合理、充满活力的高素质专业化教师队伍"。《微格教学与微格教研》一书出版十年来深受广大教师和教育工作者的支持,这次再版主要增加了新的内容和实用案例。本书共有九章,第一章"微格教学概述"主要介绍了微格教学的产生、发展及其特点;第二章"微格教学的基本模式"阐述了微格教学的实施步骤,运用比较研究的方法对美国爱伦模式、英国布朗模式、澳大利亚悉尼模式等有影响的模式作了介绍;第三章"微格教学的教学设计"不仅从"指导者"和"受训者"的不同角度阐述设计方法,而且强调了现代人格因素对设计的影响;第四章"微格教学的基本理论"既探讨了教育理论对微格教学的指导,也探寻了各项教学技能训练中的理论支持;第五章"课堂教学技能分类"从教学技能和知识、能力、方法及艺术的关系出发,阐述了教学技能的特点、分类意义、作用和原则;第六章"课堂教学的基本技能"介绍了语言、板书、讲解、提问、变化和演示等教学基本技能;第七章"调控教学过程的技能"介绍了导入、强化、课堂组织管理、试误、结束和教学媒体选用等技能,本书对第六、七章涉及的12项常用技能均从作用、类型和应用原则等方面进行分析,并配有大量教学案例,实用性较强;第八章"微格教学的评价"阐述了评价的意义,介绍了定量评价和"2+2"定性评价方法,可供教师们选用;第九章"微格教研"介绍了同侪训练的形式,为学校教研组提供了全新的教学研究方法。

本书可用作师范院校在校生和各类学校在职教师职后培训的教材,也可作为中、小学教师教学研究活动的参考书。本书各科通用,各学科专业教师可具体结合本学科的特点进行使用。本书在编写过程中参考了全国许多专家学者的著作和文献,在此深表谢意。

本书编写分工如下(按章节顺序):

荣静娴(华东师范大学物理系)撰写第一、二章;

区培民(华东师范大学课程与教学系)撰写第三、四章和第六章第5节;该系研究生冯程程、李丹参与了部分工作;

段玉文(上海市嘉定区第二中学)撰写第五章、第六章第6节和第七章第6节;

杨广达(华东师范大学化学系)撰写第六章第1、2节和第八章;

孟宪云(上海市嘉定区第二中学)撰写第六章第3、4节;

钱舍(上海市紫阳中学)撰写第七章第1—5节和第九章。

全书由荣静娴统稿。

荣静娴

目录

第一章 微格教学概述 …………………………………… 1
　第一节 微格教学的基本概念 ………………………… 1
　　一、什么是微格教学 ……………………………… 1
　　二、微格教学在美国产生 ………………………… 1
　　三、微格教学走向世界 …………………………… 3
　第二节 微格教学的基本特点 ………………………… 4
　　一、微格教学在中国的发展 ……………………… 4
　　二、微格教学的基本特点 ………………………… 5

第二章 微格教学的基本模式 …………………………… 8
　第一节 微格教学的实施步骤 ………………………… 8
　　一、理论研究和组织 ……………………………… 8
　　二、技能分析和示范 ……………………………… 9
　　三、微格教案设计 ………………………………… 9
　　四、微格实习记录 ………………………………… 9
　　五、小组观摩评议 ………………………………… 10
　　六、再循环或总结 ………………………………… 10
　第二节 微格教学的模式比较 ………………………… 10
　　一、美国爱伦模式的新旧比较 …………………… 10
　　二、英国的布朗模式 ……………………………… 11
　　三、澳大利亚悉尼模式 …………………………… 14
　　四、微格教学的变通模式——微格教研 ………… 15

第三章 微格教学的教学设计 …………………………… 16
　第一节 微格教学设计的基本方法 …………………… 16
　　一、作为指导者的教学设计 ……………………… 16
　　二、作为受训者的教学设计 ……………………… 19
　第二节 人格化的微格教学设计 ……………………… 22
　　一、教师外显行为蕴涵的人格因素 ……………… 22
　　二、微格教学设计实施中的人格化方法特征 …… 23
　　三、人格化的微格教学设计 ……………………… 24
　　四、微格教学人格化设计和实施的鉴定评价 …… 26

第四章 微格教学的基本理论 …………………………… 28
　第一节 微格教学的理论基础 ………………………… 28

一、加涅的学习结果分类理论……………………………………… 28
　　　二、杜威的"做中学"理论…………………………………………… 29
　　　三、巴班斯基的认识活动分类理论…………………………………… 29
　　　四、拉斯韦尔的传播理论……………………………………………… 30
　第二节　技能训练的理论支持……………………………………………… 31
　　　一、语言和讲解技能的理论视角……………………………………… 31
　　　二、板书、演示和多媒体技能的理论视角…………………………… 32
　　　三、导入和结束技能的理论视角……………………………………… 33
　　　四、提问技能的理论视角……………………………………………… 34
　　　五、试误技能的理论视角……………………………………………… 34
　　　六、组织和讨论技能的理论视角……………………………………… 35

第五章　课堂教学技能分类…………………………………………………… 38
　第一节　课堂教学技能概述………………………………………………… 38
　　　一、课堂教学技能的概念……………………………………………… 38
　　　二、教学技能和知识、能力、方法及艺术的关系…………………… 39
　第二节　课堂教学技能的特点……………………………………………… 40
　　　一、教学技能的主要特征……………………………………………… 40
　　　二、课堂教学技能的特点……………………………………………… 42
　第三节　课堂教学技能分类体系比较……………………………………… 43
　　　一、教学技能分类的意义……………………………………………… 43
　　　二、课堂教学技能的作用……………………………………………… 45
　　　三、课堂教学技能分类的原则………………………………………… 46
　　　四、课堂教学技能分类体系比较……………………………………… 48

第六章　课堂教学的基本技能………………………………………………… 50
　第一节　教学语言技能……………………………………………………… 50
　　　一、什么是教学语言技能……………………………………………… 50
　　　二、教学语言的基本特征……………………………………………… 50
　　　三、教学语言技能的作用……………………………………………… 54
　　　四、教学语言技能的组成要素………………………………………… 55
　　　五、教学语言的类型…………………………………………………… 56
　　　六、教学语言技能应用原则…………………………………………… 57
　第二节　板书技能…………………………………………………………… 58
　　　一、什么是板书技能…………………………………………………… 58

二、板书的功能 …………………………………………………… 59
　　三、板书技能的类型 ………………………………………………… 59
　　四、板书技能应用原则 ……………………………………………… 65
第三节　讲解技能 ……………………………………………………… 65
　　一、课堂讲解的优势与局限 ………………………………………… 66
　　二、讲解的作用 ……………………………………………………… 68
　　三、讲解技能的构成要素 …………………………………………… 68
　　四、讲解的类型 ……………………………………………………… 72
　　五、讲解的基本要求 ………………………………………………… 77
　　六、讲解技能的应用原则 …………………………………………… 80
第四节　提问技能 ……………………………………………………… 81
　　一、提问的作用 ……………………………………………………… 81
　　二、提问的构成要素 ………………………………………………… 85
　　三、提问的问题类型 ………………………………………………… 90
　　四、提问的过程 ……………………………………………………… 94
　　五、提问的要领 ……………………………………………………… 95
　　六、提问的原则 ……………………………………………………… 99
第五节　变化技能 ……………………………………………………… 101
　　一、变化技能的教学意义 …………………………………………… 102
　　二、变化技能的类型 ………………………………………………… 102
　　三、变化技能应用原则 ……………………………………………… 107
第六节　演示技能 ……………………………………………………… 108
　　一、演示在教学中的意义 …………………………………………… 108
　　二、演示的目的 ……………………………………………………… 109
　　三、演示的类型 ……………………………………………………… 112
　　四、演示技能的构成 ………………………………………………… 115
　　五、演示的方法 ……………………………………………………… 117
　　六、演示的应用原则 ………………………………………………… 120
　　七、演示的基本要求 ………………………………………………… 120

第七章　调控教学过程的技能 ………………………………………… 123
　第一节　导入技能 …………………………………………………… 124
　　一、导入的作用 ……………………………………………………… 124
　　二、导入的方法 ……………………………………………………… 125
　　三、导入技能的应用原则 …………………………………………… 130

第二节 强化技能 …… 132
一、强化技能的目的 …… 133
二、强化技能的类型 …… 133
三、强化技能的应用原则 …… 139

第三节 课堂组织管理技能 …… 140
一、如何驾驭课堂 …… 142
二、课堂组织管理技能的类型 …… 148

第四节 试误技能 …… 151
一、试误技能的功能 …… 152
二、试误技能的类型 …… 153
三、试误技能应用的原则及要点 …… 157

第五节 结束技能 …… 158
一、结束技能的作用 …… 159
二、结束技能的类型 …… 160
三、结束技能的应用原则 …… 165

第六节 教学媒体选用技能 …… 166
一、教学媒体的概念 …… 167
二、教学媒体的分类 …… 167
三、教学媒体的功能 …… 168
四、教学媒体的选用原则 …… 168
五、教学媒体的选择方法 …… 170
六、教学媒体的使用 …… 172
七、教学媒体选用技能 …… 180

第八章 微格教学的评价 …… 187

第一节 微格教学评价的意义 …… 187
一、反馈信息及时全面 …… 187
二、理论实践科学结合 …… 187
三、相互交流、促进提高 …… 188
四、改革发展现代课堂教学 …… 188

第二节 建立评价指标体系 …… 188
一、微格教学评价的性质 …… 188
二、微格教学评价量表的制定 …… 189
三、微格教学评价记录量表 …… 190

第三节 微格教学评价的实施 …… 194

一、分等评价 ………………………………………… 194
　　二、评价统计的方法 …………………………………… 195
　　三、统计程序设计 ……………………………………… 197
第四节　微格教学评价的发展 …………………………………… 198
　　一、"2＋2"课堂教学评价指导的提出 ……………… 198
　　二、指导的主要目标是帮助被指导者的教学有所改进 … 198
　　三、"2＋2"指导方法，即两条表扬性意见加两条
　　　　改进性建议 ……………………………………… 198
　　四、教学指导的过程和步骤应简便实用 ……………… 199

第九章　微格教研 ……………………………………………… 201
　第一节　微格教研与传统教研 ………………………………… 201
　　一、区别与联系 ………………………………………… 201
　　二、促进师资队伍向能力型发展 ……………………… 203
　第二节　微格教研的初级阶段 ………………………………… 205
　　一、事先的学习与研究 ………………………………… 205
　　二、微格教研的形式与内容 …………………………… 209
　第三节　微格教研中的同侪训练 ……………………………… 211
　　一、同侪训练贯穿于微格教研中 ……………………… 212
　　二、同侪训练案例 ……………………………………… 214

主要参考文献 ……………………………………………… 222

第一章 微格教学概述

第一节 微格教学的基本概念

一、什么是微格教学

微格教学的英文为 Microteaching，可译为"微型教学"、"微观教学"、"小型教学"等，目前国内使用较多的是"微格教学"。微格教学是一种利用现代化教学技术手段来培训教师的实践性较强的教学方法。通常将参加培训的学员(师范生或在职教师)分成若干小组，在指导教师的理论指导下，每一位学员进行 4—5 分钟的"微格教学"，并将教学实况摄录下来，然后在指导教师引导组织下，小组成员一起反复观看录制成的视听材料，同时进行讨论和评议，最后由指导教师进行小结。这样依次让所有学员轮流进行多次微格教学训练，使师范生或在职教师的教学技能、技巧有所提高，从而也提高了教师的整体素质。

曾在美国加利福尼亚州斯坦福大学(Stanford University)任教的爱伦(Dwight Allen)博士定义微格教学为"一个缩小了的、可控制的教学环境，它使准备成为或已经是教师的人有可能集中掌握某一特定的教学技能，或在控制的条件下进行学习"。英国诺丁汉大学(University of Nottingham)的布朗(George Brown)教授称微格教学是"一个简化的、细分的教学，从而使学生易于掌握"。结合国内的微格教学培训情况，我们认为："微格教学是一个有控制的实践系统。它使师范生和教师有可能集中解决某一个特定的教学行为，或在有控制的条件下进行学习。它是建筑在教育教学理论、视听理论和技术基础上，系统训练教师教学技能的方法。"

二、微格教学在美国产生

第二次世界大战后到 20 世纪 50 年代中期，美国的教育状况没有多大变化。但是，1957 年苏联的第一颗人造地球卫星上天，引起了美国朝野和教育界的极大震惊。许多人意识到美国在科技方面的优势将被别国超越，自然地把造成这种局面的原因归咎于教育的停滞不前。于是，美国从 20 世纪 50 年代末开始，大力提倡改革学校教育，开展了较大规模的教育改革运动，其主要的目标是为了使美国的教育水平与现代科学技术的发展相适应。1958 年，美国联邦政府颁布了《国防教育法》，以此作为一项"紧急措施"，以立法的形式要求改革教育的制度和课程的内容。曾任哈佛大学校长的美国教育家康南特(J. B. Connat)在 1958 年后致力于美国基础教育的研究和改革，他特别强调数学、科学和现代外语的教育改革，主张中学课程内容和教学手段要沿着现代化方向进行改革。在这一阶段编写出版的中学教材主要有：全美教师协会和美国数学协会共同编写的 SMSG 新数学实验课本、由物理科学研究委员会编写的 PSSC

中学物理课本、由美国化学学会化学键研究会(CBAP)和化学教材研究会(CHEMS)编写的中学化学教材、由美国生物科学研究所生物科学课程研究会编写的 BSCS 生物教材。上述中学教材的编写人员中有不少大学教授和知名学者,而教材内容对相当一部分中学生来说是有一定难度的。

美国在课程教材改革的同时,大力开展了教育技术革新。教育界几乎所有人士都意识到:美国社会的各行各业都不同程度地应用了科学的新发现和技术的新发明,因而美国社会生活的各个领域总是处于一种在不断变化和发展的状态。但作为社会发展基础的教育却缺乏生气,哈佛大学实验心理学教授斯金纳(Burrhus F. Skinner)曾指出:"教育和其他部门比较起来,在接受科学成果和技术方面是最缓慢的一个领域,任凭现代科学技术飞速发展,唯独教育还停留在'手工业'活动阶段。"斯金纳为了改变这种教育"手工业"化的落后状态,第一个发明了算术教学机器,1958 年又采用程序教学的原理对这部教学机器作了改进。因而,以现代科学技术的应用促进教育,成为当时美国教育改革的一个重要特点。从 1959 年开始,美国联邦政府每年增加教育投资,对各级学校进行财政援助,为学校设置实验室和视听室,添置了电影放映机、电视机、录音机、录像机等设备。

作为教育改革的一部分,美国大学的教育学院开始改革对师范生的培训方法,斯坦福大学的爱伦博士和他的同事们认为,师资培训的科学化、现代化是师范教育改革的主要任务之一。多年来,师范生在毕业前都要进行教育实习,要像教师一样到课堂上去授课,课后再由指导教师提出比较多的指导意见。但师范生一开始很难适应课堂教学环境,对指导教师提出的许多意见,师范生并没有直观的感受,他们往往由于紧张已记不起自己上课的全过程,因而难以进行客观的自我评估和改进。爱伦博士和他的同事们开始试验为学生提供练习教学技能的各种方法。他们试验的第一个办法叫"教师帮助计划"(Teacher Aids Program),即利用暑假将学生派往附近的学校,与那些给暑期补习班上课的教师一起工作,学生可以观察那些有经验教师的教学情况,也能在教师指导下进行一些教学。虽然学生通过这种方法获得了一些教学经验,但总的评价是不十分有效。因为用这种方法学生要花很多时间与补习教师在一起,整个过程中没有重点,学生事前期望的技能训练无法保证实现,同时也增加了补习班教师的负担,所以这种方法有点事倍功半,并不十分理想。

爱伦博士和同事们又想出了另一个方法:教学演练(The Demonstration Teaching Lesson)。其目的是为学生提供一个类似于真实的教学环境,使他们能够初步领略教学的复杂性,并产生学习教学技能的兴趣和愿望。为此他们从附近学校请来一组学生,并对其中四名学生进行训练,告诉他们要扮演四种不同类型的学生,第一位是求知欲特别强的学生(eager),不管教师讲什么他都表现出很愿意听的样子;第二位是一个反应迟钝的学生(slow poke),他表现为什么都听不懂;第三位是什么都知道的学生(know it all),往往在教师还没讲完之前他就已经知道了答案;第四位是什么都不在乎的学生(couldn't care less),经常在课堂上说话、制造噪音,还玩纸飞机。大多数参加这项实验的师范生的讲课都以失败而告终,究其原因,首先是对初登讲台的师范生而言,这些经过训练的学生太难对付,其次是一节课的时间对师范生来说太长了,他们准备好的某些技能不能有重点地表现出来,再则是附近学校的学生不能经常请到。

爱伦博士和同事们对以上方法进行了改进,提出由师范生自己选择教学内容,由同组的师范生来扮演学生,缩短教学时间,并用摄像机记录教学过程,以便课后对整个过程进行更细致地分析和研究。1963年,爱伦博士和同事们开始用这种方法向师范生传授教学技能。微格教学就这样产生了。

三、微格教学走向世界

微格教学在美国斯坦福大学产生后,迅速在美国各地得到推广、应用和研究。20世纪60年代末传入英国、德国等欧洲各国,20世纪70年代又传入日本、澳大利亚、新加坡等国家和我国的香港地区,20世纪80年代开始传入中国大陆、印度、泰国、印尼以及非洲的一些国家。

在英国,微格教学获得了全体教师的支持,该课程的每一部分都引起了教师的广泛兴趣。教师们很愿意接受这种自我教学的过程,不管是小组教学、个别指导,还是班级教学,所有的技能都被认为是有用的。在四年的教育学士课程中,微格教学课程通常被安排在第四学年,学生在教育实习前先学习"微格教学概论"、"课堂交流技巧"的理论和实践以及"课堂交流与相互作用分析"。微格教学课程共安排42周,每周5学时,共计210学时,师范生接受了微格教学训练后,再到各中学、小学进行教育实习。英国的微格教学专家认为开设本课程的目的在于帮助师范生掌握在教学过程中可能发生问题的处理方法,分析有关人际交流的主要沟通因素,训练在课堂上如何与学生交流的方法,促进反馈评价等。

澳大利亚的悉尼大学成功地移植和改进了微格教学课程,获得了世界声誉。20世纪70年代初,悉尼大学教育学院注意到微格教学对师范生教育和在职教师进修的促进作用,在初步实践的基础上,由国家投资进行了微格教学课程的开发,并编写出版了一套《悉尼微格教学技能》教材,共五册。参与教材编写的教师有:科力夫·特尼(C. Turney)、肯·阿尔梯斯(K. J. Eltis)、海顿(N. Hatton)、欧文斯(L. C. Owens)、托勒(J. Towler)、赖特(R. Wright)以及威廉姆斯(G. Williams)等。这套教材的主要内容为:第一册包括强化、基础提问、变化;第二册包括讲解、导入和结束、高层次提问;第三册包括课堂组织管理和训练;第四册包括小组指导、讨论、小组教学和个性化指导;第五册包括指导发现学习和培育创新能力。这套教材出版后在国内外引起了强烈反响,除了在本国广泛使用外,还被介绍到其他国家和地区,尤其推广到了亚洲和非洲的许多发展中国家。1978年教材全部出齐后,经过进一步应用实践,悉尼大学微格教学项目小组又将第一、二分册重新编写,并于1983年出版,教材名为《悉尼微格技能再发展》。教材中的培训技能有:强化技能、基础提问技能、变化技能、讲解技能、导入和结束技能及高层次提问技能,对于以上六项技能还配以完整的示范录像资料,主编科力夫·特尼教授亲自参与了示范录像资料的拍摄,使微格教学培训课程更为生动、有效。

讨论题

1. 简述什么是微格教学。
2. 分析微格教学在美国产生的背景和条件。

第二节 微格教学的基本特点

一、微格教学在中国的发展

早在1973年,香港中文大学教育学院就采用微格教学的方法来培训师范生,在实践总结的基础上,又于20世纪80年代初对进修的在职教师进行了微格教学培训实验,由此证明微格教学培训方法对在职教师也有很大帮助。

20世纪80年代初,微格教学开始传入祖国大陆,原上海教育学院于1985年开始将这种国外培训师范生的方法应用于在职教师的职务培训中,形成了一门理论与实际紧密结合的培训课程——《中学课堂教学技能研究》,并取得很好的教学效果。北京教育学院的一部分教师也开始对微格教学进行学习和研究,并作了一些实践与探索。按照国家教育部师范教育司的意见和要求,1989年三、四月间,在北京教育学院举办了两期"微格教学研讨班",全国有72所教育学院的教师代表参加,其中大部分教师都是首次了解到微格教学,通过研讨班的学习和培训,教师们带着学习成果回到各自的学校,从此,微格教学开始在全国各地逐步展开。

1991年6月至7月,受国家教育部外资贷款办公室委托,"世界银行贷款项目院校教师教育与微格教学讲习班"在北京举办。这期讲习班聘请了澳大利亚悉尼大学教育学院的科力夫·特尼和肯·阿尔梯斯两位教授任主讲教师。两位专家介绍了师范教育中微格教学课程的地位、微格教学的基本教学技能分析及实施。有一天,当科力夫教授指着黑板上列出的多项课堂教学技能问道:"老师们认为哪一项教学技能最重要?"全体教师毫不思索地齐声回答:"讲解!"科力夫教授吃惊地停顿了好几秒钟,又问:"你们上课时要讲很多吗?"回答:"是的。"有一位反应快的老师问教授:"您认为哪项课堂教学技能最重要?"科力夫教授说:"当然是课堂提问。"这就是20年前中西方教育理念的差异。通过听课和交流,老师们不仅在微格教学课程研究方面有了提高,而且在教育观念和教学方法上开始转变。如今,当我们再次翻阅享誉世界的《悉尼微格技能再发展》时,就更能理解为什么书中重点介绍的六项课堂教学技能中,有两项是关于课堂提问的,其中一项是基础提问技能,另一项是高层次提问技能。

1992年1月,同样性质的讲习班在(现首都师范大学)举办,面向国内的高等师范院校教师,讲习班聘请了英国诺丁汉大学的乔治·布朗和帕丁顿夫妇三位专家。布朗教授曾在1975年出版的 *Micro Teaching* 一书中提出了微格教学的布朗模式。三位专家为我国的高等师范教育工作者介绍了微格教学课程在师范教育中的应用,促进了微格教学在国内高等师范教育中的发展。

1992年开始,国内从事微格教学研究的一批教师成立了组织,陆续出版了一些教材和专刊,每隔一段时间召开一次全国性的年会,每届年会都具有特定的主题,通过共同研究和交流使微格教学逐步深入开展,研究队伍不断发展壮大。

第一届年会:1992年2月在海南召开,主题为"成立组织、共同协作、宣传推广"。全国性的微格教学研究组织——"微格教学协作组"正式成立,挂靠在北京教育学院,并定期出版《微格教学研究》专刊,在国内宣传推广。国内有志于研究教师培训工作的教育工作者和教育技术工作者已组成了一支队伍,朝着更高的目标前进。

第二届年会:1992年12月在四川省成都市召开,主题为"实验研究、初步实践、推动发展"。微格教学的实践活动已从国内的教育学院和师范院校发展到中师、幼师和小学,一些院校已开发出各具特色的微格教学示范录像带。会议讨论了微格教学的某些理论和实践问题,开始编写适应不同层次教育工作者的培训教材和分学科的微格教学教材。

第三届年会:1994年4月在海南省琼山市召开,主题为"立足实践、取得实效、促进发展"。琼山市教育局在会上介绍了在中小学推广微格教学的经验,并展示了部分学校的微格教学现场。微格教学的理论研究方面已深入到教育学、心理学理论基础和方法论的科学研究,表明我国的微格教学研究正在深入发展。

第四届年会:1997年4月在湖南省常德市召开,主题为"加强合作、共同提高、健康发展"。代表们在广泛讨论与交流的基础上,对微格教学的地位和作用、微格教学培训模式的改进、新的课堂教学技能研究和完善等问题有了新的认识。

第五届年会:1998年10月在云南省昆明市召开,主题为"总结、交流、研讨、发展"。来自美国的微格教学创始人之一——爱伦博士作了"关于微格教学新旧模式对比"的报告,展示了新型微格教学的实习与评价模式;来自香港的任伯江博士作了"优质教学,以微观教学为首"的演讲。大会交流的论文无论是数量还是质量均超过以往,我国的微格教学研究已开始注重与国外专家的交流。

第六届年会:2000年5月在上海市召开,主题为"反思与探索、继承与发展"。大会开幕式上,时任教育部电教办副主任、中央电教馆副馆长阮志勇宣布:"中国教育技术协会微格教学专业委员会正式成立!"至此,微格教学组织由民间的协作组织升格为正式的学术委员会。来自日本爱媛大学的村上嘉一教授介绍了日本的微格教学,来自美国密西根州立大学的培恩教授介绍了美国大学的教育学院在师范生教育中微格教学的应用和实践。

第七届年会:2001年在辽宁省大连市召开,主题为"深化改革、探索提高,促进素质教育"。来自南非的罗伯特教授介绍了微格教学中的教学技能评价。

第八届年会于2003年在安徽召开,主题为"迎接挑战、改革创新,培养新型教师"。第九届年会于2004年在广西召开,主题为"探索新形势下微格教学的发展"。

我国的微格教学研究经过20多年的探索前进,发展壮大,已渐趋成熟。随着教育改革的深入、新技术在教育中的广泛应用,教师掌握好各项教学技能尤为重要,这是"教师职业专业化"发展的需要,也是体现"以人为本"的教学理念的需要。微格教学正越来越受到人们的广泛关注。

二、微格教学的基本特点

微格教学将复杂的教学过程作了科学细分,并应用现代化的视听技术,对细分了的教学技能逐项进行训练,帮助师范生和在职教师掌握有关的教学技能,提高他们的教育、教学能力。在微格教学过程中,强调技能的分析示范、实践反馈、客观评价等环节。归纳微格教学的培训过程,有如下特点:

1. 技能单一集中性

传统的教师培训方法,通常是用听整节课的方法来进行,然而在20世纪60年代的教育改革中,美国斯坦福大学的教育家发现,在体育运动员的训练中使用摄像和回放的方法来纠正动作可以提高成绩,由此得到启示:"教学研究的全盘宏观方法已遭到失败,教育家应采用科学家剖析微分子的方法来作为理解复杂现象的手段。"微格教学就是将复杂的教学过程细分为容易掌握的单项技能,如导入技能、讲解技能、提问技能、强化技能、演示技能、组织技能、结束技能等等,使每一项技能都成为可描述、可观察和可培训的,并能逐项进行分析研究和训练的。因为集中对某一项技能深入、细致地研究训练,容易达到掌握、提高的目的。

2. 目标明确可控性

微格教学中的课堂教学技能以单一的形式逐一出现,使培训目标很明确,容易控制。课堂教学过程是各项教学技能的综合运用,只有对每项细分的技能都反复培训、熟练掌握,才能形成完美的综合艺术。这就像要成为一名优秀的戏曲演员,不能单凭模仿去学演一出复杂的戏,而要反复练习说、唱、做等单项基本功,才能将这些单项基本功综合运用到复杂的舞台艺术中,并逐步形成个人的风格特色。因此,微格教学培训系统是一个受控制的实践系统,要重视每一项教学技能的分析研究,使培训者在受控制的条件下朝明确的目标发展,最终提高综合课堂教学能力。

3. 反馈及时全面性

传统的教学反馈是靠听课者在课堂上仔细观察和笔记,课后将观察到和笔录下的情况反馈给执教者。但执教者通常会回忆不起自己上课时的某些细节,因为他们对自己的教学没有直观的感受。微格教学利用了现代视听设备作为记录手段,真实而准确地记录了教学的全过程,这样对执教者而言,课后所接收到的反馈信息有来自于指导教师的,也有来自听课同伴的,更为重要的是来自自己的。由于执教者能全面观看到本人上课的全过程,所以微格教学训练的反馈是及时而全面的。

4. 角色转换多元性

传统的教师培训模式往往是采用理论灌输或师徒传带的方式。在教师培训中,进修教师要学习与专业相关的文化知识课和教育理论课,而在教育学、心理学和教学法课程中通常是理论、原则较多,被培训者只是被动地听讲,单一地扮演着学习者的角色,对一些原则理论往往不易理解,学习的积极性很难调动。在师徒传带式的听课和评课活动中,学习者要在模仿中去领会一些教学技能的运用,或在课后的评议中接受一些教学方式的指导。这样,理论和实践结合甚微。

微格教学冲破了这种传统的教师培训模式,运用了现代化的摄像技术,对于课堂教学技能研究既有理论指导,又有观察、示范、实践、反馈、评议等内容。在微格教学的教学理论研究和技能分析示范阶段,指导教师展示的不仅仅是理论,而且有示范录像。而学员所接收到的信息,既有教学技能方面的理论分析,又有可观察到的形象化的录像示范。这时被培训者要听、要看,还要与自己原有的教学实践进行比较分析,为了接受多种信息,既调动了视听等多种感官,也激发了学习的积极性。在角色扮演过程中,学习者的角色又转换成执教者,将前面所研究的教学技能理论融合到自己设计的微格教学片断中去。到了观摩评议阶段,学习者的角色又转换为评议者,必须要用学到的理论去分析、评议教学实践,不仅要评议同伴的教学实践,还要进行自我评议。

在微格教学课程中,每个人从学习者到执教者,再转为评议者,如此不断地转换角色,反复地从理论到实践,经过实践再进行理论分析、比较研究,这种角色转换多元化的培训方式,既体现了教学方法、教学模式的改进,又体现了新形势下教育观念的不断更新。

讨 论 题

1. 你认为微格教学有什么基本特点?
2. 多年来,微格教学的培训对象有什么变化?
3. 在以后的学习过程中,学习者的角色将如何转换?这体现了什么教学观点?

第二章　微格教学的基本模式

第一节　微格教学的实施步骤

微格教学实施的基本步骤如图 2-1-1 所示。

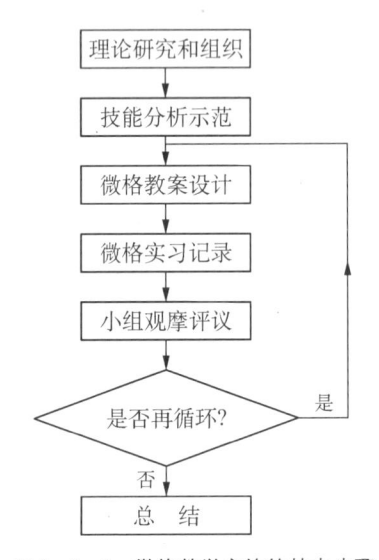

```
理论研究和组织
      ↓
技能分析示范
      ↓
微格教案设计
      ↓
微格实习记录
      ↓
小组观摩评议
      ↓
 是否再循环? ——是——→（返回）
      ↓否
    总　结
```

图 2-1-1　微格教学实施的基本步骤

一、理论研究和组织

微格教学作为一种新的现代化教学模式已在许多国家广泛应用，其产生和发展是符合当今世界教育改革潮流的。在微格教学实践和发展的过程中又融进了许多新的教育观念、教育思想和方法，如布鲁姆的"教育目标分类学"及"掌握学习法"，弗朗德的"师生相互作用分析"理论；具体实践中又有美国爱伦博士的双循环式和英国布朗教授的单循环式等。微格教学培训是一种全新的实践活动，也有其深刻的理论基础，因此，学习和研究新的教学理论，了解微格教学中每一步骤的作用是十分必要的。

理论研究和组织阶段要确定好教学的组织形式。通常在学习教学理论时，指导教师以班级为单位作启发报告，讨论和实践则以小组为单位。小组成员为 6 人左右，最好是同一层次的教师或师范生为一组。指导教师要启发小组成员尽快相互了解，对所研讨的问题有共同语言，互相成为"好朋友"。对师范生小组来说，要达到这一目标比较容易；对于在职教师小组，指导教师可以启发小组成员作简单的自我介绍,并交流在教学研究中感兴趣的热点问题和个人研究成果等等。这样的活动将有利于小组成员和教师的相互熟悉。

二、技能分析和示范

微格教学的研究方法就是将复杂的教学过程细分为单一的技能,再逐项培训。指导教师可以根据培训对象的不同层次和需要,有针对性地选定几项技能。通常对于师范生和刚踏上讲台不久的青年教师来说,经过微格教学实践可以及早地掌握教态、语言、板书、讲解、变化、演示和提问等方面的基本技能;对于有一定教学经验的教师,可以通过微格教学实践,深入探讨较深层次的技能,如导入、强化、组织教学、试误、结束等方面的技能,这样有利于总结经验、互相交流、共同提高教学能力,以达到提高教师整体素质的目标。

在技能分析和示范阶段,指导教师要作启发性报告,分析各项技能的定义、作用、实施类型、方法及运用要领、注意点等,同时将事先编制好的示范音像资料给学员观看。示范录像内容通常是某项技能的课堂教学片断。观看录像后经过小组成员讨论分析,取得共识,学员不仅获得了理论知识,而且也有了初步的感知。

三、微格教案设计

在上述理论学习和技能分析研究的基础上,接受培训的学员可以确定某一个具体的课题来进行备课。所选课题可以是自己感兴趣的或是有待研究探讨的,也可以是大胆地选择教学中的疑难点,供小组成员共同探讨,有时还可以由几位学员确定相同的课题,然后各自从不同的角度去作准备。这样能使课题更具针对性,并有利于学员之间互相取长补短。需要注意的是所选课题应尽量与要训练的某项教学技能对应。

四、微格实习记录

微格教学的课堂实习也叫做"角色扮演"。在微格教学实习室内,有教师(执教者)、学生和摄像人员。教师由接受培训的学员轮流担任,学生由除执教者外的其余学员扮演。每一学员的微格教学讲课时间控制在5分钟左右。为了使"角色扮演"的效果更佳,实习记录应该注意如下几点:

1. 学生扮演者最好是执教者平时熟悉的同伴,而不是完全陌生的人,这样对初登讲台的执教者能获得一种安全感;

2. 除了执教者和学生以外,减少模拟课堂上的其他无关人员,这样当执教者面对摄像镜头时,能减少紧张情绪;

3. 让每位受培训者轮流来扮演教师和学生,且要求能进入角色,扮演学生的要像该年级的学生。有时,也可以让学员扮演一位答错题的学生,以培训执教者的应变能力。

通常的微格教室内需要安装两个摄像头,一个用来记录执教者的行为,另一个用来记录学生的行为。摄录像人员可以由小组内的学生经过简单培训后来操作;如果是较大型的实习记录课,则摄录像人员最好在"幕后"操作,即在教室与控制操作室之间用单向玻璃墙隔开。

五、小组观摩评议

微格教学课首先由执教者将自己的设计目标、主要教学技能和方法、教学过程等向小组成员进行介绍,然后播放微格教学课的录像,全组成员和指导教师共同进行观摩。观看录像后要进行评议,可以由执教者本人先分析自己观看后的体会,检查事先设计的目标是否达到,及自我感觉如何。再由全组成员根据每一项具体的课堂教学技能要求来进行评议。

六、再循环或总结

是否再循环,可以根据培训对象的具体情况及课时安排而定。对于有经验的在职教师,可以在第一轮观摩评议后进行讨论总结;对于师范生或教龄较短的教师,在第一轮重点训练某一项技能和讨论总结后,再进入第二轮,训练另一项技能。

> 讨论题

简述微格教学实施的基本步骤及要点。

第二节　微格教学的模式比较

微格教学从 20 世纪 60 年代初产生至今已有几十年的历史,培训对象从师范生发展到在职教师及许多其他行业的从业人员,应用地域也已发展到世界各国。微格教学在发展与应用的过程中,实践者结合本国的国情,融入了各种教育观念和思想,由此产生了多种模式。

一、美国爱伦模式的新旧比较

美国的斯坦福大学是微格教学的起源地。爱伦博士和他的同事们经过数年的探索、试验、研究,在 1963 年确立了微格教学的六步骤基本模式:设计——教学——观看与评议——再设计——再教学——再观看与评议。从此,微格教学从美国迅速走向世界。爱伦博士因为数年坚持教育改革和微格教学研究,斯坦福大学于 1959 年奖给他一台小型便携式摄像机,使他成为世界上第一个便携式摄像机的拥有者和使用者,并且是用于课堂教学中。此后,爱伦博士又先后受聘于联合国开发署、联合国儿童基金会等国际组织,他经常带着摄像机到世界各地指导教育项目研究,并介绍推广微格教学。微格教学在世界各国推广、应用的过程中,逐渐产生了一些变化模式。尤其是 20 世纪 80 年代初在非洲一些国家的应用中,由于当地教育环境较差、教育资源匮乏,必须在新的环境资源条件下,对较复杂、正规的早期微格教学模式进行改革,由此产生了新的模式。新旧微格教学模式的主要变化对比如下:

1. 教学时间

微格教学实习片断的时间从原来长达 20 分钟的时间缩短为 5 分钟左右,新模式认为 5 分钟即可形成单一概念的片断课。实际上教学时间的长短是根据班级人数、课时安排、场地环境等多种因素而决定的。

2. 微格教学的学生

过去在微格教学实习时,要从中小学请来真正的学生,这会引发接送、管理、资金等一系列的问题,在新模式中启用同侪(peers),即由教师扮演者的同伴来扮演学生。目前,这种同侪训练方法的效果已被证实是切实可行的。

3. 小组规模与场地

从原来全组约20人减为约5名学生为一组。爱伦认为若小组规模大到约20人,则要19人去听1人讲课,每人要听19次,这样的方式使学员听课过多,反而会使学员感到疲劳,抓不住重点,而且因为时间太长,使重教困难。新模式的5人小组规模小,指导教师布置好训练任务后,即让学生自己管理。学生可以自选课题,自找实习场地,即使没有正规的微格教学室,只要有摄像机即可,还能实现重教。小组规模小,能使每个学员得到多次重教机会。当然,小组的活动记录和反馈意见要及时交给指导老师。

4. 反馈与评价

原来的微格教学模式对每项技能有完整的评价表,评价项目多到有时连执教者的衣着也在评价之列,以至于在重教时,执教者往往失去方向,抓不住重点。在微格教学新模式中,爱伦博士提出了"2+2"的重点反馈方式,即小组每位成员听完课后要提出2条表扬性的意见和2条改进性建议,最后指导教师根据这些反馈信息,总结出2条表扬性意见和2条改进性建议,这种评价指导方式操纵简单、目标明确、重教效果显著。

二、英国的布朗模式

20世纪70年代初,微格教学传入英国,诺丁汉大学的乔治·布朗在研究和应用微格教学的过程中,从教育心理学理论和信息论的观点出发,对美国爱伦的早期模式作了不少改进,以适应英国的师范教育。布朗模式主要有以下特点:

1. 布朗的课堂教学基本模式

根据教育心理学的观点,课堂教学的目的不在于教师完成某种活动,而在于通过某种活动促使学生在行为上发生某些重要的变化,如在学生身上引起的认识上、理解上、技能上、态度上的行为变化,学生只有通过学习过程获得一定的学习成果后,即把教学内容内化为自己的东西后,这种变化才有可能。同时课堂教学又是一种有意识的行动,必须经过教师的深思熟虑之后才能进行。从信息论的观点来看,课堂教学中的信息传递决不可能是单方面进行的,因而课堂教学中的信息反馈是必不可少的。

基于上述想法,布朗提出的课堂教学基本模式可以用图2-2-1来表示。

(1) 教师的意图和学生的学习内容

图中教师的意图和学生的学习内容就是教师制定的教学目标,当教师要把意图变为行动,促使学生在行为上发生某种变化时,就需要对这项教学目标进行具体分析,并选择恰当的教学方法来完成他的意图。

(2) 教师的处理中心

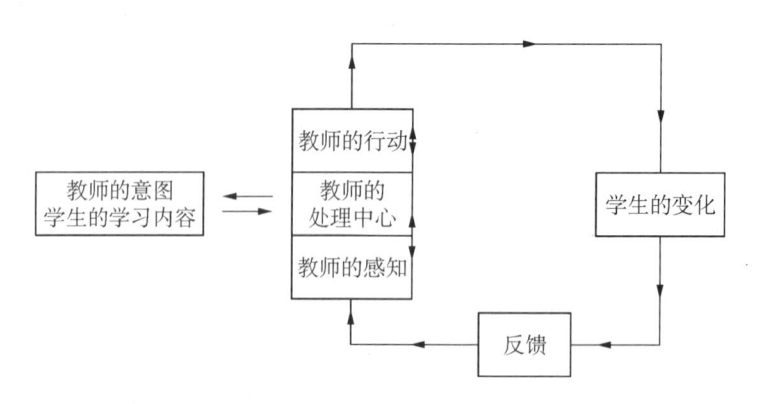

图 2-2-1　布朗提出的课堂教学基本模式

显然,对于一位有丰富教学经验的教师来说,他肯定有一个处理中心,在这个中心里储存着各种能把他的意图变为行动的教学策略和教学方法。在这个中心里还储存着他的认知能力、个性特征、专业素质及多项教学技能等,正是这些因素构成了教师的教学能力。

(3) 教师的行动、学生的变化

当教师的意图经过处理中心的加工变成教学行动并传递给学生时,学生接收到这些信息后会在行为上发生某些变化,其中有些变化很快就会在学生的回答中或在某种非语言的暗示中向教师发出信息。在这些信息中,有的是符合教师意图的,有的可能并不符合教师意图;有的较简单,有的较复杂。学生的认知变化可能不是立即就能被教师观察到,需要教师跟踪研究后才能作出评价。

(4) 反馈

所有这些信息都由学生的各种表现反馈给教师,称为反馈信息。

(5) 教师的感知

教师接收反馈信息的多少取决于教师的感知能力。当教师接收到与他的意图不相符合的反馈信息时,就必须进一步经过处理中心的修正,改变教学策略和方法,指定新的教学行动。

从上述布朗的课堂教学基本模式中可以看出,即使教师经验很丰富,即使有一个包罗万象的处理中心,要想顺利地将教学意图变为行动,也必须在课前备好课,设计好教案。在课堂教学过程中,教师除了按照事先准备好的教案进行教学外,还要随时观察学生的变化情况,也就是要设法接收到学生所发出的反馈信息,了解学生的学习情况,使教学更加切合学生的实际。

2. 课堂教学的基本要素

布朗提出的教案设计(planning)、教学感知(perception)和教学实施(performance)是现代课堂教学的三个基本要素。由于这三个词都以字母"p"开头,所以有时也简称为"3p"。

(1) 教案设计:这是进行课堂教学的必要环节,教师在教案中要有明确的目标、内容、方法和技能等,设计中既要考虑怎么教,又要考虑学生的学。对教学过程进行认真细致的设计是产生良好教学效果的必要条件和基本要素。

(2) 教学感知:教学感知是指教师在教学过程中对来自学生的反馈信息的接收。感知可以通过观察学生的表情、提问、师生互动等来获得,有经验的教师还会将所提问题按难易程度分类,请不同程度的学生回答,由此感知到全班学生掌握某个知识点的大致比例。只有教学感知灵敏的教师才能使教学更切合学生实际,因此教学感知是提高课堂教学效益的重要手段。

(3) 教学实施:教学实施就是课堂教学的过程。然而教师不能像演员完全按照剧本来演出那样把教学实施看作是完全按照教案的"演出"过程。这是因为演员在演出过程中可以基本不考虑观众的理解程度,而教师的教学过程却不能不考虑学生的实际情况。课前设计的教案不应该是一成不变的,而必须在教学过程中随时根据教学过程中感知到的反馈信息进行修正。

(4) 课堂教学三要素的关系:布朗将课堂教学中这三个要素之间的关系用图2-2-2来表示。

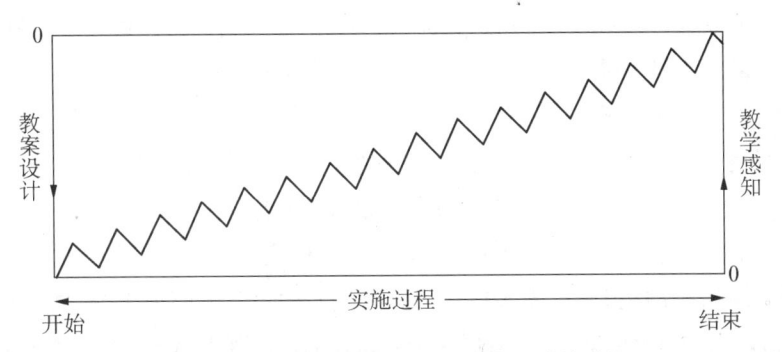

图2-2-2 课堂教学中的设计、感知和实施过程

图中显示,教案设计的原点在上方,而教学感知的原点在下方,在教学实施过程初始,教案设计已完成,到达它的最大值点。而教学感知由于尚未实施,则在它的零线上。随着教学过程实施,教学感知逐渐增加,教师按照学生的反馈信息不断地修正原定的教案。在整个教学过程结束时,教学感知已达到它的最高点,而原来的设想已回复到它的零线上。实际上,教师越是能按照学生的反应修正他的原定教案,教学过程就越能切合学生实际,教学效果也就越好。总之,教案是为了安排课堂教学过程而设计的,但是设计好的教案不可能也不应该是固定不变的,必须随时根据感知到的反馈信息进行修正,不断改进教学过程。

3. 微格教学的布朗模式

布朗经过数年的微格教学实践研究,对早期的美国斯坦福模式作了改进,提出的微格教学模式只有三个步骤:设计——教学——观看评议,省略了后面的再设计、再教学和再观看评议等步骤。英国的大学教育学院是非常重视微格教学课的,课时数达到200节以上。在师范生的微格教学课上,布朗提出的基本教学技能有导入、结束、解析、倾听、提问和提示、参与讨论等项。布朗发现对师范生来说立即重教时的成绩几乎总没有第一次教学好,究其原因是师范生具有的"处理中心"内容较少,缺乏应变能力,马上重教会有较大的心理压力,从而导致成绩下降,弥补的方法为加强设计、教学和观看评议每一步的深入细致的学习讨论。学习好布朗提出的课堂教学基本模式中的师生关系和信息传递,掌握好课堂教学三要素,提高教案设计能力,加强教学感知能力,熟悉各项基本教学技能的要领是十分重要的。

三、澳大利亚悉尼模式

澳大利亚悉尼大学对微格教学的开发应用及研究是很有成效的。澳大利亚悉尼的微格教学模式有以下特点:

1. 开发出完整的微格教学教材

科力夫·特尼教授主编的悉尼大学微格教学教材在世界上享有一定的声誉,《悉尼微格教学技能》系列教材被许多国家采用。教材中列出了课堂教学六项基本技能:强化技能、一般提问技能、变化技能、讲解技能、导入和结束技能及高层次提问技能。教材中还列出了调控课堂教学的多项技能,包括:课堂组织管理技能、指导小组讨论技能、个性化教学技能、指导发现学习和培育创新能力的技能。每项教学技能都从教育学和心理学的理论出发加以论述,并且对每项技能都配以生动形象的示范用录像资料。因此,澳大利亚的微格教学教材是包括文字教材和示范录像的完整教材。

2. 重视学生的自我发展

澳大利亚是一个多民族的移民国家,在学校教育中十分注意尊重每个人的个性,重视发现个人的特点,并给以引导发展。教育目标是希望每个人都得到发展,将来能在复杂的社会中有效地生活。学校教育对学生的个性差异培养和心理健康发展颇有研究。在微格教学课程的第一周先安排每个学生在摄像机镜头前作一分钟左右的自我介绍或表演,内容自选,轻松自然,然后再让同学们在愉快的气氛中观看评论。这样的活动既提高了学生对微格教学的兴趣,又使师范生消除了面对摄像镜头的紧张心理,为扮演角色时的正常发挥打下良好的基础。

悉尼模式还在充分研究了学生的认知心理基础上建立了微型观察室。在新南威尔士大学教育学院内有一组微型观察室,每间只有约 2 平方米大小,指导教师们考虑到师范生在角色扮演后,希望先看到自己的录像,或找一位最信得过的好朋友一起观看评议,而微型观察室正好仅供一、二位学生闭门观看。执教者可以先与"好朋友"边看边商量,先取得他的看法和意见,在心理上这时的意见无疑是一个"强刺激",是最容易接受的,也是印象最深的。根据这些意见,学生先写出对自己扮演的角色的评价,这一做法充分体现了微格教学中重视学生自我发展的教学原则。

3. 自我评价贯穿微格教学始终

澳大利亚的微格教学模式中,评价是很重要的。评价方式是贯穿于整个过程之中的。评价的目的不是简单地打分,给出一个成绩,而是为了提高学生的教学技能和教学实习效果。指导教师认为,对于师范生来说,将每次技能的实践分好、中、差是不重要的,重要的是让师范生去实践,让他们知道自己做了没有。因此,评价不是由别人来对某位学生的录像加以评论、分等级打分数,而是通过学生自己在微型观察室中的观看,根据微格教学过程中各个环节的反馈及"好朋友"的反馈信息,自己来评价自己。指导教师经常以肯定、表扬为主,对存在的问题以提示、暗示等方式启发学生自己发现。最后让学生在评价表上作自我评价,评价表上会列出近20条内容,做到的项目学生自己画钩,还没有做到的不画,再根据整个微格教学过程中来自各方面的反馈信息认真地写自我评价。

澳大利亚的微格教学主要步骤有：

（1）示范　播放教学技能的示范录像，讲解教学技能的构成、有关理论知识及要求。帮助师范生认识教学技能，有重点地观察，用不同的类型示范同一技能，促进对技能的掌握。

（2）角色扮演　为师范生提供实践机会，增强自信心。

（3）反馈　为师范生改进自己的教学行为提供明确、具体的帮助。

（4）重教　当师范生对自己的教学行为非常不满意时才进行，对大多数师范生来说这一步可以取消。

从以上步骤可以看出，澳大利亚的微格教学强调四个环节：示范、角色扮演、反馈和重教。没有列出评价这一环节，因为评价是贯穿于全过程之中的，而且主要是启发师范生自我评价，这正体现了尊重学生的教育原则。

四、微格教学的变通模式——微格教研

微格教学自引入我国大陆以来，各地教育工作者在应用微格教学时都结合了本地区本学校的实际情况，对微格教学的基本模式有所变通和发展，使之成为发展我国师资培训教育的有效方式。

"微格教研"活动就是微格教学的一种变通模式。该模式采用了微格教学的合理内核，提取微格教学流程中的重要环节，采取摄录像方式，供教研组在教研活动时进行局部的定格研讨。这样，既学习了有关理论，也探讨了具体操作方法，从而获得完整的认识，提高了教师的整体能力和素质。

微格教研的基本结构是：先进行在特定课题理论指导下的实际教学现场观摩与实况录像；再重放录像、观摩录像，进行自我反思与直观再现式同侪研讨；然后进行理性总结、理论升华；最后还要将理论运用到教学实践中去予以检验、拓展。

在一所学校的各个教研组中，推行微格教研活动，将教学技能研究的要求与教研组活动结合起来，首先是增强了研究气氛。过去教研组活动，由于教师们担任不同年级的课，共同的话题较少，在教研组中的微格教研活动，则形成了浓浓的研究气氛。其次，运用了微格教研的方法，给教研组活动定位于教法、学法研究。由于录像的形象性和再现功能，使教研活动丰富生动，又因为每次活动只研究一项技能，使研究问题的切入点小，所以研讨就会更深一些。随着资料的积累，更便于作纵向及横向的比较研究。

微格教研活动对于经验不多的青年教师是有实际意义的，对于有经验的老教师，也可以起到自我提炼、概括总结教学特点的作用。大家互相交流、共同提高，起到精化教学的作用。

讨 论 题

1. 美国爱伦的新模式和旧模式比较有哪些主要变化？为什么？
2. 结合自己的教学实践，谈谈如何理解布朗的课堂教学基本模式。
3. 布朗的课堂教学三个基本要素是什么？要素间的关系如何？
4. 结合本地教育，我们从澳大利亚悉尼模式中将得到哪些启示？

第三章　微格教学的教学设计

微格教学的教学设计是教学技术行为训练和教师职业能力培训的先决性工作。微格教学的教学设计对于微格教学中的指导者和受训者而言是一种专业技能。作为指导者(如大学教师、培训师等),教学设计的主要任务是:设计各种教学技能的训练目标任务和练习结构、设计每种教学技能的训练内容和规则、设计适应受训者个体能力倾向和性格取向的个别化培训方案等。作为受训者(如师范生、意欲进入教师行业的人士以及在职教师等),教学设计的主要任务是:设计具体教学环节中的教学行为、设计自我矫正教学行为和优化自我教学行为的方案。

本章拟就上述内容展开阐述,并就其中"设计适应受训者个体能力倾向和性格取向的个别化培训方案"问题,予以重点说明。

第一节　微格教学设计的基本方法

一、作为指导者的教学设计

1. 教学目标的设计

(1) 微格教学的目标

一般而言,微格教学的总教学目标体系,包含以下几方面的内容:

① 教师专业觉识的启悟和培养
② 教师学科智识与学科教学技能的融通
③ 教师课堂教学行为的技能化
④ 教师课堂教学技能的新质化

(2) 教学目标的内涵

以上四个方面的总教学目标设计,视不同的学科和具体的训练内容而各有差异;教学目标的设计重点在于每一个单元、每一项训练任务(以至每一节课)的目标。

【案例】

"教师专业觉识的启悟和培养"目标的单元化、学科化目标设计

目标设计:

a. 总目标"教师专业觉识的启悟和培养",落实到语文学科的"讲解"单元,其微格教学

设计目标之一,可以具体确定为——通过"讲解"技能的练习,明了语文教师语言审美能力对于语文教学品质和学生语文素养的重要性。

b. 总目标"教师专业觉识的启悟和培养",落实到英语学科的"导入"和"对话"单元,其微格教学设计目标之一则可以具体侧重于——通过"导入"技能和"对话"技能中的"资源引入和呈现"练习,增强英语教师对于外语学科的"国际理解"功能的意识。

【案例】

"教师课堂教学行为的技能化"目标的单元化、学科化目标设计

a. 总目标"教师课堂教学行为的技能化",落实到数学学科的"提问"单元,其微格教学设计目标之一可以具体确定为——通过"提问"技能的练习,掌握推进数学课堂教学逻辑进展的基本技巧,打破数学课讲练到底的教师行为瓶颈。

b. 总目标"教师课堂教学行为的技能化",落实到体育学科的"讲解"和"演示"单元,其微格教学设计目标之一则可以具体确定为——通过"讲解""演示"技能的练习,熟悉体育课"肢体-言语-用具"三位一体的解说方法,倡导、普及切合学科规律的体育教学技能。

2. 教学任务的设计和方案撰写

微格教学中指导者的教学任务设计,分为总体设计和单元设计两个板块:

总体设计——该门微格教学课程或该项微格教学培训的全课时任务的结构设计。

单元设计——每个教学技能的单项任务设计。

以下为三个常规单元教学任务设计方案:

【案例】

"导入"技能单元的微格教学方案(泛学科)

教学目标:

(1) 掌握基本的"导入"行为技能

(2) 体认与外化"导入"的教学功能

(3) 理解和表现本学科的"导入"特征

(4) 学会使用本学科"导入"的课外资源素材(因具体的教学内容而异)

教学任务:

(1) 导入的语言

(2) 导入的板书和板演

(3) 导入的多媒体应用

教学评价：

(1) 目标明确，指向集中
(2) 新旧联系衔接自然恰当
(3) 能引发学生的认知冲突
(4) 兼顾课前预习，倡导学生质疑
(5) 合宜引入课外资源
(6) 确实引起学生的有意注意
(7) 创设相宜的氛围、情境
(8) 时间掌握紧凑、利用充分

【案例】

"讲解"技能单元的微格教学方案(泛学科)

教学目标：
(1) 掌握基本的"讲解"行为技能
(2) 体认与外化"讲解"的教学功能
(3) 理解和表现本学科的"讲解"特征

教学任务：
(1) 讲解的语言表达
(2) 讲解的默语言表现(潜在课程因素)
(3) 讲解与板书、板演、多媒体应用的配合
(4) 讲解内容的组织

教学评价：
(1) 围绕关键内容展开，着力于重难点
(2) 讲解的是学生所讲不出、道不明的
(3) 有逻辑、层次清晰
(4) 讲解难深度及其言语方式切合学生水平
(5) 讲解措辞明确、生动，易于听知
(6) 因应学生的疑问，与学生有对谈呼应
(7) 讲解间有富于激励和启示性、延展性的内容、言辞
(8) 声音有感染力，语速恰当

【案例】

"提问"技能单元的微格教学方案(泛学科)

教学目标:

(1) 掌握基本的"提问"行为技能

(2) 体认与外化"提问"的教学功能

(3) 理解和表现本学科的"提问"特征

(4) 学会本学科"提问"的多重视角拟题方法

教学任务:

(1) 提问的问题设计(根据具体课题)和言语表述

(2) 提问的铺垫和答问的诱导

(3) 提问后的提点以及理答、板记

(4) 提问后的聆听和即时评价

教学评价:

(1) 提问指向明确,问点凸显、易懂

(2) 问题面向全体,难易合度

(3) 提问时机契合学生思维流程

(4) 提问辅以铺垫和提示

(5) 提问富有足够的启发性和激疑性

(6) 答问时间给定适当,利于讨论、思考

(7) 即时评价答问,关注个体学习态度和学习策略

(8) 确认"结果"或"基本判断"或"答案",使全体明了

3. 教学评价的预设

教学设计时,指导者需预设有关的评价条目,以备教学中的形成性评价,指导"重教"和行为矫正,并用于课业考核以及受训者同侪学习时的观摩、讨论、反馈。具体的评价项设计思路,可参看上文"导入"、"讲解"、"提问"的"教学评价"部分。

二、作为受训者的教学设计

这类教学设计属于微小型设计,它们是在指导者老师布置了训练任务后,受训者学生所作的个体练习预案。这类教学设计要求在实施中以十分钟为上限,根据训练内容,拟定该微格教学的自我达成目标、"教"的行为要点、"学"的反应预设。

1. 教学目标的设计

受训者的教学目标应以指导老师对该技能的教学要求为标准,根据自己的教学技能水平现况和水平的最近发展区,制订个人的微格练习目标。

【案例】

以"讲解"技能为例,比较 A、B 两位不同受训者的教学目标设计

受训者 A 为任职五年的语文教师,其微格练习的目标为:强化讲解的语言艺术感染力,学会审美化地诠释文本。

另有受训者 B 为四年级中文系师范生,其微格练习的目标为:强化讲解的逻辑层次感,学会围绕观点展开有理有据的诠释。

2. 教学任务的设计

在微格教学指导者布置的任务范围内,选取教学内容,设计一个微型教学流程。设计中要注意紧密联系自我的训练目的,尽可能使预设的练习任务与微格训练目标的达成呈现出正相关、高相关。

受训者微格教学教学任务设计的操作原则如下:

(1) 目标解读:理解指导者给定的任务和要求

(2) 条件分析:明了自我在该技能上的弱点及优长

(3) 内容定位:确定适合自己练习的教习内容和相应过程

(4) 诊断考量:预设对应的自我反思评价标准或参照项

【案例】

比较上例中 A、B 两位受训者对原则之三"内容定位"的教学任务设计

语文教师 A,其微格练习的任务为:讲解"百合花开"之"我要开花"的寓意;解说时尝试使用宣示、呼告、诵读的表达方式,使用排比、拟人、比喻等修辞手法。

师范生 B,其微格练习的任务为:讲解"愚公移山"之"愚公究竟愚不愚"的问题。

【评议】

从上面两个例子我们发现,语文教师 A 的任务设计对提高自己讲解水平"所需要的行为改变是什么"很清楚,微格训练任务的自我针对性十分明确。而师范生 B 的任务设计则与语文教师 A 的任务设计形成了较大的反差,显现出"不知道训练哪些点才能提高自己"的任务设计盲区。

由上述目标、任务设计的实例,似可以达成这一共识:受训者的微格教学设计,实质上是一项职业能力自我认知的工作、一个专业发展自我驱动的过程。通过自我目标设计、自我任务设计,可以强化受训者的教学能力、反思意识,提升行为自我改善的水平。

3. 教学设计方案的拟写

(1) 结构

受训者的微格教学方案(或亦可称为"微格教学教案"),应包括以下板块:

① 目标

本次微格训练的个人行为优化标的

② 内容

具体的教学内容(即教什么:包括主题、主知识/技能点、板书和媒体)

③ 教师行为

具体的教学行为(即怎么教:包括教学过程以及教学技能的各个环节、细节)

④ 学生行为

预设的与教师行为相呼应的听课学生的学习行为

⑤ 评量

自我反馈、评价的条目

在上述板块中尤其应注意"与教师行为相呼应的学生行为"的设计意图和设计方法:这一设计要求的目的在于——增强受训者在教学中"以生为本"的自觉意识,促进受训者关注自我教学行为的对象、关注教师教学行为对学习者的影响、关注自身教学的课堂实际效用(具体设计如:教师导入时,诱导学生发生质疑提问、激发学生反应出兴趣表情等)。

还应说明的是"具体的教学行为"的所指:它是要求受训者把某个教学技能的要素行为予以多方位的关照,尽可能地设想在单位时间里最大限度地发挥某个教学技能的功能,比如"提问",可以注意设计到—— a. 铺垫、b. 诱导、c. 追问、d. 反问、e. 即时评价、f. 理答、g. 链接提问、h. 小结等等,它们怎么环环相扣形成一个清晰完整的学生思维力和口头表达力培养的小高潮。

(2) 呈现

受训者的微格教学设计方案,详案可以用常规教案的文本方式来呈现;如果以简案的样态呈现,建议用表格形式,例如:

表3-1-1 微格教学教案设计表

执教: 年级: 日期:
学科: 课题:

教学目标				
时间分配	教师行为(讲授、提问等内容)	应用的教学技能	学生行为(参与活动、应答等)	所用教具、仪器和媒体
自我反馈				

4. "重教"的设计

"重教"是微格教学的常设训练项目,它是受训者继首度的角色扮演练习后,通过自我和他者反馈评价,认知缺憾、确诊"病象"后所作的同题二次练习。

"重教"的设计方案中要强调以下内容:

(1) 问题:引发本次"重教"的个人行为缺憾以及简明分析

(2) 矫正:如何针对性改正或优化的方式方法(包括教学过程以及教学技能的各个环节、细节)

(3) 反思:自我反馈、评价的重点

第二节 人格化的微格教学设计

关于微格教学的教学设计,我们看到,本章第一节所提及的那些方式和要则,基本上是属于行为技术层面的、受训者普适性层面的;接下来再行讨论的是微格教学的人格个性层面的、受训者个别化层面的教学设计。

一、教师外显行为蕴涵的人格因素

1. 技能品貌与人格因素

以微格教学为方法的教师培训中,通常着重研讨作为技能行为外壳的那些客观化的固定程式、基本方法和通用规则,而往往会相对忽略作为技能行为动因的那些主观化的个性特质、道德品行和艺术审美,而后者却往往直接影响到教师对技能行为的选择和施教质量。实验结果表明(表3-2-1),作为准教师的师范生在微格教学训练中的表现和得分,与其在入行后的职业教学实际中的表现和得分并不相当,而其中负性表现的原因主要是人格因素。

表3-2-1 微格训练表现和实际教学效应的比照研究

被试者	微格训练技能	微格教学课程演练表现	受训得分	中学课堂教学实际效应	负性表现的人格因由	督导得分
A（女）	导入	合于规范要求,有板有眼	5—	合于规范要求,有板有眼;学生反应淡漠	P态人格,较为漠视学生兴趣;机敏度不够;内倾气质;焦虑阈值高	4—
B（男）	提问	思维有深度,引发认知冲突,激发兴趣	5—	学生反应较热烈,答问踊跃,但未能将其导向教学中心内容	C态人格,不善于临场决策;易冲动兴奋;自控及自我感觉有偏差	4—
C（男）	应对	自如、即时,按既定思路贯彻,推进双向交流	5—	面对"真学生"不自如;应对粗陋以至错误;交流发生困难	忧郁质倾向,人际关系技能偏失;焦虑阈值低;自我觉察过于敏感	3
D（女）	解析	流畅、自然,但欠生动	4	生动而有情趣,亲切自然;富于表演性;逻辑性、科学性较差	多血质倾向,移情体验强于自我觉察;艺术家型个性	4—
（以下略）						

注:样本为参与"微格教学"课程的师范生,毕业以后为中学教师。

据此推论:

A. 教师外显的教学技能行为是得利于内在的人格特质的,有效的教学远非只是教材加上积极呈现教材的行为技能,与技能行为密切相关的人格特质,对教学的优化至关重要;

B. 知识、技能、人格是教师职业训练体系的三大子系统,其交互的作用影响到教师的整体职业形象,作为技能系统的微格教学在可能情境中最大限度地介入人格养成的方法,可以获得更具教育影响的整体培训效益,对于教师职业适应则更具决定性意义。

2. 人格技能的养成——微格教学的人格化

人格技能(在此专指教师的人格技能)是教师个体内在的行为特质模式,它是个体在教育教学活动中具有动力一致性行为倾向性的职业技能;教师自我人格技能是适合教师工作的那些个人品质的总和,表现为个体人格原型与教师职业的一种合宜搭配和融洽组合;诸如尊重学生、自发性、移情理解、真诚和认可等难以名状的品质,都可列在这一标题之下。教师人格技能是可以通过教学技能的选择、操作、效应作考察,作描述的。

承表3-2-1所述,微格教学外显技能行为与主体人格技能存在显著相关。微格教学的人格化方法,就是将教学技能行为与人格特质相沟通,通过主体对自我人格特质的自觉意识,养成良好的人格技能,从而实现教师外显技术行为择别、表现的优化。

二、微格教学设计实施中的人格化方法特征

1. "人格特质"成为教学内容之一

和弱人格化的微格教学相区别,本特征是:在对教学技能原理、方法、操作作"事前学习"的同时,将该原理、方法、操作中可能发生正负面影响的人格特质加以解说分析,让受训者明了哪些人格特质将有助于该技能行为的"角色扮演"?哪些反之?由此进入的各人案头准备,势必更有个体自我针对性,有利于扬长避短,进而有利于形成个体的教学风格。例如"场依存"型人格的受训者认识到自我易受学生高强度认知冲突、扩散性批判性思维干扰而丢失教学机智和管理威仪后,即在"导入"和"提问"中考虑平和朴实的教师主导型设计,藉此部分规避自己的人格弱点;高焦虑阈值的受训者,其教学类型设计则与之恰恰相反,而更宜于趋向"头脑风暴"式。

2. "人格技能"成为评价目标之一

微格教学的评价,除了以受训者常规教学技能的掌握程度、操作规范和范型程序的再现为对象,还以受训者人格技能的"外化"情状为对象。例如,讲解技能外显出来的条理性、精确性特点所内隐的P态人格,外化为"父母态型"的负面,可能表现为:问题设计不善于启发思维、解析和应用时忽略直觉感性、极少使用诸如"发现法"之类的教学方法、"应对"环节不屑师生互动交流、过于"权威";而C态人格外化为"儿童态型"的负面,则是技能行为的情绪化、易冲动少自控,常表现出"跟着情绪走"的教学取舍倾向,教学方式多变而不顾及学生心理和教学合理性、效率性,"兴之所至,开无轨电车"往往是其典型表现。凡此人格技能的缺失是必须通过微格教学的评价反馈环节予以指证和矫治的,这也就需要相应的评价条目作基准参照。

3. 技能行为的个性优化成为训练任务之一

可以肯定,个体的教学技能行为受制于人格技能的样态,其良好的表现在很大程度上取

决于人格态型的优势。微格教学一方面仍应继续强调常规步骤、方法、环节的"减少失误式"的规则规范训练,另一方面,又要因势利导、因人而异、因材施教地进行发挥个体优长的非常规的"个性风格式"的训练,这种训练是张扬个性、自我规划的训练。例如"场独立"型人格的受训者,一般在接受常规微格训练中都会有"不耐烦"的情绪,他们的独立见解、个性化思路和情感等,亟待表现,亦亟待指导。如果指导即时、训练得法、规划得当,他们的教学风格倾向往往由此得以确立并令其课堂师生双方终身受益。微格教学的个性优化式训练,部分体现了教师职业"教有法,无定法"、"有风格才有艺术"的规律。

三、人格化的微格教学设计

1. 教学设计的基本模式

A. 行为——描述模式(见图3-2-1)

本模式设计和实施的重点难点在于:需要指导者描述或引导受训者自我描述其技能缺憾中隐含的人格缺失状况,诱导受训者体验、领悟,改善心理条件以适应特定教学技能对教师行为的特定要求。

图 3-2-1 人格化微格教学的行为——描述模式

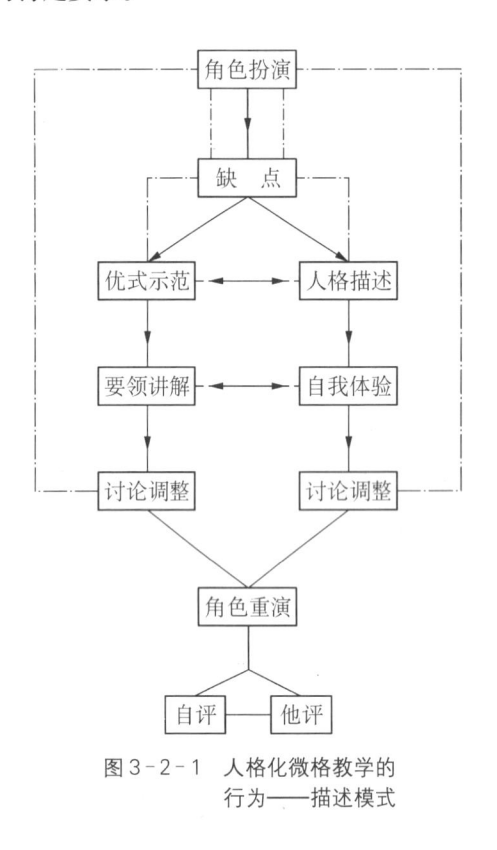

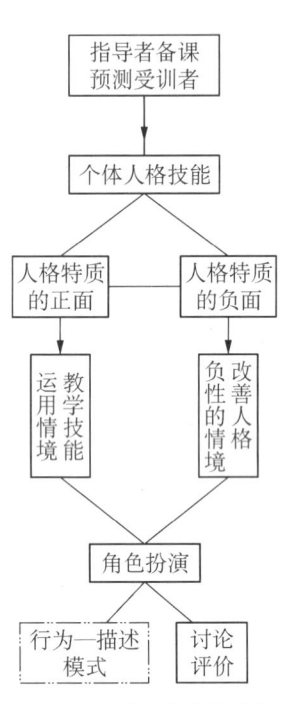

图 3-2-2 人格化微格教学的预测——情境模式

B. 预测——情境模式(见图3-2-2)

本模式要求指导者在认识、熟习受训者的前提下,进行心理行为辅导准备:

(1) 预测受训个体可能影响该技能行为效果的人格正性负性变量。

(2) 根据这些变量分别设计侧重技能行为熟习度和侧重心理行为适应度的训练情境,供受训者分头演练。本模式的虚线部分,是备于在个别受训者技能操演不能通过的情形下,予以回复性强化。本模式中情境设计的合理性和"实战性"是难点。

2. 应用人格化微格教学方法设计教学

(1) 混合编组交互影响的策略

分组,是微格训练中一种常规性的活动形式。人格化教学策略中的"异质分组",更着重考虑组合成员的人格倾向,即组员间人格倾向、个性特点之间的互为借鉴、互为补充的交互作用;本策略要求指导者根据男女搭配、内倾外倾搭配、场独立场依存搭配、P态人格C态人格搭配等等,诸如此类个性映照、警示的人际原理,混合人格态型编组,以此帮助受训者在教学过程中比较自然地进入到人格描述和负性矫治的训导情境中。互为指证、"旁观者清"的这种微格教学方式,实践证明其训练效果是明显的。

教学设计要点:

① 根据人格态型作差异性搭配,组织活动小组。

② 设置比较分析活动,要求受训者相互对比、描述同一教学行为表现中的性向影响。例如:场依存/场独立性向对于教师自信心和效能感的正负性影响,以及连带的对教学行为态势和功能发挥的细节化影响。

③ 设置配对矫正环节,要求性向差异者两两互为示范技能优长、互为修缮教学行为的偏失。例如:C态人格在"讨论"技能行为中表现出的"参与性"优长、在"讲解"技能行为中表现出的"随性"、"过度发散"偏失。

(2) 情境设定个别化的策略

本策略强调微格训练中的操演情境与受训者个体人格特质的对应契合或反衬对峙的关系。根据个体人格的社会适应行为原理,人格诊断可以由特殊情境给出,人格矫治亦必须由特殊情境习得。因此,微格教学设计和实施中,指导者应提供多种人格适应情境范例让受训者理解和择别选用。微格教学的"情境"包括课室环境和媒介情形两大类;"课室环境"有:学习氛围、学生情绪、教室布置等,"媒介情形"有:教学内容、多媒体、教具等。

教学设计要点:

① 根据人格性向作同质性分组,以便在同一情境作适应性操练。

② 设计针对各小组个性族群的练习情境,要求受训者进行有意识的适应性行为反应。例如:让内倾型小组进入"热烈躁动型班级氛围",练习教学人格行为的"权威"、"自信"、"掌控"等技术反应,这其中包括了属于语言技能的人格化训练的种种情境适应细节,诸如掌控性语音语调、权威化言辞、情绪情感"外壳化"、恩威并重的默语言等。

(3) 人格技能为抓手的策略

通过研究还发现:微格教学中,只有指导者时时将人格技能置于技能行为的上位,才能更为明晰深切地指摘技能行为表现的弊病、缺憾、失误等症结;只有指导者时时将技能行为的"外化表现"还原为人格技能的"内隐样态",才能更为准确到位地体察技能行为的动因。"人格技能为抓手",既为微格教学人格化实施的'战术',亦为微格教学人格化过程中指导者和受训者共同的"战略";它还是一种现代微格教学观念:要转变微格教学的教与学策略观念,认识微格教学既是科学的、实证的"工具化"职业技术练习活动,又是人文的、人性的"价值化"的专业人才发展活动——据此认识并实践之,传统的微格教学的那部分机械呆板、偏离实际(疏离中小学课堂教学真实情境,疏离受训者个体实际教学技术与心理能力)的缺失和弱点才能得到较为有力的弥补和克服。

教学设计要点:

① 设置人格技能观察的环节,要求受训者察析对象的相关特点。

② 布置口头或书面作业,主题为:对优秀案例中的教师教学行为进行人格和人格技能的微格分析。

四、微格教学人格化设计和实施的鉴定评价

1. 鉴评体系的例表

下面这个表格是微格教学设计时进行人格化微格教学鉴评的片断示例,供设计者参考。

表3-2-2 部分教学技能行为与人格技能适合度量表

微格训练的技能行为	相宜的人格技能特征	权重	适合度的达成				
			欠缺 3.5	有意识 5	一般 6.5	良好 8	优秀 9.5
导入: 目标明确,指向集中,新旧联系衔接自然恰当,确实引起学生的有意注意,能诱发学生的认知冲突,创设相宜的氛围、情境,时间掌握紧凑,利用充分	良好的课堂心境 (吸引力、感染力、激情、想象)	4					
	交流和谐的人际品质 (微妙信号与情绪目标)	3					
	合宜的人际知觉定势 (换位体验、察觉)	2					
	与教学内容不相悖反的外显气质(动作、发声、表情)	1					
提问和应对: 涵义明确,表述清晰,面向全体,难易合度,问题设计体现层次坡度,提问时机契合学生思维流程,思考答问时间给定适当,随机提示,以利学生深入思考,即时评价答问,注意点拨思路、方法,联系旧知解决新问题,确认判断(多元)或答案,透彻分析,使全体明了。	纵控自如的人际关系能力 (积极、非权势、威仪、启发性、宽容)	3					
	适度的焦虑水平 (兴奋度、应激灵活)	2					
	从善如流的人际品质 (移情、敏感性)	2					
	交往技能中的预计 (睿智感)	2					
	积极的自我意识 (监控、调适、变化)	1					

2. 鉴评的一般方法

鉴评是微格教学评价系统的重要内容。与其他教学活动的评价方式一样,微格教学也同样要进行诊断性评价、形成性评价和终结性评价,前两种评价在本章第二节所述的两种教学

过程模块中都已有所呈现,这里的"表3-2-2"着重呈现的是终结性评价的方法。

"评鉴"即评价—鉴定,特指一个"外显技能与内隐人格对应表现"的微格教学评量概念。评鉴中人格技能诸侧面的权重,系依照特定技能行为与心理适应驱动变量的一般相关态势而设定的,旨在揭示个性变量对于技能行为可能造成的影响以及影响的轻重大小,以便于考核时量化为鉴定成绩分。当然,分数只是质量描述的简单物质,重要的是各评量级项的"质量目标"的引领和暗示作用;赋分宜采用自我评量和师生评量相结合的方式。"权重"的设计,是为了表明和强调某个教学技能之于人格技能的"依凭"、"需求"的关系,以此引导受训者体悟新课程下的教学技能对于人格化教学的要求。

指导者设计鉴评内容,应根据该受训者群体在特定技能上的现有水平和最近发展区去考量。每届训练班的鉴评标准应是有所微调的、不尽相同的。

从某种意义上看,这类鉴评的合宜设计、实施,是在微格教学的某一过程终端对微格教学人格化方法的再次回顾和强化,于此过程,受训者会得到关于教学技能优化的个体化认识,从而体验到积极的自我专业发展情感。

讨 论 题

1. 实践中,微格教学的教学设计难点何在?有什么经验可供分享?
2. 作为指导者或受训者,怎样处理静态预设和动态实施之间的对位?
3. 本人职业技能优化中的人格技能改善重点是什么?

第四章　微格教学的基本理论

微格教学自20世纪60年代产生以来,在各国的教育实践中不断发展。全球相关理论界和实践界也在不断加深着对微格教学的认识,在积累了丰厚多元实践经验的同时,也不断地印证、推衍、活化、丰富着现代教学理论。本章拟从现代教学论对微格教学的理论支撑视角,对微格教学的相关理论作一些简述,从宏观和中微观的角度,分别阐述新课程下现代教学论对于微格教学的指导意义和启示,以期强化对微格教学实践的理性认知,推进微格教学的优质化。

第一节　微格教学的理论基础

一、加涅的学习结果分类理论

1. 理论概述

加涅经过长期研究提出:人的学习结果是其能力和倾向发生的变化。在心理学史上,加涅首次就人的学习结果,提出了一个系统分类。他将"学习结果"分为五种类型:

(1) 言语信息
(2) 智慧技能
(3) 认知策略
(4) 动作技能
(5) 态度

2. 在微格教学中的指导意义

加涅的这一理论有助于我们认识微格教学中教学技能的分类依据和意义。从或对接或重叠或交叉的视点,考察加涅学习结果类型与微格教学技能系统的学理联系,可以看出:言语信息是人类运用语言来表达信息的能力,相类于微格教学中的语言、讲解和导入、结束、提问的技能;智慧技能是运用概念和规则处理事务的能力,相类于微格教学中的试误、提问、导入和结束等技能;认知策略是个人运用概念和规则调节自身认知活动,以提高认知活动效率的能力,相类于微格教学中的试误、提问及组织和讨论技能;动作技能是指用一套规则来支配自己的肌肉协调活动的能力,相类于微格教学中的板书、演示技能;态度是一种影响人对人、人对事作出选择的内部状态,则是微格教学中所有技能应用的心理基础。

二、杜威的"做中学"理论

1. 理论概述

"做中学"是杜威全部教学理论的基本原则。在杜威看来,"做"是人的生物本能活动。他指出,在课程中占中心位置的应是各种形式的活动作业。在教学组织形式方面,杜威要求采用活动教学,在课堂上要为儿童准备好充分活动的场地,备有适合儿童活动所需要的各种材料和工具,让儿童在制作的活动中学习。

杜威还依此提出了教学的五个步骤。他指出:教学法的要素和思维的要素是相同的,这些要素就是:

(1) 学生要有一个真实的经验情景——要有一个对活动本身感兴趣的连续性的活动

(2) 在这个情景内部产生一个真实的问题作为思维的刺激物

(3) 他要占有知识资料,从事必要的观察,对付这个问题

(4) 他必须负责一步一步地展开他所想出的解决问题的方法

(5) 他要有机会通过应用来检验他的想法,使这些想法意义明确,并且让他自己去发现它们是否有效。

2. 在微格教学中的指导意义

杜威的"做中学"的思想方法主张教学方法要促使人在一个真实的情境下进行能动地活动,并通过应用得到有效的检验。这显然与微格教学的程式、方法和方法论不谋而合。微格教学本身就是在一个真实的微型课堂中进行的"做中学",同侪扮演学生;受训者运用某一技能上一节微型课,指导教师同时进入课堂听课记录和录像;随后放实况录像,受训者根据指导教师和同侪的反馈评价修改教案、重教,以此达到反复训练,综合运用多种教学技能,逐渐形成教学能力乃至教学风格。"做中学"强调的活动学习、情景学习和问题学习,是微格教学的主要教学论元素。

三、巴班斯基的认识活动分类理论

1. 理论概述

巴班斯基将教学认识活动分成三个层次:第一层次是大类,第二层次是小类,第三层次是方法,即大类中有小类,小类中有方法。

巴班斯基在第一层次中将教学认识活动分为三大类:

第一大类,教学认识活动的组织进行——用以保证学生个人的认识加工活动的过程。

第二大类,教学认识活动的刺激与动机——用以保证教学活动中学生学习的意志、情绪和积极性。

第三大类,教学认识活动效率的检查和自我检查——用以实现教学过程中的控制和自我控制的功能。

根据上述三大分类,巴班斯基对教学方法的具体分类如下:

(1) 组织学生认识活动的方法(第一大类),其中有:

① 口述法,包括讲述、讲解、讲演、谈话等。

② 直观法,包括演示、图解等。

③ 实践法,包括练习、实习、实验、操作等。

④ 思维求知法,包括归纳法、演绎法等。

⑤ 控制学习法,包括问题探索法、复述法、教师指导下的自学法等。

(2) 刺激学生认识活动的方法(第二大类),其中有:

① 刺激学习兴趣,引发学习动机的方法。包括认识性游戏、讨论、创造情绪、创设情景等。

② 认识学习义务,引发学习动机的方法。包括提出要求、鼓励、批评等,以增加学生的学习意志。

(3) 检查学生认识活动效果方法(第三大类),其中有:

① 口头检查法,包括课堂提问等。

② 直观检查法,包括检查书面作业、体育动作表现、美术作品、设计、表演等。

③ 实习检查法,包括学生在实习实践中的表现等。

2. 在微格教学中的指导意义

巴班斯基的认识活动分类理论对于微格教学中教学方法的运用方面具有极为现实的实践指导意义。一方面,它对于微格训练的任务分类具有细分化的指示性,因为在微格教学的技能训练过程中,各种不同的教学技能还需辅以相匹配的教学方法:如在讲解某一概念时的口述法;在板书演示时的直观法;在课堂导入时的刺激学习兴趣、引发学习动机的方法;在讨论结束后的口头检查法、直观检查法等。更重要的是另一方面,它的认识活动三大分类理论,为微格教学的活动组织、行为激励机制、行为监控调适等,提供了某种架构;而其中的行为自我控制观点,为微格教学强化元认知教学和元认知要素提供了支持性证明。

四、拉斯韦尔的传播理论

1. 理论概述

拉斯韦尔的"五W"模式,用一句话表示:"Who says what in which channel to whom with what effect",即——谁,说了什么,通过何种途径,对谁,产生了什么效果。

从"五W"模式中,可以看到教学信息传播过程中涉及的因素:

(1) Who(谁)? 控制分析 即分析教师的职业角色概念,教师的教书育人、敬业意识。

(2) Says What(说了什么)? 内容分析 即分析确定课程要传播的教学目标和内容。

(3) Which Channel(经什么途径)? 媒体分析 即利用何种媒体来传播教学信息,教学环境如何。

(4) Whom(对谁)? 受众分析 即分析教学对象的兴趣、特点、智力因素和非智力因素、影响接受的因素。

(5) What effect(什么效果)? 效果分析 即分析教学信息传播后产生什么样的后果,是有效的、低效的还是无效的,也是教学诊断、评价。

2. 在微格教学中的指导意义

拉斯韦尔的"五W"模式是线性模式,即信息的流动是直线的、单向的。该模式把人类传播活动明确地概括为由五个环节和要素构成的过程,是传播研究史上的一大创举。该模式对于微格教学中教育信息的传播有一定的借鉴意义,它提示了微格教学的任务结构和实施要件。如被培训者在进入微格课堂前,应首先明确自己上课的内容以及需要运用的教学媒体,在上课的过程中还要不断地观察学生的认知状态,以便及时地改变教学策略,达到正向的强化作用。但是该模式没能注意到信息反馈这个要素,这等同于忽视了微格教学中学生信息反馈的作用,这是需得引起注意的。

第二节 技能训练的理论支持

一、语言和讲解技能的理论视角

语言和讲解技能是最常用的教学技能,教师提供它们,向学生传授知识和学习方法,启发思维,表达感情。微格教学中,语言和讲解技能的主要理论支持有布鲁纳的发现学习理论和奥苏伯尔的接受学习理论。

1. 布鲁纳的发现学习理论

布鲁纳认为,发现是教育学生的主要手段,学生掌握学科基本结构的最好方法就是发现法。所谓发现法,就是教师向学生提出有关问题,引导学生学习,搜集有关资料,通过积极思考,自己体会、"发现"概念和原理。它是一种以培养学生独立思考、发展探究性思维为目标,以基本材料为内容,使学生通过再发现的步骤来进行学习的教学方法。布鲁纳指出,发现不只局限于寻求人类尚未知晓的事物的行为,它包括用自己的头脑亲自获得知识的一切形式。学生所获得的知识,尽管都是人类已知晓的事物,但是,如果这些知识是依靠学生自己的力量激发出来的,那么对学生来说仍然是一种"发现"。因此,教学不应当使学生处于被动接受知识的状态,而应当让学生自己把事物整理就绪,使学生自己成为发观者。

在教学中运用发现法,其灵活性和自发性都很大,没有固定的模式,要根据不同学科和不同学生的特点来进行。一般来说,发现法大致包括以下几个步骤:第一,提出和明确使学生感兴趣的问题;第二,使学生对问题体验到某种程度的不确定性,以激发探究的欲望;第三,提供解决问题的各种假设;第四,协助学生搜集和组织可用于做结论的资料;第五,组织学生审查有关资料,得出应有结论;第六,引导学生运用分析思维去验证结论,最终使问题得到解决。总之,在整个过程中,教师要向学生提供材料,让学生亲自发现应得的结论或规律,使学生成为发现者。

2. 奥苏伯尔的接受学习理论

奥苏伯尔认为,人类的学习有多种多样的类型。根据学习进行的方式来看,可以把学生的学习分为接受性学习和发现性学习。但在教学过程中,学生通过"发现学习"所掌握的知识是有限的。绝大多数的知识仍然需要学生通过"接受式学习"来掌握。由于教学过程是个特殊的认知过程,学生主要是接受间接的知识,这点特殊性决定了学生获取大量知识必须是接受性的。此外,奥苏伯尔批评了把以言语讲授为主的接受学习贬为空洞的说教机械模仿的说法,他用有意义学习理论对接受学习进行科学的分析,指出它不可能与机械学习划上等号,它完全可以是有意义的。他指出,只要教师清晰地组织教材,就能使学生出现稳定而明确的有意义学习,就能使有组织的知识体系长期保存下来,就能使有意义的言语接受学习成为学生获取知识的有效途径,从而形成以言语讲授有意义学习特征的有意义接受教学模式。

3. 对微格教学的语言与讲解技能的提示

第一,在微格教学中,必须强化不同知识类型的语言表达技巧训练;以此优化不同类型的讲解功能。还要训练适合于本学科的接受式和发现式的语言方式、语言组织、内容逻辑等等技术,以使受训者的语言解说能够适应不同的教学范式。

第二,本技能训练中,受训者应学会在发现法的实施中如何进行富有探究意味和激疑性质的解析、描述、分析、提示,学会应用具有强烈思辨色彩和智力因素的语法修辞逻辑去组合、去包装解说的内容。藉此助推新课堂发现法的有效实施。

第三,微格教学在新课程下仍应继续优化受训者"接受式"教学中的语言解析能力;加强对复述、陈述、分解、梳理、呈示等等的基础性讲解语言的练习,在这类练习中加强对不良案例的诊断和矫治,从而优化课堂教学中的有意义学习。

二、板书、演示和多媒体技能的理论视角

板书、演示和多媒体技能是教师运用在黑板或投影片上书写文字,符号或绘图等方式,向学生直观地呈现教学内容的一种技能。微格教学中,该技能的主要理论支持有记忆的组块效应理论和班杜拉的观察学习理论。

1. 记忆的组块效应理论

米勒在他"神奇的数字7:我们记忆的某些局限性"一文中指出,人类能够清楚知觉并即时回忆和加工的不关联的刺激项目数只是7 ± 2。据此他提出了组块这个概念作为刺激项目的计量单位。这个组块是个变量,它随个体对信息的理解程度、加工深度及知识经验的丰富程度而变化。所以,如果单位信息所含的信息量小,则短时记忆加工的信息总量就小,加工效率也低;反之,如果单位组块所含的信息量大,则短时记忆加工的信息总量就大,加工效率也高。这种信息总量大小和信息加工效率的高低取决于单个组块所含信息量大小的效应就叫作组块效应。

2. 班杜拉的观察学习理论

班杜拉认为,人类的大多数行为是通过观察而习得的。人们通过观察他人的行为,可获得榜样行为的符号性表征,并可以此引导观察者在今后做出与之相似的行为。班杜拉认为,这一过程受到注意、保持、动作再现和动机四个子过程的影响。注意过程调节着观察者对示范活动的探索和知觉;保持过程使得学习者把瞬间的经验转变为符号概念,形成示范活动的内部表征;动作再现过程以内部表征为指导,把原有的行为成分组合成信念的反应模式;动机过程则决定哪种经由观察习得的行为得以表现。他还强调,如果要使观察者最终表现出与榜样相匹配的反应,就要反复示范榜样行为。

3. 关于微格教学中此类技能训练的启示

第一,要让受训者学习察析学生对各学科不同信息的接收规律;练习呈现教学内容时量

与质如何匹配,练习如何有效地利用信息组块的效应将各项新知识有机地联系起来,使学生进行有意义而轻负担的信息接收活动。

第二,要让受训者学会呈现新知辅以演示的各种手法;要让受训者学会担当学科学习与发现的示范者,学会以自己的板书演示提供给学生"现场观察——学得"的样本。

三、导入和结束技能的理论视角

导入和结束技能是课堂教学的两个关键阶段,一堂课能否成功很大程度上取决于本节课的导入和结束部分。微格教学中,该技能的主要理论支持有马斯洛的需要层次理论和奥苏伯尔的认知同化论。

1. 马斯洛的需要层次理论

马斯洛认为人的基本需要有五种,它们由低到高依次排列成一定的层次,即生理的需要、安全的需要、归属和爱的需要、尊重的需要和自我实现的需要。自我实现作为一种最高级的需要,包括认知、审美和创造的需要,它具有两方面的含义,即完整而丰满人性的实现以及个人潜能的实现。从学习心理学的角度看,人们进行学习就是为了追求自我实现,即通过学习使自己的价值、潜能、个性得到充分而完备的发挥、发展和实现。因此,可以说自我实现是一种重要的学习动机。

2. 奥苏伯尔的认知同化论

奥苏伯尔的认知同化论认为,学习者原有的认知结构就是原有的知识经验及其组合,它可以吸收新的信息,而新的信息吸收后,又使原来的认知结构发生某些改变,这种获得新概念的方式叫做认知同化。奥苏伯尔认为,认知结构是按一定层次组织起来的,较高概括、抽象和包含性的观念,分类涵盖较低概括、抽象和包含性的从属概念及具体的事实数据。在学习过程中,当新材料进入认知领域,它便同认知结构中原有的较高包含性的观念发生相互作用,并类属它们之下。如果新知识能与认知结构中稳定的原有观念相联系,这种材料就有了可类属性,就被同化到已有的认知结构中去,学生就获得了新知识。同时这种类属过程又引起原有认知结构的不断分化。奥苏伯尔的理论提醒教师关注学生已有的想法,有经验的教师都察觉到学生对一些未经教授的概念往往已有一套自己的想法。多年来的研究表明,这些先入为主的想法不易改变,学生头脑中这些不同于正确概念的相异构想如果得不到纠正,将会影响新材料的同化和顺应。

3. 在微格教学中导入和结束的新视点

第一,在进行课堂导入训练时,应学习如何设置一些具有智慧性、思维挑战性的情境,以此引发学生的学习动机和自我成就动机,使学生在课堂教学的初始阶段就对自身潜能的实现充满期待;受训者应学习如何规避平淡乏味的导入、规避降低学生认知欲求的导入、规避使学生在课的伊始便放弃自我实现学习愿望的导入。

第二,微格教学中结束技能的训练应借鉴认知同化的理论观点,受训者需练习在课堂结束时段如何使学生当下的新知与其旧知达到有效的顺应、同化、迁移?如何在课终应对学生可能持有的影响新、旧知识同化的前概念?如何在课终通过各种方式和角度去让学生获得或体验本课的满足感？如何设计加强同化顺应的课的小结？

四、提问技能的理论视角

提问技能是由教师提出问题,通过师生的相互作用,促进学生参与学习,了解他们的学习状态,加强文本知识的理解,发展智能的一种教学行为。微格教学中,该技能的主要理论支持有维果茨基的最近发展区理论和皮亚杰的认知发展理论。

1. 维果茨基的最近发展区理论

维果茨基提出的"最近发展区理论",认为学生的发展有两种水平:一种是学生的现有水平,另一种是学生可能的发展水平。两者之间的差距就是最近发展区。教学应着眼于学生的最近发展区,为学生提供带有难度的内容,调动学生的积极性,发挥其潜能,超越其最近发展区而达到其困难发展到的水平,然后在此基础上进行下一个发展区的发展。

2. 皮亚杰的认知发展理论

皮亚杰指出,学习是一种能动的建构过程,学习并不是个体获得越来越多外部信息的过程,而是学到越来越多有关他们认识事物的程序,即建构了新的认知图式。皮亚杰认为儿童在解决问题时如果能将知识同化到已有的认知图式中,知识就不会很快被遗忘,但这种同化只有在儿童积极参与建构时才有可能发生,认知方面的积极参与,并不意味着儿童仅仅是摆弄某种材料,而必须在心理上积极参与才行。所以,学习所关注的,应该是儿童主动的心理建构活动。

3. 推衍上述观点至微格训练提问技能

第一,就提问的内容而言,微格训练应该创设各种问题情境提供给受训者学习如何辨析学生思维的最近发展区,受训者应就问题内容的设置学会如何切中学生的最近发展区——以此强化练习如何引发学生的认知冲突、如何培养质疑能力;这样的微格教学才能更有效地帮助受训者掌握新课程下的提问技能。

第二,就提问的形式而言,微格训练应着力地练习师生、生生等多向的提问方式,让受训者熟练地掌握基于个体建构而生发的生生互问、对答、互评的新课程提问法;而囿于单向的师生问答,往往会使课堂陷入沉闷的冰点氛围,此时学生便易于趋向授受式被动思考,难以主动地建构新知和生发质疑,他们的课堂参与度也会降低,更易出现传统的教师"一言堂"场面。

五、试误技能的理论视角

试误技能又称尝试—错误技能,它是指学习者通过尝试与错误,从而在一定的情境和一定的反应之间建立起联结。微格教学中,该技能的主要理论支持有行为主义学习理论和认知学习理论。

1. 行为主义学习理论

行为主义学习理论的主要观点为学习是刺激与反应之间的联结,他们的基本假设是:行为是学习者对环境刺激所做出的反应。他们把环境看成是刺激,把伴随而至的有机体行为看作是反应,认为所有行为都是习得的。行为主义学习理论应用在教学实践上,就是要求教师掌握塑造和矫正学生行为的方法,为学生创设一种环境,尽可能在最大程度上强化学生的合适行为,消除不合适行为。

2. 认知学习理论

认知心理学家主要研究的是那些不能观察的内部机制和过程,如记忆的加工、存储、提取和记忆力的改变。换而言之,他们研究人的高级心理过程,主要是认知过程,如注意、知觉、表象、记忆、思维和语言等。认知心理学家往往把信息加工过程分解为一些阶段,即对从刺激输入到反应这样的全过程进行分解。采用信息加工观点研究认知过程是现代认知心理学的主流,可以说认知心理学相当于信息加工心理学。它将人看作是一个信息加工的系统,认为认知就是信息加工,包括感觉输入的编码、贮存和提取的全过程。按照这一观点,认知可以分解为一系列阶段,每个阶段都是一个对输入的信息进行某些特定操作的单元,而反应则是这一系列阶段和操作的产物。信息加工系统的各个组成部分之间都以某种方式相互联系着。

3. 推衍上述观点至微格训练试误技能

行为主义学习理论强调外部环境的刺激对内部反应的作用;而认知学习理论则更强调内部的反应对外部环境刺激的分解、加工。它们提示在微格教学中,应强化两者结合的方式。

第一,受训者必须练习——如何主动设置简单的外部已错情境,等待学生在已然掌握知识后的主动发现和解决,如错误的板演解题步骤、错误的讲解概念性知识,以期在外部环境的刺激下帮助学生达到记忆的强化。

第二,受训者必须练习——如何故意布下复杂的内部易错情境,使学生在不知不觉中陷入"圈套",并形成与先前知识同化的不平衡后,教师随即再予以点拨、还原,以期使学生在自身内部的反应中达到记忆的强化。

六、组织和讨论技能的理论视角

组织和讨论技能是教师与学生共同构建的一种教学行为,有利于培养学生的创新意识、探索精神和自主学习的习惯。微格教学中,该技能的主要理论支持有加德纳的多元智能理论和施瓦布的探究教学理论。

1. 加德纳的多元智能理论

加德纳提出多元智能理论指出,人类的智能是多元化而非单一的,主要是由语言智能、数学逻辑智能、空间智能、身体运动智能、音乐智能、人际智能、自我认知智能、自然认知智能八项组成,每个人都拥有不同的智能优势组合。

(1) 语言智能:是指有效的运用口头语言或及文字表达自己的思想并理解他人,灵活掌握语音、语义、语法,具备用言语思维、用言语表达和欣赏语言深层内涵的能力结合在一起并运用自如的能力。他们适合的职业是:政治活动家、主持人、律师、演说家、编辑、作家、记者、教师等。

(2) 数学逻辑智能:是指有效地计算、测量、推理、归纳、分类,并进行复杂数学运算的能力。这项智能包括对逻辑的方式和关系、陈述和主张、功能及其他相关的抽象概念的敏感性。他们适合的职业是:科学家、会计师、统计学家、工程师、电脑软体研发人员等。

(3) 空间智能:是指准确感知视觉空间及周围一切事物,并且能把所感觉到的形象以图画的形式表现出来的能力。这项智能包括对色彩、线条、形状、形式、空间关系很敏感。他们适合的职业是:室内设计师、建筑师、摄影师、画家、飞行员等。

(4) 身体运动智能:是指善于运用整个身体来表达思想和情感、灵巧地运用双手制作或操作物体的能力。这项智能包括特殊的身体技巧,如平衡、协调、敏捷、力量、弹性和速度以及由触觉所引发的能力。他们适合的职业是:运动员、演员、舞蹈家、外科医生、宝石匠、机械师等。

(5) 音乐智能:是指人能够敏锐地感知音调、旋律、节奏、音色等能力。这项智能对节奏、音调、旋律或音色的敏感性强,拥有与生俱来的音乐天赋,具有较高的表演、创作及思考音乐的能力。他们适合的职业是:歌唱家、作曲家、指挥家、音乐评论家、调琴师等。

(6) 人际智能:是指能很好地理解别人和与人交往的能力。这项智能善于察觉他人的情绪、情感,体会他人的感觉感受,辨别不同人际关系的暗示以及对这些暗示做出适当反应的能力。他们适合的职业是:政治家、外交家、领导者、心理咨询师、公关人员、推销等。

(7) 自我认知智能:是指自我认识和具有自知之明并据此做出适当行为的能力。这项智能能够认识自己的长处和短处,意识到自己的内在爱好、情绪、意向、脾气和自尊,喜欢独立思考。他们适合的职业是:哲学家、政治家、思想家、心理学家等。

(8) 自然认知智能:是指善于观察自然界中的各种事物,对物体进行辨认和分类的能力。这项智能有着强烈的好奇心和求知欲,有着敏锐的观察能力,能了解各种事物的细微差别。他们适合的职业是:天文学家、生物学家、地质学家、考古学家、环境设计师等。

2. 施瓦布的探究学习理论

所谓探究学习,是指在研究客观世界的过程中,通过儿童的主动参与,发展探究能力,形成科学概念,从而培养探究未知世界的积极态度。具体来讲,施瓦希为代表的探究学习理论认为探究学习具有以下几个特点:

(1) 儿童通过自主地探究自然的过程,获得科学知识。而传统的理科教学则离开了对自然事物、现象的探究,仅灌输现成的结论性知识,停留于死记硬背的现状。

(2) 以培养探究能力为宗旨。让儿童自主地抓住自然的事物和现象,加深对自然认识,从而有组织、有计划地培养探究能力。

(3) 以形成科学概念为基础。按儿童发展的特点,逐步从初步的自然认识提高到高深的自然认识,即不断深化对自然的理解。要真正理解自然,就要使第一个学生有效地形成认识自然的基础——科学概念。科学概念的形成遵循由初级的类概念(着眼于事物、现象的特征)到高级的关系概念(着眼于事物、现象之间发生的变化,发展的规律)。

(4) 最终形成探究未知世界的积极态度。探究的心理态势是探索未知世界最基本的方面,而它只能在自主地抓取自然事物、现象的探究活动中逐步培养起来。

3. 开拓微格教学中组织和讨论技能训练的新思路

确定以多元智能理论为出发点,以培养学生的自主探究能力为宗旨的技能功能目标,以提高受训者的新课程任务目标应达成水平。在具体的微格教学操作方面,要注意以下三项任务的操作:

第一,练习如何在组织合作学习小组时,根据学生不同的个体因素(包括:智能特长、学力水平、性格差异、生活经验等)进行同、异质分组,形成"组间同质,组内异质,优势互补"的格局,为之后形成有效讨论奠定基础。

第二,练习如何在学生讨论时改变传统的教师授受的角色定位,代之以讨论指导者、参与者和评价者的身份投入到合作学习小组的讨论中;让受训者学会在讨论中用参与、干预、巡视、反馈等方法,达成培养学生探究能力的教学目标。

第三,练习如何构建帮助学生进行探究的"支架",促进受训者学会使用问题的设计、概念的描述、课外资源的引入等方式,学会对讨论小组成员的学习性向进行多元智能分析和能力的活动化设计。

讨 论 题

每位小组成员选择微格教学中的某一项具体技能,说明其理论依据,并交流讨论其具体可行的操作方法。

第五章　课堂教学技能分类

第一节　课堂教学技能概述

一、课堂教学技能的概念

教学既是一门科学又是一门艺术,而教学的科学性和艺术性是建立在教师具有广博的专业知识和熟练的教学技能基础之上的。一位教师如果没有广博深厚的专业基础知识,他的教学只能是照本宣读的生搬硬套;没有熟练的教学技能,也就谈不上教学的艺术,更不能把教学搞得生动活泼,有效地促进学生的学习。

技能在教育心理学中是指顺利完成某种任务的一种活动方式或心智活动方式,它是通过练习而获得的。技能分为动作技能和心智技能。动作技能是指为顺利完成某项任务而合理组织起来的实际动作。例如,画图、编织、游泳、艺术体操、驾驶汽车等等。心智技能也称为智力技能,它是顺利完成某项智力任务而合理组织起来的一系列心理活动,包括感知、记忆、思维、想象等心理活动。例如,构思文章、阅读、速记等都是心智技能。在许多实际活动中,动作技能和心智技能常常要结合起来,例如,写文章既有动作技能(写),又有心智技能(构思);踢足球既有动作技能,又有心智技能(思考踢的方位)。因此,完成某项具体任务时,动作技能往往需要心智技能来调节和控制。

教学技能是指在课堂教学过程中,教师依据教学理论、运用专业知识和教学经验等,使学生掌握学科基础知识、基本技能,并受到思想教育等所采用的一系列教学行为方式。它既包括在教学理论基础上,按照一定方式进行反复练习或由于模仿而形成的初级教学技能,也包括在教学理论基础上因多次练习而形成的,达到自动化水平的高级教学技能,即教学技巧。它使教师的职业技能,同医生、演员等的技能一样,是必须掌握的。它不但有教育、教学理论做基础,还有实践的原则和要求,是教师培养中不可缺少的一个重要方面。

从教学技能的定义出发,我们可以了解到:(1)课堂教学技能是与完成某项课堂教学任务相联系的。离开了课堂教学活动就无法谈及课堂教学技能。(2)教学技能是一种行为方式,是可以表现出来的,因此是可被观察记录到的。(3)教学所表现出的教学技能水平是有差异的,差异产生的因素是多方面的,但通过恰当的练习与训练,教学技能水平是可以提高的。

教学技能的对外表现为成功地、创造性地完成既定的教学任务,卓有成效地达到教学目的和获得有效的教学方法。具体的外部标志是高水平、高质量地履行教师的职责。创设具有明显的目的性和适应性的教学情景,运用能有效促进学生学习的教学行为,安排有利于发展学生自主学习的能力,有利于引导他们进行独立的科学探究的教学活动。

教学技能的对内表现为保证完成教学任务的知识、技巧、心理特征和个性特征的功能体系。从这个意义上讲，教学技能是教师的个性、创造性与教学要求的内在统一，具体表现为教师的职业品质：对待教学工作的态度，组织教学的才干，适合教师职业要求的性格、气质特征、心理特征和进行教学活动的心理准备等。

从表面上看，教学技能是教师在教学活动中有效地促进学生学习的活动方式。从深层次剖析，它是教师职业个性品格和专业修养外化的表征，是教学能力的重要标志。每一位教师要想形成自己的教学风格，达到艺术化教学的水平，就必须遵循教学技能发展的规律，在熟练掌握教学技能的基础上，不断探索，不断创新。

二、教学技能和知识、能力、方法及艺术的关系

为了能准确把握教学技能的概念，还要分清教学技能和知识、能力、方法及艺术的关系。

1. 教学技能和知识、能力的关系

知识是人们对客观世界的正确认识，是客观世界在人脑中的正确反映。教师所应具有的知识包括学科专业知识及教学理论知识，所以教师不仅要掌握学科知识，还要学习教育学、心理学等教学理论知识。然而，一个知识很丰富的人不一定是教学技能水平很高的人。我们有时会碰到"知识渊博，却表达不清的人"、"专业知识水平很强，教学效果却不一定好的人"，这正说明了这一点。对教师而言，具有一定的教学理论和学科专业知识是掌握课堂教学技能的基础，练习、训练和积累是提高课堂教学技能的有效手段。

能力在心理学上的定义是指顺利完成某项活动的个性心理特征，也包括完成一定活动的具体方式和相应的心理要素。由此可见，要发展教学能力，既要有一定的教学理论和学科知识，也要进行教学技能的训练。离开了教学技能，就无法形成教学能力。从掌握知识和技能到形成能力有一个转化和迁移的过程，知识和技能是形成能力的基础。

教学技能与教学理论知识、教学能力是相互联系的。教学理论知识是在人脑中形成的教学经验系统，教学能力则是个体顺利完成教学活动任务直接有效的心理特征，这两者是掌握教学技能的前提，并制约着掌握教学技能的速度和深度。教学技能的形成和培养是以多种知识修养、多种智力开发、多种经验积累为基础的。对于新教师来说，有一个从学习到实践、从知识到能力逐步转化、逐步提高的过程。这就要求新教师们一方面应加强专业基础理论、教学法学习，明确学科教学能力构成的诸种因素，另一方面要加强教学实践环节、强化训练，初步具备胜任教学工作的基本能力。例如，教师对学习动机理论的掌握，是形成"激发和维持学生学习动机"教学的先决条件。该技能就是在教学实践过程中反复运用学习动机理论，逐渐固定下来的。教师掌握的学习动机理论知识越多，理解越深，获得和改进该技能的可能性就越大，形成的技能水平就越高。反过来，教学技能的形成和发展亦有助于教学理论知识的掌握和教学能力的发展。例如，已形成的"激发和维持学生学习动机"的技能使个体不仅能从感性和理性领悟新的学习动机理论知识，而且能使个体顺利地将新学到的学习动机理论运用到实际的教学工作中去，并且，在运用过程中，教学能力也能得到丰富和发展。

2. 教学技能和方法及艺术的关系

方法是指为了实现一定的目的，按一定的程序所采取的行为方式的总和，是认识世界和

改造世界的各种具体方式、手段的通称。所谓教学方法就是指为了达成一定的教学目标,教师组织和引导学生进行特定内容的学习活动所采取的行为方式的总和,它包括教法和学法两个方面。教学方法是一门艺术,它的创造性、个性和灵活性十分突出,而且形式多样。教学方法的主导者是教师,落脚点是学生。实践证明,在很多场合,特别是课堂教学中,教师的教法制约着学生的学法,对学生的学法起主导作用。一般来说,教师采用什么样的教法,学生必然会产生相应的学法。如果教师的教遵从学生学的规律和特点,使用科学的方法,学生就学得积极主动,学法也科学合理。因此,就课堂教学而言,教法决定着学法。什么样的教法,什么样的学法,在很大程度上决定了培养出来的人具有什么样的能力和水平。方法问题不解决,学生学习的效果就不会好,教学质量也难以提高。

教学方法是构成教学活动的重要因素之一,在教育过程中具有重要的意义。采取适宜的教学方法是完成教学任务、实现教育目的的重要手段,是提高教学质量和教学效率的重要保证。教师要继承传统、借鉴国外、结合实际、立足当前、着眼未来,扎扎实实地进行实验,认认真真地总结经验,用科学的教学方法指导教学实践,把教学水平提升到一个新的高度。

教学方法与教学技能是两个相互联系而又有所区别的概念。教学技能是教师在教学过程中,运用与教学有关的知识和经验,促进学生学习的教学行为方式。教学技能可通过学习来掌握,在练习实践中得到巩固和发展。教学方式是指在教学过程中完成教学任务所使用的工作方法。教学方法的采用,取决于教育性质和教育目的、教材的性质、教学手段,是由教师和学生共同实现的。教学技能是通过多种教学方法综合表现的行为。教师要对学生进行教学方法的指导,帮助他们进行教学技能的训练。

掌握教学方法是形成教学技能的前提,教学技能首先表现为教师在掌握大量教学方法的前提下,在具体的教学实践中对这些教学方法的灵活运用。熟练掌握教学技能又为教学方法的娴熟运用提供了支持。二者相互促进,相得益彰。学习教学法的最好办法就是在学习教学法理论、原则的同时,加强教学技能的训练,将教学技能训练贯穿于整个教学法课程。

教学艺术也不同于教学技能,教学不仅是一门科学,而且是一种艺术。教学艺术是以教学论、心理学和美学为基础的,掌握教学技能也是从事教学艺术活动的基础。教学艺术是教师的知识和技能的高水平发挥的表现,是教师在教学过程中创造性劳动的集中表现。成功的教学,就是一种艺术的创造。教师要形成自己的教学艺术,必须要掌握各项教学技能。

第二节 课堂教学技能的特点

一、教学技能的主要特征

教学技能的主要特征有以下两个方面:

1. 具有一般职业技能的共同特征

一般的职业技能具有如下共同点:

(1) 功能上的必要性和必然性。职业技能是人求职谋生、安身立命的必要凭借,且不可或缺。

（2）范围上的专业性和有限性。不同的职业对于职业技能有不同的要求，一种职业技能往往只适用或主要适用于本职业。

（3）内容上的稳定性和连续性。职业活动是一个比较稳定且处于连续不断发展的过程，职业技能在不同的社会形态中具有历史的继承性，有时甚至表现为一种世代相袭的职业传统，形成人们相对稳定的职业习惯。

（4）形式上的多样性和具体性。社会职业种类繁多，职业技能也千差万别，不同的职业有不同的、具体的职业技能。

（5）训练上的实践性和操作性。技能通过反复练习得以形成，职业技能同样需要凭借反复训练、不断实践才能掌握。因此，职业技能具有很强的操作性。

2. 具有教师职业技能的专业特征

教学活动是复杂而富有创造性的活动，教学技能作为复杂的高级技能，不仅具有一般技能的共同特征，又有很强的专业指向性。

（1）教学技能的综合性

教学技能具有鲜明的复合性，是教与学技能的综合体现。从结构上看，教的技能是教师表达、判断、组织、管理等方面能力的综合；学的技能则是阅读、分析、理解、记忆等多方面能力的综合。在教师身上，以上这些能力又会围绕不同的目标，交织并结合成各自的教学技能体系，并以此为基础，去构建广博而精深的知识结构。在教学实践中，教学技能的形成依赖于两个方面：一是教师的教与学生的学。教师善教能引导学生的善学，使他们掌握科学的学习方法；学生善学则"师逸而功倍"，为教师省出更多的时间去钻研教法，有利于更好地开展教学工作；二是教师自身的教与学。善教源于善学，不善学就不可能贮存丰富的知识信息，因而教就会成为无源之水、无本之木，善教也无从谈起。因此，善学促进善教，善教又必然要求善学。

（2）教学技能的内隐性与观念性

在复杂的教学活动中，大多数教学技能的运用是通过内部心理活动的智慧技能和自我调控技能来实现的，如教学设计技能、教材处理技能、教学组织技能和教学反思技能等，它们往往表现在对知识、信息的加工和改造上，因此，它具有内隐性和观念性。仅通过内部心理活动而无外显形式的教学技能，主要是通过教学活动的变化来推测和判断。教学技能正是在内隐的心理活动调控下，通过外显的行为动作来体现，并借助一系列教学活动的变化来实施的。

（3）教学技能的智能性与情感性

教学技能的学习不同于一般技能的学习，通过简单地重复、模仿就可掌握。教学技能的获得包含有对教学信息的吸收、消化和反输出的复杂过程，需要教师充分发挥主观能动性，对他人的言传身教以及自身掌握的教育教学理论知识和积累的教学经验细加揣摩，依据教学实践灵活使用、改进乃至创新。另外，教师掌握教学技能的目的是教书育人，这一目的决定了教学技能的运用必然是灵活多变的。教学过程是师生情感交流的过程，在教学中，不仅教师的爱憎、好恶会强烈地感染学生，学生课堂上情绪的好坏，也同样会对教师产生影响。优秀的教师，正是充分运用了情绪的互感作用，才将无数学生引向成功的彼岸。教学技能的作用还在于以情动情、以智激情和传情启智。实践证明,没有高涨的激情就不会迸发出智慧的闪光。

(4) 教学技能的多样性与简约性

教学技能既表现为个体的经验,又是群体经验的结晶。它虽植根于个体经验,但又不是个体经验的简单描述,而是在千百万教师经验的基础上,经过反复筛选和实践检验而形成的高度概括化、系统化的理论系统。正如夸美纽斯指出的那样,教学技能不是从肤浅的经验中拾来的"互不联系"的"技巧",而是一种有前提性假设、有演绎、有归纳的理论体系。这种在丰富多彩的经验基础上形成,又以简约化的形态呈现的教学技能体系,既源于教学经验,又高于教学经验,是个体经验与群体经验、理论与实践相结合的产物,反映了多样性与简约性的统一。

(5) 教学技能形成中练习的不可替代性和知识的不可或缺性

练习在技能的形成过程中具有不可替代性,这是技能与知识的重要区别。教学技能的形成不等同于教学理论知识和规则的获得,它是通过多种条件、不同方式的练习逐步形成和熟练掌握的,练习是技能训练中不可缺少的环节。知识在教学技能的形成过程中也同样是必不可少的,忽视知识对技能形成的作用,不仅会导致技能训练的盲目性和机械模仿,也难以从知识与技能的联系中揭示教学技能的实质。所以,在教学技能的形成过程中,练习的不可替代性和知识的不可或缺性等量齐观。

(6) 教学技能的专业性

教学技能具有很强的专业指向性,比如数学、语文、物理、美术、舞蹈、体育等,它们各自的教学技能一般是难以互换或替代的。教学的作用是要建立学科知识与学生的联系,因而教师一定要精通所教科目的教学技能。

(7) 教学技能的自动化

教学技能达到熟练的程度,即达到教学技能自动化,通常被视为技能的一大特征。技能一旦达到自动化程度,所进行的活动则不需要或很少需要意识控制,可以极大地提高活动效率。同样,具有娴熟教学技能的教师,其课堂教学往往组织得严谨有序,张弛适度,生动活泼,并且遇到偶发事件能从容不迫,应付自如。这样,教师能将有限的"心理资源"用于创造性的教学活动中去,从而大大提高教学质量和效率。

总之,教学技能是教师必备的教育教学技巧,它对于取得良好的教学效果,实现教学的创新,具有积极的作用。随着时代的发展,教学理念的更新,我们对原有的教学技能的理解和认识,也会不断提高。

二、课堂教学技能的特点

针对学生的特点,教学要贯彻直观性、启发式、因材施教等原则,采用生动活泼、灵活多样的教育方法与手段。管理上应重视对学生的纪律教育、课堂常规教育,正确理解和处理学生的违反纪律的行为,以适应学生的心理发展水平。教学技能的特点主要有以下几点:

1. 教学技能要突显情境性

教师在教学中要利用直观性、形象性的情境吸引学生的注意。教师的教学技能很大一部分应体现在教学情境的创设上,教师需要从发生在学生身边的事例出发,从学生关心的问题入手,提炼教学活动主题,创设教学情境。在这种情境下学习,教学主题或是学生耳闻目睹的,或是亲身体验的、感悟的,学生会倍感亲切,乐于参与。

2. 教学技能要富有趣味性

在教学活动中,教师需要使用一定的教学手段将学生的注意力吸引到课堂学习上来。教学要从学生的兴趣入手,创设出充满趣味的学习活动,让学生们喜欢学习,快乐地学习。

3. 教学技能要注重情感参与性

学生的情感较为单纯,但是他们十分渴望获得他人的尊重与认可,渴望教师对自己在情感上的关注与交流。如果教师的教学行为处处流露出关爱、尊重的情感,学生就会从心底喜欢老师,从而对老师所讲的内容感兴趣,学起来也格外有劲头。

4. 教学技能要强调监督指导性

由于学生的注意力、情绪稳定性和意志力都不持久,教师需要在教学过程中对学生的学习活动加以监督和适时指导,因此,监督指导性是教学技能的重要特征之一。教师需要以适当的方式方法引导学生学习,帮助他们树立遵纪好学的观念意识,对于学生的怠惰与违纪行为,教师应正确、客观地对待,依据学生的心理特征加以合理处理、引导。

第三节　课堂教学技能分类体系比较

一、教学技能分类的意义

1. 有利于提高教学技能的培训效率

过去对教师教学技能的培训这一概念的理解常常是含糊的,这使得受训者不明确在哪些教学阶段或针对哪些教学内容及学生的特点使用何种教学技能,或者不清楚在培训课堂上应掌握哪些教学技能。将教师的教学行为分解成具体的教学技能以后,再分别学习和逐个训练,受训者对每一技能所要达到的目标及要求就会有明确的认识,这样他们就能有针对性地进行练习。例如,对一给定的课题培训导入技能的时候,他们就会有意识地回忆所学过的课题导入的方法和要求,如用以旧拓新的方法,就要找出新旧知识的联结点;用立疑激趣的方法,就要考虑悬念和新知识的关系;用实验引路的方法,就要根据新的教学内容巧妙地设计实验等。因此,把教学技能加以分类,并分别指出对某一种具体的技能而言,可以采用哪些方法,能达到什么样的效果时,会使受训者的目标明确,学习内容主次分明,从而增强受训者的信心,利于提高教学技能的培训效率。

2. 便于提供具体典型的示范

在课堂教学中,讲课教师可能运用多种教学技能。如果只是让教师听一节课或看一整节课的教学录像,他们很难分清示范教师在何时使用了何种教学技能。而对教学技能进行准确分类,就可以根据不同的技能向受训者提供典型的教学片段。教学技能微格训练,就是利用录像和角色扮演的方法,针对某一具体技能来提供典型的单项技能示范,从而使受训者对某一教学技能的应用产生一种具体的感性认识,加深对这一技能的实际行为方式的理解。在要求他们对某个技能进行练习时,示范就成了学习的样板,成为暂时所应达到的目标。由于示范的内容少、时间短、所用技能较为单一,因而便于学习和研究。同时,用录像的方法提供示范,受训者不仅可以对示范进行精心选择,反复观看,做深入细致的学习研究,而且还可以通过提供不同风格的优秀示范或反面案例,使其从多方面汲取经验、教训,用来建构自己的风格和特点。这种训练方法有时会比深入到实际课堂中观摩某个教师的一两节课的方法效果更好,并且节省时间和经费。

3. 使教学技能的培训走向科学化

"一带一"的师徒式培训方法,是教师培训的有效方法之一。但是,这种方法无法满足批量式的在职教师教学技能培训。20世纪兴起的微格教学培训,被国内外教学实践证明是一种较好的教学技能训练方法。它的特点是把复杂的课堂教学技能分为不同的单项教学技能,分别进行训练,并在训练中采用现代教育技术手段,使学习者能很快地掌握某些教学技能。分类培训能帮助教师改进教学技能和方法,减少失误,并使教师尽快建立信心。尽管分类培训不能在短期内改变受培训者的个人素质和习惯,也不能帮助教师解决教学中的所有问题,但它无疑是教师快速进步的阶梯。

当然,我们并非否认教学中艺术成分的存在,正如戏剧、舞蹈、绘画等艺术形式,只有经过扎实的基本功训练,才有可能达到真正的艺术的境地。教学也不例外,技能训练的科学化,是实现教学艺术性的必不可少的阶段。

4. 便于对教学进行评价

教学过程是一个复杂的过程,要对整个教学过程做出精确的评价比较困难。过去对教学过程的分析评价基本上都是经验型的。评价一节课的好坏,往往仅凭评价者的感觉和印象,存在着较大的主观性和局限性,并且各评价者之间也往往存在着较大的差异。对教学技能分类以后,每次培训只训练一两项技能,教学内容少,便于观察和分析,而且每一项技能都有具体的要求和评价标准,评价项目少,便于评价者掌握,并且容易取得较为一致的意见。即使有不同的看法,还可重放录像进行分析和讨论,最后用计算机对各评价者的评价数据进行处理。它的结果是以教育统计学等数理分析的方法作为科学依据的,科学准确,是一种定性与定量相结合的分析方法。例如,一个教师的提问是否恰当,传统的方法只能事后回忆他的教学过程及学生的反应,可能会有较大的出入。但如果重放录像,就可以重现当时的情景,如果利用相互作用分析的方法,在课堂上随时把有关教师的教学行为和学生的学习行为的信息输入计算机,最后就能给出一个用曲线图表示的量化的直观结果和具体的分析数据。

总之,对教学技能进行分类训练具有针对性强、省时高效的特点。可以将教学技能分解为诸多相对独立的部分,然后分别训练,直至熟练。当各个技能都达到熟练后再将它们整合为一个有机的整体,形成有效的教学技能体系。相对于传统技能教学而言,系统的教学技能训练是一种创新。分类本身并不是目的,更快更好地掌握教学技能,提高教师的教学能力才是我们的目的。所以,对于教学技能及其训练的研究,应当分析与综合并举,宏观与微观兼顾。宏观研究可以为我们提供训练的总体目标,微观研究可以为我们进行教学技能训练提供具体而周全的训练程序与要点。只有把两者结合起来,才能在较短的时间里使教师的教学技能水平得到大幅度的提高。

二、课堂教学技能的作用

作为一名人民教师,要真正胜任教学工作,除了需要能对教学理念正确地把握以外,更要掌握教学技能,形成教学技巧,以便在未来的教学实践中达到教育教学的理想境界。教学技能是教师进行有效教学的基础,也是教师进行高效教学的前提,具有以下作用:

1. 教学技能是提高教学效果的手段

西方研究者对大学毕业的中学教师考查的结果表明,教师一旦达到或超出一定的智力和知识"水平线",他们的智力和知识水平就不再是影响教学效果的重要因素了。实践证明,在达到必要的智力和知识水平之后,从事教师工作不可缺少的思维能力、口头表达能力、组织教学活动的能力等教学技能是影响教学效果的决定因素。有些学历相同、教龄相近、责任心和工作态度相似的教师,其教育教学效果却差异明显,其中一个重要原因就是教学技能水平不同。要从根本上促进教师专业成熟,提高教师专业素质,必须加强教师教学技能的训练。否则,即使教师的学历层次再高,教学也难以走出"知识授受"的困境,无法真正步入素质教育的轨道。

2. 教学技能是衡量教师专业成熟度的重要尺度

一个专业成熟的教师不仅需要掌握所教知识,还应当具备与教育任务相适应的教学工作技能、技巧。比如教师要教会学生一个结构较为复杂的生字,只是懂得这个字的音、形、义诸方面的知识是不够的(这只能是自己掌握知识阶段,尚不具有教别人的技能),他还必须能准确地发音,正确、流利地表达这个字的音、形、义的诸方面,这就要求教师同时具备相应的认知能力和口头表达能力,并且这仅仅是教师职业初级阶段应具备的能力。然而,对于高效率的识字教学来说,还必须能根据这个字的音、形、义等方面的实际情况,结合学生的年龄、心理和知识基础,采取相应的教学方式和方法,才能使识字教学收到理想的效果。这才是趋于教师职业成熟阶段的教师。处于这个阶段的教师,不仅具有精细的观察和了解学生群体与个体的能力,还能把识字教学的规律、学生认识事物的规律等巧妙地统一在这个生字的教学过程中。如果识字教学能够使学生不仅准确识记,还能终生不忘;不仅掌握音、形、义,而且还能灵活准确的运用,那就要求教师的教学技能达到技艺、技巧水平。此时,教师专业水平已到成熟阶段。我们身边不乏许多处于成熟阶段的教师,但是还有相当一部分教师尚未达到这一阶段。因而,在教师职业培训中必须明确指出教师专业水平的成熟是教学技能的发展目标,以使其为此不懈努力。

3. 教学技能是实现教师人生价值的前提基础

教师职业从产生之时起,就具有"传道、授业、解惑"之功能,要发挥这样的功能,教师必须是闻道在先,术业有专攻。两千多年前的《学记》中明确指出:"记问之学,不足以为人师"、"能博喻然后能为师"、"君子既知教之所由兴,又知教之所由废,然后可以为人师也"。这就是说,只记忆、储存了一大堆知识的人还没有资格当教师,能灵活采用有效、启人心智的教学技能的人才能做教师。只有掌握教学规律、原则和方法,懂得教育成败的原因,才有能力胜任教师工作。"胜任"意味着在教师的岗位上,既能实现自身价值,又能为社会创造价值。

教学工作的本质特征是师生的双边统一活动。教师在教学活动中的主导作用要在学生的学习活动中体现。教学过程的真实推进及最终结果更多地是由课的具体行进状态以及教师当时处理事务的方式决定的。教师的创造才能、娴熟技能与主导作用正是在教学活动的情境中得到发挥，这些情境向教师的智慧、能力、技能提出了一系列的挑战。

教学不仅是教师生存的方式，更是教师的一种生活方式。教师应视课堂教学为生命的活动，把上好每一节课看作是生命意义的体现，努力提高自身的教学技能水平，从成功的教学中体味生命力的满足，感悟太阳底下最神圣的职业不仅是一种"奉献"，更是自我发展、自我实现。

三、课堂教学技能分类的原则

课堂教学过程是复杂的，教师的课堂教学行为又是灵活多样的。微格教学正是将复杂的课堂教学作科学的细分，并应用现代化的视听技术对细分了的教学技能逐项进行训练。因此对课堂教学技能进行分类就很有必要。

对教学技能分类的根本宗旨是为了提高教师培训的效率和效果，使教学技能的培训走向科学化。技能分类应便于练习、便于研究、便于评估。教学过程是复杂的，教师在课堂上的教学行为是多种多样的，并表现出一定的灵活性。哪些教学行为最终被定义为基本的教学技能，是通过对大量的课堂观察、科学的分析，以及对有经验教师的调查，并在总结经验的基础上确定的。因而，在分析研究和培养训练中确定教学技能应遵循下述原则：

1. 目的性原则

教学是一种计划性强、目标明确的活动。为了达到教学目标的要求，教学中所安排的每一项活动，教师的每一种教学行为都要有具体的目标指向。教学技能是教师的教学行为方式，它的应用是为实现教学目标服务的。因此，在确定应用教学技能时，首先要回答以下三个问题：

(1) 教师的这种行为能为学生提供哪些信息？准备让学生从中学习什么？
(2) 教师的这种行为能否促进学生的学习以及教会他们怎样学习？
(3) 教师的这种行为是否是影响教学质量的重要方面，对提高教学质量是否具有重要的作用？

如果对这三个问题的回答是肯定的，这些技能的确定就具有实际意义，而这些技能本身也必将在实现教学目标方面发挥重要作用。

2. 激发性原则

教学过程是师生双边活动的过程，是在师生相互作用中交流信息，促进学生学习的过程。在这一过程中，激发学生的学习动机，是促进学生有效学习的重要因素。建构主义理论认为，知识的习得不是教师传授的结果，而是学习者在一定的情境下，借助教师和学习伙伴的帮助，利用必要的学习资料，通过自身主动的建构方式获得的。因此，被确定的教学技能必须有利于调动学生学习的积极性、主动性。因此，凡是有利于课堂上师生的交流，有利于通过交流激发学生的学习兴趣，促进他们思维的发展，为他们的学习创造良好的心理条件的教学行为方式，都应被确定为教学技能。确定教学技能的关键在于为学生创造一个良好的学习情境，让他们从愿意学习发展到自觉主动地学习。

3. 实践性原则

分类后的各项教学技能必须具有实践意义，教师在长期的教学实践中已证实，这些教学技能是影响课堂教学质量的主要或重要因素，运用这些教学技能水平的高低会对当前或今后的课堂教学产生一定的影响。

学习是经验引起的行为变化，这种变化不是被动的、机械的，而是能动的、积极的，学生只有自愿地参加活动，所取得的经验才能长久保持。为了改变过去那种教师讲学生听、教师写学生记、满堂灌的被动学习现象，教学技能的应用要有利于学生积极参与学习，让他们在动手、动口、动脑的过程中进行学习。例如，让学生在回忆、理解、运用、分析、综合的活动中进行学习的课堂提问；让学生在观察实物，观看标本、模型、挂图、幻灯片、投影片、电影、电视中进行学习的课堂演示；让学生在激烈的争辩中获取知识的课堂讨论等，都可以被确定为教学技能。

4. 可观察性原则

分类后的各项教学技能应是在教学过程中能表现出来，并能被观察到的。这样，指导教师便能对之进行分析、指导，并确定掌握该项技能的程度，及提供具体的典型示范教学片断，供学习者观摩。

研究教学技能的目的是使教师更好地掌握教学技能，以便在教学中准确地应用。教学技能通常是可观察的。要了解教师是否掌握了某一教学技能，可以看他们在具体的教学实践中能否表现出这一技能。通过观察受培训者的教学实践，就可以了解受培训者对教学技能的掌握情况，从而便于指导教师对其实践过程进行指导。可观察性的另一意义是便于提供鲜明具体的示范，通过实际角色扮演、示范录像等把某项技能展示出来，为技能受训者树立学习的样板。

5. 可操作性原则

分类后的每项教学技能必须有明确的培训目标和具体要求。只有明确了各项教学技能的目标要求、作用、类型、结构、要领，才便于师生共同研究和培训，才具有可操作性。

为了便于受训者理解和掌握，便于指导教师和受训者之间、研究者与研究者之间进行交流，每项技能必须有确定的内涵和外延，并能够揭示技能的本质及其适用范围。这就要求将每项技能归结为具体的教学行为方式。同时，还要注意在确定教学技能的同时，不仅要确定大的技能类别，而且要保证每项技能都能被分成不同的类型，以及确定每一项技能的构成。只有技能的构成明确具体，才能有较强的可操作性，才能使技能的应用更规范。

6. 可测量性原则

当我们将课堂教学过程细分后，教师的教学行为方式便纳入了各项技能范围。由于各项教学技能有具体的目的要求，能提供鲜明的示范并可被观察，又能被培训者分析研究，学习者便能根据上述内容进行对照，进行测量评估，给出恰当的评价，互相交流，共同提高。

要有效地培训教师的教学技能，及时、具体的反馈是很重要的。而要衡量反馈的信息，就要为技能的应用提供参照体系，对每项技能提出明确具体的要求或应用原则。受培训者只有把自己的实践与要求相对照，才能发现成功与不足。同时，技能的形成要通过反复的学习和实践，只有对每次训练的结果给出恰如其分的评价，指出优点和缺点，并提出改进的措施和建议，才能不断提高受培训者的教学技能水平。

四、课堂教学技能分类体系比较

为了有效地对教学技能进行研究、训练,需要将教学技能分类。教学技能分类的科学程度既反映了对教学过程认识的深度,又制约着技能训练的效果。教学活动是一个复杂的过程,具有多种类、多层次的特性,加之受不同文化背景、不同国情、不同分类目的和立场等因素的影响,便产生了不同的教学技能分类指导思想和方法。纵观国内外有关专家对教学技能的分类,有的按教学程序划分,有的按教学活动方式划分,还有的按信息传输方式划分。在此将国内外具有代表性的分类介绍如下:

1. 国外课堂教学技能分类体系的比较

由于各国的文化、历史、教育状况的差异,各国在微格教学中制定的教学技能体系有所不同。美国斯坦福大学的爱伦早期模式规定了14项基本教学技能:(1)刺激的变化、(2)导入、(3)概括、(4)沉默与非语言性暗示、(5)强化学生参与教学、(6)提问的频度、(7)探索性提问、(8)高层次提问、(9)发散性提问、(10)注意学生的发言和行为的态度、(11)例证和实例的作用、(12)讲解、(13)修正预定计划、(14)完成沟通。

20世纪70年代以来,英国诺丁汉大学的布朗曾为师范生制定了8项基本教学技能:(1)导入和结束、(2)概念教学、(3)教学的生动性、(4)解释、(5)倾听、(6)提问与提示、(7)强化、(8)参与讨论。而英国的特罗特排除各项特殊因素,将教学技能与学生的学习相联系,确定了能促进师生相互作用的6项教学技能:(1)变化技能、(2)导入技能、(3)强化技能、(4)提问技能、(5)例证技能、(6)说明技能。

澳大利亚悉尼大学提出了培训教师的6项基本教学技能:(1)强化技能、(2)一般提问技能、(3)变化技能、(4)讲解技能、(5)导入和结束技能、(6)高层次提问技能。

日本与我国同属亚洲国家,微格教学技能分类体系较为接近,日本培训教师的技能分为9项:(1)导入、(2)展开、(3)变化、(4)总结、(5)例证、(6)确认、(7)演示、(8)板书、(9)提问。

课堂教学是我国学校教育的基本形式,课堂教学技能是教师必备的基本技能。我国大陆微格教学教育工作者经过多年探索研究,由首都师范大学的郭友在《教师教学技能》一书中,以信息传播理论为依据,分析了教学信息交流过程中教师行为方式的构成要素,设定了10项教学技能体系:(1)导入、(2)教学语言、(3)板书、(4)教态变化、(5)教学演示、(6)讲解、(7)提问、(8)反馈强化、(9)结束、(10)组织教学。并将前6项称之为基本教学技能,后4项称为调控教学过程的技能。

教育部在1994年下发的《高等师范学校学生的教师职业技能训练大纲》中,把教学工作技能分为五类:教学设计技能;使用教学媒体技能;课堂教学技能;组织和指导课外活动技能;教学研究技能。在课堂教学技能中,又设定了导入、板书板画、演示、讲解、提问、反馈和强化、结束、组织教学和变化技能等九项教学基本技能。

从以上各种技能分类可以看出,课堂教学技能分类体系与各国的文化、历史、课堂教学状况、培训对象等因素有关。例如,实行小班化教学的国家和地区,课堂教学强调师生相互作用,对课堂提问技能的分析研究较为深入;微格教学的培训对象分别为师范生、青年教师和有经验的教师时,教学技能分类体系的侧重点应作相应调整;随着教育科技的发展,教育改革的不断深入,课堂教学技能体系也会发展变化,例如,增加教学媒体的选用技能等。

以上仅是有代表性的几种教学技能分类方法。教学技能的分类研究随着科学技术和教育理论的发展而不断发展,研究的视点也更加注重教学的科学性。加强教学的微观研究,广泛借鉴国内外的教研经验,尤其是微格教学研究,对教学进行分解,对师生的相互作用进行科学分析,以期达到省时高效、优化教学技能培训的目的。

2. 本书中课堂教学技能的分类

教学技能种类繁多,为了便于我们认识、学习和自我训练,必须依据一定的标准对其进行综合和分解,科学地确定出教学技能的结构体系。确定教学技能分类的标准有很多,依据不同的标准可得出不同的教学技能分类体系。本书根据现代教育教学理念,结合我国当前基础教育新课程改革的实际情况,及其对教师课堂教学的要求,拟从下面两个层面来考虑这一问题:

首先是课堂教学基本技能。课堂教学是一个有序的过程,其中任何一个环节都包含具体的技能。课堂是学校教学工作的主要阵地,课堂教学是学生获取知识与技能的重要来源,因此,教师需要掌握课堂教学中的各种技能,以保证教学高效地进行。结合已有的教学技能研究成果,我们将课堂教学基本技能分为:教学语言技能、板书技能、讲解技能、变化技能、演示技能、提问技能等。这些技能有机地构成了反映课堂教学行为的各种技能间的纵向关系。

其次是调控教学过程的技能。在课堂教学中,很多教学技能是以综合的形式出现在教学的各个环节中。这些综合技能贯穿于教学过程的始终,并同课堂教学基本技能有机地融合在一起。教师调控教学过程技能包括:导入技能、强化技能、课堂组织管理技能、试误技能、结束技能、教学媒体选用技能。这些技能既是教学过程中不可或缺的教学技能,也是对课堂教学进行宏观调控的重要技能,构成了体现教师课堂教学行为的单项教学技能的横向关系。具有纵向关系的课堂教学基本技能和具有横向关系的教学综合技能构成了立体化的教学技能体系,它们之间的优化组合才能展示教师教学技能的风采。

为了准确地反映教师所应具备的基本技能体系,我们参照了国内外许多研究成果,确定上述教学技能为教师课堂教学的必备教学技能。一名教师在具备相应知识和能力的基础上,掌握了以上教学技能,也就练就了教学的基本功。但每一个教师都有自己特定的学科领域,要真正搞好教学工作,还必须掌握本专业或本学科的特殊教学技能,如科学课的实验技能,语文课的阅读技能,体育课的示范技能等。

课堂教学技能的分类不是一成不变的,它会随着社会的进步、教育教学理论的发展、受训者水平的提高而不断地发展、演化。总之,对课堂教学技能分类的要求是:简明、实用、操作性强,尽可能包括所有主要教学活动方式,并充分考虑到我国的实际情况和特有的文化背景。这也是我们对课堂教学技能分类的总的指导思想和分类原则。

讨 论 题

针对本地区的教育实际,你认为课堂教学技能应该怎样分类才符合我国国情?

第六章 课堂教学的基本技能

根据传播理论,课堂教学过程是一个信息传播的过程。本章讨论的教学语言、板书、讲解、变化、演示和提问技能是师生在课堂上信息交流的方法和形式,我们称之为基本技能。

第一节 教学语言技能

一、什么是教学语言技能

教学语言技能是指在课堂教学信息交流过程中,教师运用语言传递知识信息,指导学生学习的行为方式。教学语言是教学信息的载体,是教师完成教学任务的工具。教育家苏霍姆林斯基说:"教师的语言修养在极大的程度上决定着学生在课堂上的智力劳动效率。"所以,教师的教学语言技能是完成课堂教学任务的重要保证,也是提高教学效果的基本技能。

课堂教学语言形式主要有口头语言、书面语言(如板书、作业批语)、体态语言(如表情、动作)。这里主要介绍的是口头语言技能的运用。

二、教学语言的基本特征

教学语言是语言这一人类交际工具在教育、教学领域中的具体运用,又是教师以选择最完善的语言为手段,培养人才的技能。因此,教学语言除了具备一般语言的共同性质之外,还显示出与其他语言的明显区别,有它自身的特征。教师所从事的是培养青少年一代的崇高事业,被誉为人类灵魂的工程师。从这一特点出发,就要求教师无论是在课堂上、课外活动中,还是在思想工作中,即在一切教育、教学过程中,都应该用最完善的语言去启迪、影响、感染学生的心灵世界,用最完善的语言去开拓学生的视野,这是对教师语言的总要求。另一方面,学生每时每刻都在密切地注视着教师的一举一动、一言一行。加里宁对此曾作过形象的比喻:"教师仿佛每天都蹲在一面镜子里,外面有几百双精细的、富于敏感的、善于窥伺出教师优点和缺点的孩子眼睛,在不断地盯视着他。世界上没有任何人受这样严格的监督,也没有任何人能对年轻的心灵产生如此深远的影响。"因此,作为教师,比其他任何职业的人都要严肃认真,使自己的语言尽美尽善,有利于学生的身心健康和智力发展。由此可见,课堂教学语言不仅要求科学性,还要求学科性;不仅要求简明性,还要求可接受性和启发性;甚至不仅要求语言本身的教育性,还要求言行的一致性等等。由于教师职业的这些特点,决定了教师教学语言应具备以下的几个基本特征。

1. 教育性

教师的职业决定了他的一言一行都在对学生施加着影响和作用。因此，教师必须有意识地注意语言的教育作用。教师语言教育作用的发挥同教师个人的威信有直接的联系，也同社会、家长对教师的态度有密切的关系。对教师来讲要注意以下两方面：

(1) 应具有高尚的道德品质，为人师表。古今中外的教育家都提出教师必须有崇高的品质，必须以身作则，为人师表。我国古代教育家孔子指出："其身正，不令而行。其身不正，虽令不从。"所以教师要培养学生的优良品质，首先自己要做到言行一致、表里如一、兢兢业业、克己奉公、无私无畏、诚实勇敢。无数事实证明，教师能以身作则，威信就高，教育效果就好。反之，就没有威信，效果就差。如，有个教师说："某湖中的鱼非常之多，把棍子插在鱼群中时棍子都不倒。"试想，这样密度的鱼群能长时间地正常生活吗？教师讲话要实事求是，切忌无限夸张，更不能不知佯为知。

(2) 语言表达要辩证，防止绝对化。对学生进行辩证唯物主义教育是理科教学的一个重要任务。世界上的事物种类繁多、千变万化，在讲解它们的共性和规律的时候，我们要考虑到许多特殊和例外，不能一概而论。例如，说"玉米种子的结构是单子叶植物种子结构的代表"，就会把没有胚乳的单子叶种子排斥在外；说"细菌以异养方式进行营养"，就会把光合细菌和化能合成细菌排斥在细菌之外；说"生长素促进细胞生长"，就不如说"生长素在低浓度下促进细胞生长，而在高浓度下往往抑制细胞生长"，这样的语言表达就更加准确和完整。

2. 学科性

教学语言所传递的是某个学科的教学信息，必须运用本学科的专门用语——术语来进行。因为专业术语是一定学科范围内的共同语，运用它们进行教学，一说就懂，有利于交流。否则，不但语言不严密，甚至可能出现错误。每一学科都在自己的发展过程中积累了大量的知识素材，并在此基础上总结出自己的理论、范畴系列，并通过它所构成的理论体系来揭示客观规律。各学科的特有概念、范畴，从语言的角度来说，就是专业术语。教师在课堂上传授学科专业知识，必须使用该学科的专业术语，一般不能用生活用语来代替。因此，要注意：

(1) 正确地使用名词术语。各学科的名词术语都有其确切的内涵和外延，运用不当就会引起科学性错误。例如，血液循环中有关动脉、静脉、动脉血、静脉血等术语的运用。教材中指出："动脉是把血液从心脏输送到身体各部分去的血管"，"静脉是把血液从身体各部分送回心脏的血管"、"动脉血是血红蛋白与氧结合后形成的富含氧气、颜色鲜红的血"、"静脉血是血红蛋白与氧分离后形成的缺少氧气、颜色暗红的血"。因此，就不能讲在动脉里流动的是动脉血，静脉里流动的是静脉血，或者把动脉血说成是新鲜的血，静脉血是脏血等。如果出现错误，就会影响学生对肺循环和体循环意义的正确理解。

(2) 处理好通俗语言与学科术语的关系。有时为了使讲解生动有趣，需要采用比较通俗的语言。但是这种语言仍然应该是优美的，不失学科性的语言。

【案例】

试比较介绍解剖蟾蜍方法时的两种语言表达的方法

A. 我们要解剖的是蟾蜍,也就是通常说的"癞蛤蟆"。在把它处死之后,放置在解剖盘上,腹面向上,用大头钉固定四肢,然后进行解剖。解剖时,左手拿镊子,右手拿解剖剪,从其腹部的下端镊起皮肤……

B. 我们将要解剖的是癞蛤蟆,先要把它处死,然后放在这个盘子里,让它仰面朝天,用大头针扎住它的前后肢,然后把它剖开。剖的时候,左手拿镊子,右手拿剪子,从肚子的下面剪开……

【评议】

在A中能把俗称与科学名称结合起来,正确地运用了专业术语,有利于对学生语言表达能力的培养。而在B中把通俗化变成了庸俗化是不可取的,失去了学科教学的特点。

3. 科学性

科学的语言是使教学内容科学准确的重要保证。在教学中应注意以下几个方面:

(1) 用语准确,语句合乎逻辑。用词不准确,词语搭配不恰当,语言就会失去准确性。例如,有的教师说:"只要同学们稍微深思一下,就会明白它的含义。"这句话就是状语和中心词搭配得不当,因为"稍微"和"深思"是矛盾的,如果把深思改成"想"就准确了。逻辑性要求是指教师的语言要符合客观规律,符合思维规律,并起到培养学生逻辑思维的作用。这就是说任何学科都得运用思维的形式(概念、判断、推理、)来思考和表达自己的研究对象,运用着一般的或特定的逻辑方法。因此,教师就必须把本学科的内在逻辑通过语言表达出来。

(2) 比喻恰当,观点正确。教学与科普讲座是不同的。在科普讲座中除了语言要通俗易懂外,还运用大量的比喻和拟人化的手法,把植物、动物及一些非生命予以人格化。例如,在讲血液中白细胞的作用时,把白细胞比作保卫祖国的卫士,当敌人入侵时,白细胞纷纷渗过毛细血管壁而进到组织液中去消灭入侵的细菌。教学是要使学生学到科学的基础知识,对于比喻的使用必须恰当,不应有拟人观、目的论等错误观点,对自然界某些看来似乎神秘的现象要作出科学的解释。目的论是指对某些动植物的行为作唯心的解释。如在生物教学中,讲"家兔是为了能够消化草类食物而具有很长的盲肠","植物为了获得阳光,所以它向光生长"。

4. 简明性

教学语言的简明性是由教育、教学的特殊任务所决定的。教师的语言不简明,势必给学生吸收教学信息带来极大的困难。教学语言的简明性也是由特定的环境和表达方式所决定的。一节课时间有限,在有限的时间内要把较多的知识传递给学生,语言的表达必须要简明扼要。另外,教学语言是诉诸学生的听觉,转瞬即逝,冗长的语言会使学生抓不住重点,影响学习的情绪。比如英国BBC广播电台发表过这样的评论:语言冗长使人难以理解和回忆,在无线电广播上作一次谈话包括讲解应以十分钟为限,而关键的部分不要超过一分钟。当然这不是说把一切讲课应压缩在十分钟以内,因为课堂还包括其他许多活动,只意味着讲解时要注意简明性。

在注意简明性时,要处理好化繁为简与科学性的关系。考虑到学生的年龄和知识基础,对科学性的要求不能十分严格,有些内容可以简化,但是不允许有错误。例如,关于植物界、动物界各类群的演化关系,内容很复杂,学说也很多,不能要求中学生详细地了解,教科书上也只是谨慎地采用了两个简化了的系统树。但书中指出了苔藓植物是演化路线上的旁支,古代蕨类植物一部分演化成为裸子植物,而一部分裸子植物又进一步演化成为被子植物。有的教师在教学时却讲:"植物在从藻类——→菌类——→苔藓——→蕨类——→裸子植物——→被子植物的进化过程中……"这种简化是错误的,不科学的。在动物学的教学中也有类似情况,如有的教师讲:"我们在前面学过了原生动物……在从原生动物的草履虫进化到哺乳动物家兔的过程中……"难道草履虫和家兔有这样直接的演化关系吗?显然是不科学的。

5. 启发性

教学语言的启发性,是指教师的语言对学生能起到调动自觉性和积极性的作用。教师的语言是否具有启发性,在某种意义上来说,就是看他的语言是否拨动了学生的心弦,是否对学生产生了激励作用,达到了培养人材的目的。启发性有三重意义,启发学生对学习目的意义的认识,激发他们的学习兴趣、热情和求知欲;启发学生联想、想象、分析、对比、归纳、演绎;启发学生的情感和审美情趣。

启发学生思维的方法很多,如联系生活实际提出问题、生动的语言描述、创设情境"制造矛盾"、正确地运用直观教学手段等,不失为一种较好的方法。

【案例】

试比较有关家兔门齿特征的两个讲解

甲教师:"家兔的门齿是由齿质和釉质所组成。齿质比较软,容易磨损;釉质特别硬,不易磨损,主要分布在牙齿的表面。家兔的门齿前面的釉质厚,后面釉质薄,所以后边的磨损比前边快些,这样,门齿便形成了凿形。此外,齿的基部不封闭,能终生生长,所以家兔经常咬硬的食物,门齿也不会变短。"

乙教师:"在我们生活里经常看到,尖锐的东西经常触动坚硬的东西不久就会变钝;长的东西经常被磨,它的长度不变吗?(停一会)变的,变成越来越短了。现在我们看一看家兔门齿的情况,是很奇特的。它的门齿呈凿形,经常咬硬的食物,但是,门齿不仅不钝,反而更尖锐;不仅不短,而且经常保持原来的长度。为什么会有这样的反常现象呢?下边我们就来看看它的门齿的构造吧!"

【评议】

甲、乙两位教师对教学内容的讲述都是正确的。但稍作比较,我们可以感觉到甲教师的语言显得有些平淡,感觉像是在答试卷,对学生的启发性不明显。而乙教师的语言明显感觉作了设计,编制了"矛盾情节",颇为生动有趣,而且能吸引学生的注意力,启发他们去思考问题。

6. 艺术性

教学语言的艺术性应该具有广泛的意义,要做到艺术性地表达教学语言,教学语言的教育性、科学性、学科性、简明性、启发性是基础。在此基础上,还应有情感性、形象性、幽默性等。例如,有时需要教师采用清新优美的语言,饱含激情,能打动人;有时需要幽默、机智的语言,妙趣横生,能感染人;有时需要教师列举大量真实的数据,如数家珍,能说服人。这就要求教师具有广博的学识、高深的修养和热爱学生的心,这样才会有艺术的语言,才能给人以启迪,给人以力量,使学生在和风细雨的吹拂滋润下受到教育。不仅使学生受到知识的传授,还使学生受到艺术的熏陶。

三、教学语言技能的作用

教学语言技能结合其他教学技能所能实现的教学功能是广泛的。在这里,我们仅就教学语言的最基本特征来讨论其功能。

1. 传递学科知识信息

语言是信息的载体。通过教学语言引导学生观察所研究的对象或现象最本质的方面,科学地、清楚地、有效地传递学科知识的信息。教学中大量活动需要通过语言的表达和交流来实现,教师使用规范的、准确的教学语言,才能使学生扎实地掌握基础知识。教学语言水平与教学效果是直接相关的。有研究表明"学生的知识学习同教师表达的清晰度有显著的相关",教师的讲解如果含糊不清也会直接影响学生学习的成绩。所以准确、清晰地传递知识信息是教学语言的基本功能,也是对教学语言训练的基本要求。

2. 组织课堂教学

使用恰如其分的语言可以明确学生思维的指向,集中学生注意力。用鼓励性的语言可以激发学生求知欲望,调动学习积极性;用激发强化的语言可以引起学生学习的兴趣,稳定课堂纪律;用发自肺腑的教学语言可以实现师生的情感交流。总之,通过丰富的语言表达可以恰当而有效地组织课堂教学。

教师可以利用语言的轻重缓急或者提出问题来引起学生注意。例如:当有的学生注意力不够集中时,教师就说:"我看见张三同学精神特别集中,眼睛一直看着老师,他一定能把功课学好。"或者说:"老师这儿有一道难题,比一比看谁能做得又对又快。"这些语言都可以有效地组织学生学习。

3. 激发学生学习兴趣

学习兴趣是推动学生主动和愉快地探求知识的巨大动力,是发明创造的源泉。教师可以巧妙地利用语言,促进学生情感迁移,培养学生热爱学习学科知识的情感。教师要善于锤炼教学语言,富有趣味性、幽默性、艺术性的教学语言是激发学生学习兴趣的重要方面,生动活泼的教学语言,往往能激发学生的学习热情。

4. 发挥语言表达的示范性

学校教育是学生成才发展的阶段,学习基础知识、基本技能,发展学生的思维,培养学生语言表达的能力。要教会学生用规范准确的语言表达自己的思想,用完整简练的学科学术语说明概念,解释原理。教师的教学语言对于学生是最具体而直观的示范,对培养学生的语言能力起着重要的作用。

教师语言的逻辑性,直接影响学生思维的逻辑性和语言表达的条理性。具有较高教学语言技能水平的教师,在教学中能对学生产生潜移默化的影响,使学生从自觉或不自觉地模仿教师,到自己灵活地表达,逐步提高学生的语言表达能力。因此,教师加强教学语言技能的训练,以提高教学语言的示范性,是十分必要的。

5. 实现情感交流

课堂教学是师生的双边活动,教师在传递知识信息的同时,必然伴随有师生的情感交流。教师的语调、节奏、语气的变化,或舒缓平稳,或慷慨激昂,或清新闲谈,或委婉动人,或欢快昂扬,或庄严郑重……凡此种种,均可有效地表达教师的情感、情绪,影响着师生间的情感交流。在此基础上形成的师生间的心理联系,又反过来影响知识信息交流的效率。

著名教师于漪说:"教师的语言要深于传情。语言不是无情物,情是教育的根。教师的语言更是应该饱含深情。带着感情教,满怀深情地说,所教的课、所说的道理就能在学生中引起共鸣,从而心心相印。"

四、教学语言技能的组成要素

教学语言是课堂教学中师生交流、传递信息的工具,掌握好教学语言的声音技巧,讲究语言艺术就会给教学带来良好的效果。

1. **语音和语调** 语音是语言信息的载体和符号,教学中对语音的要求是发音准确、吐字清晰、普通话规范。

语调是指讲话时声音高低、声调升降的变化。语调能体现教师的语言情感。假如教师讲课的语调较长时间低沉而平淡,则会使课堂气氛沉闷,学生精神不振,接受信息会很费力;教师讲课时的语调较长时间高亢激昂,则会使课堂气氛嘈杂,学生感到心烦,也会降低接受信息率。要做到语调自然适度、抑扬顿挫,教师要深刻理解教学内容,对全班学生充满感情,讲课时全身心投入,做到语调情感的自然流露。

2. **语速和节奏** 语速是指讲话的快慢。每个人平时讲话的速度可以有快有慢,但课堂上的教学语言必须语速适中,通常以平均每分钟200至250字为宜。语速快慢科学合理,意味着教师在课堂上发出的信息速率适宜,学生便于接受、加工及储存,这样才能提高教学效果。教师上课时说话的速度太快,发送信息的频率就高,学生的大脑对收取的信息来不及处理,形成信息的脱漏、积压,导致信息传收活动的障碍,甚至中止。反之,教学语速过慢,重复过多,则浪费时间,学生也会精神涣散,降低听课的兴致与效果。

节奏是指教学中的语速快慢、停顿等变化。节奏的时快、时慢、停顿均受教学内容的控制、影响,这样做的目的是为了创设情景,吸引学生注意,给予学生间隙时间用于思考,并不断激发学生继续学习的愿望。

3. **词汇和语法** 词是语言系统中最基本的构成单位,没有词就没有语言。作为教师要有一定的词汇量,并能规范、准确、生动地运用于教学,才能正确表达信息内容。教师讲课通常要用普通话,还要能正确使用专业词汇,凡讲课词不达意、语不成势、拖泥带水者,教学语言就很不流畅。语言的生动既表现出教师的专业知识基础,也反映出说话技巧及语言风格修养等。这些都是可以通过研究、训练提高的。

语法是遣词造句的规则,按照这一规则表达语言,才能互相交流、被人理解。教师语言的逻辑性是教学科学化、高效率的保证,也是培养学生思维能力和表达能力的一种有效方式,教师讲课要以某些知识点作为逻辑的依托,运用推理方式层层剖析事物,才可能使语言表述具有逻辑性。

综上所述,教师教学语言技能应该达到语言规范、语调自然、语流顺畅、语法正确、修辞得当、逻辑无误的基本要求,并配以适度的体态语。

五、教学语言的类型

教学语言的类型多种多样,从表达方式看,可以分为:说明性语言、叙述性语言、描述性语言、论证性语言、抒情性语言等五种。

1. 说明性语言　说明性语言是指教师在教学过程中对事物的形态、性质、构造、成因、种类、功能或事物的概念、特点、来源、关系、演变等做清晰准确、通俗易懂的解说剖析,向学生说明事物、解释道理的语言。说明性语言所采用的具体方法有定义说明、诠释说明、比较说明、分类说明、比喻说明、举例说明等。

2. 叙述性语言　叙述性语言是教师客观地向学生陈述科学文化知识的语言,常用来反映事物、人物活动等状况。这种语言通俗、简练,没有过多的感情色彩也不太重视语言修饰,具有条理清楚、脉络分明、系统完整的特点,在教学中有较高的使用频率。教师在课堂教学中时常使用的如"有这样一件事……","为什么会这样?其原因是……","当时的情况是……"等等这样陈述性的语言,都属于叙述性的语言。

3. 描述性语言　描述性语言常用来描述人物、事物、环境等。

【案例】

语文课"祝福"讲授

……从小巷里走出一位衣衫褴褛、面容憔悴、神色悲哀、白发蓬松、目光呆滞的四十上下的女人,那又瘦又长的左手拎着一个装着只破碗的竹篮,干枯的右手拄着一支上下开裂的长竹竿。她,就是祥林嫂——鲁迅著名小说"祝福"中的主人公,一个惨遭封建宗法思想和封建礼教迫害的旧中国农村劳动妇女的典型形象。

【评议】

教师用描述性的语言鲜明地再现了祥林嫂的悲惨形象,引起学生情感上的共鸣,学生仿佛身临其境,感受着可怜的祥林嫂悲剧的命运,教学效果与教学氛围烘然而出。

【案例】

语文课杜甫的"绝句"讲授

这是多美的一幅图画啊!新绿的柳枝上成对的黄鹂在歌唱;一碧如洗的天空,一字儿排开的白鹭,在自由自在地飞翔;凭窗向西眺望,终年积雪的山头,仿佛是嵌在窗框中的图画;

门前的山脚下停泊着一艘艘远航的船只。这是诗人给我们描绘出来的一幅色彩鲜明如画、动静有致、层次分明、意味深邃的立体画。

【评议】

这段叙述优美动人,颇具艺术感染力,教师的描述性语言把学生引入了想象的空间,学生自然地融入了教学情境。

4. 抒情性语言　抒情性语言是指教师在教学中运用抒发感情的语言,常能收到"动之以情、以情感人"的效果。抒情性的语言对感染学生、激发学生的阅读兴趣有着重要的作用。

【案例】

于漪老师语文课"茶花赋"的讲授

这首散文是一首歌颂伟大祖国的赞歌。祖国,一提起这神圣的字眼,崇敬、热爱、自豪的感情就会充盈胸际,奔腾欲出。我们伟大祖国有几千年的古老文明,有960万平方公里的辽阔土地,有无数令人神往的名山大川,还有以勤劳勇敢著称的各族人民。每当提起这些,心中就会激荡起热爱祖国的感情。

【评议】

于漪老师用"满怀春风化雨的热情"感染学生,带领学生走入美的艺术世界。她本人亦曾说:"教学语言要做到优美生动,除了知识修养、语言技巧之外,还必须倾注充沛真实的感情。情动于中而溢于言表,只有对所教学科、所教对象倾注满腔深情,教学语言才能充分显示生命力,熠熠放光彩,打动学生的心,使学生产生共鸣,受到强烈的感染。"

六、教学语言技能应用原则

1. 语言和环境相适应性原则

这里的环境是指课堂语言环境,包括了内语言环境的语句上下文、前言后语造成的语言环境;外语言环境的听者之身份、知识、兴趣以及课堂教学参数的广义的语言环境。语言和环境的相适性原则要求教师的教学语言和课堂环境之间符合以下关系:一是教学语言适应学科教学内容;二是教学语言适应学生的年龄及发展水平。

好的教学语言会造成良好的内语言环境。某一段教学话语的演绎过程中,其前后相继的话语不间断地创造着新的内语言环境;而不断变化、更新着的内语言环境,又能刺激教师的语言更趋完美,教学语言在如此不断良性变换的内语言环境中优化;良好的内语言环境会造成新的外语言环境。一位好的教师在外语言环境不利时,能通过适当的语言来控制、改变局面,使学生对教师语言的企图、涵义、情感、逻辑等产生兴趣,并予以关注。

总之,教学语言和语言环境相适应性原则表明教师一要顺应语言环境,即适应学科、内容、学生、水平等;二要创设语言环境,即不断控制、改善外语言环境。

2. 语言启发导向性原则

教师的课堂教学语言要有鲜明的导向性。教学语言不仅传播一般的知识信息,伴随着信息的传播还要传达教育意义。教学语言传播教育的教学性信息,这些信息的传播具有强烈的目的性、养成性、效能性。因此,教学语言就被赋予了导向性的要求。教师要能运用教学语言启发学生的学习积极性,激发学习兴趣,点拨学生思维。教师语言要真诚明了,能运用教学语言优化教学信息传播。

3. 体态语和口语相配合原则

体态语包括手势、神态、站立、移动等。教师在教学中往往有意识或无意识地以体态语配以口语,体态语所传递的是无声视觉信息。体态语与口语相配合的原则要求体态语以适当的强度、得体的表征来辅助教学语言。体态语是伴随人们说话的表情表达自然形态,运用得当能引起注意、调动情绪、渲染感情、诠释话语、交流沟通,并确立良好的自我形象。

教学语言技能在注重有声语言的听觉时,不能忽略体态语的视觉配合作用。据观察统计,教学中体态语与口语适当地对应相助时,学生的有意注意力高达95%,当然要注意体态语的质量,即适度、文明、自然。

讨论和实习活动

1. 在课堂上,教师运用教学语言技能的主要作用是什么?
2. 观摩教学语言技能的示范教学录像,进行分析、研讨。
3. 选择一段有利于培训语言技能的教材内容,编写微格教案,分小组进行角色扮演。

第二节 板书技能

在课堂教学中,教师主要用语言向学生传递教学信息,教师的口语讲授调动了学生的听觉。但是作为辅助教师口语表达的文字信息(包括符号、表格、图示等),即板书,是不可缺少的。板书是调动学生的主导感觉——视觉的重要手段。板书可以系统、概括地展现讲授的内容,能够长时间、多次地向学生传递信息。

在课堂教学中,恰当地运用板书技能是提高教学效率;取得良好教学效果;达到教学目标的重要条件之一。

一、什么是板书技能

板书是教师在课堂教学中,为了强化教学效果而写示的文字、符号、图表等。板书是教师课堂教学中必不可少的教学行为,通过与教学语言的有效结合,学生在课堂上不仅要听,而且还要注意看黑板,使学生的视觉和听觉配合,更好地吸收教师所讲授的知识,板书也能显现出教师的教学艺术和审美情趣。现代化教学媒体越来越多地介入教学,但板书仍保持着便利、经济的优势,其使用价值和使用率仍很高。目前,随着教学技术的进步及教学手段的多样性,教师的板书也已经由以黑板为主逐渐发展到以白板、投影机或计算机大屏幕投影的多样化显现方式。

二、板书的功能

1. 优化理解内容

学生仅凭听讲要理解一节课的全部教学内容是较困难的,有了板书,学生边听、边看、边记,眼、耳、手、脑多种感官同时调动、互相协调,有助于学生理解教学内容。板书的内容可以引导和控制学生思路,使学生定向注意和定向思考。学生利用板书指示的认知思路,可以优化理解教学内容。

2. 强化信息记忆

板书配合教学口语,可使学生听得更清楚准确,减少教学信息传播过程中的损失和干扰。板书将教学口语表达的不足部分、学生接受信息的疑难部分及教学内容的重点部分显示出来,及时补充足量的、完善的信息。心理学研究早已证明:学生的听课得到视觉配合,能使听者注意力保持更持久,理解更充分,从而强化信息记忆。

3. 增加教学趣味

优秀的板书将繁复的教学信息浓缩演化成简明的、艺术化的符号构图,能引起学生积极的认知情绪和其他一系列积极的心理活动,激发学生的认知兴趣和智慧能力。学生从好的板书里学习到知识结构、迁移技巧、创意能力等,从而体会到教学的情趣和兴味。

三、板书技能的类型

1. 提纲式板书

提纲式板书是按教学内容和教师的讲解顺序,以纲目的形式展示顺序要点的板书形式。这种形式通常以精练的语言、序号排列的程式出现,也可以以提纲式主板书或主、副板书相结合的形式出现,能突出教学的重点,有利于学生把握学习的内容结构层次,便于理解和记忆。

(1) 主板书:

【案例】

植物课"光合作用"的提纲式主板书

三、光合作用的实质

 1. 公式:

$$\text{二氧化碳} + \text{水} \xrightarrow[\text{叶绿体(条件)}]{\text{光}} \text{淀粉} + \text{氧气}$$
  (原料)   (产物)

 2. 实质:

  物质转化过程:无机物→有机物

  能量转化过程:光能→贮藏在有机物中

四、光合作用的意义

五、外界条件对光合作用的影响

六、光合作用的原理在农业生产上的应用

【案例】

初中化学"氢气的实验室制法"主板书

一、实验药品和反应原理

　　锌和稀硫酸或稀盐酸发生置换反应

$$Zn + H_2SO_4 = H_2\uparrow + ZnSO_4$$

$$Fe + H_2SO_4 = H_2\uparrow + FeSO_4$$

$$Mg + H_2SO_4 = H_2\uparrow + MgSO_4$$

$$Zn + 2HCl = H_2\uparrow + ZnCl_2$$

二、仪器装置

　　简易发生器　　启普发生器

三、收集方法

　　排水集气法　　向下排水集气法

(2) 主、副板书

【案例】

化学课"碱金属"的提纲式主、副板书

	实验现象
一、钠的性质	
1. 物理性质	
银白、质软、比水轻、熔点低	浮在水面
2. 化学性质	熔成小球
(1) 跟氧气反应	四处游动
$2Na + O_2 \xrightarrow{点燃} Na_2O_2$	发出响声
(2) 跟水反应	变小消失
$2Na + 2H_2O = 2NaOH + H_2\uparrow$	酚酞变红
金属钠的存放：保存在煤油里	
二、钠的存在	主要：NaCl
在自然界只以化合态存在	还有：Na_2SO_4、Na_2CO_3、
三、钠的用途	$NaNO_3$
导热剂、还原剂、电光源	

【评议】

　　除了主板书，黑板右边还有副板书，将实验现象精炼地列出，便于学生观察和记忆。

2. 表格式板书

表格式板书是根据教学内容可以明显分项的特点而设计的,教师事先设计好表格,将分散的相关知识填入表格内,即具有归类、比较、总结等功能,有助于学生掌握某些具有一定联系的概念、规律和事物性质。

【案例】

高中语文课"药"的表格式板书

结构	情节	场景	线索	
			明线(华)	暗线(夏)
第一部分	开端	刑场	买药	壮烈牺牲
第二部分	发展	茶馆	吃药	鲜血被吃
第三部分	高潮	茶馆	议药	英勇斗争
第四部分	结局	坟场	上坟	寂寞悲凉

【案例】

物理课"气体、液体和固体的分子结构"的表格式板书

物质状态	分子间距离	分子间作用	分子运动情况	特性
固态	很小	很大	在平衡位置附近做无规则振动。(晶体分子排列有规则)	有一定体积和形状。(晶体外形有规则)
液态	较小	较大	在平衡位置附近做无规则振动,且分子不断移动。	有一定体积,无一定形状,具有流动性。
气态	很大	很小	无规则运动。	无一定体积和形状,具有流动性。

【案例】

初中化学课"元素化合价的确定"的表格式板书

化学价的确定	离子化合物	共价化合物
数值	一个原子得失电子的数目	一个原子共用电子对的数目
正价	失去电子的原子(阳离子)为正价	电子对偏离的原子为正价
负价	得到电子的原子(阴离子)为负价	电子对偏向的原子为负价

【评议】

　　本例板书可以帮助学生认清在离子化合物中和共价化合物中元素化合价的确定方法及它们的区别。

　　3. 网格式板书

　　网格式板书是把文字、符号或简单图示用线条或框图联系起来的板书,它的特点是简明、清晰,能够清楚地反映所叙述对象之间的复杂关系。

【案例】

初中化学课"物质的宏观组成和微观构成"的网格式板书

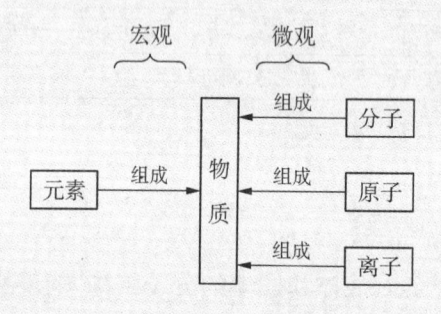

```
            宏观        微观
             ⌒          ⌒
                      组成  ┌────┐
                     ←─────│ 分子 │
                           └────┘
┌────┐ 组成 ┌──┐ 组成  ┌────┐
│ 元素 │─────│物│←─────│ 原子 │
└────┘      │质│      └────┘
            │  │ 组成  ┌────┐
            └──┘←─────│ 离子 │
                      └────┘
```

【评议】

　　这例板书能够明确地告诉学生怎样从宏观和微观两个不同的角度去认识物质的组成,即从宏观上分析组成物质的元素,从微观上分析构成物质的微粒。

【案例】

高中化学"氯气及氯的重要化合物之间的关系"的网格式板书

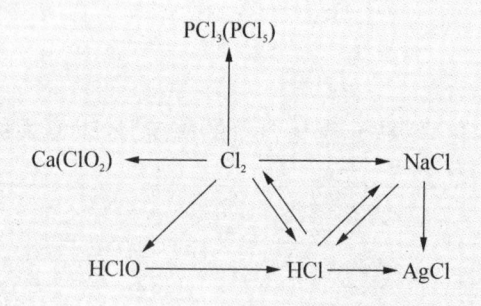

```
                    PCl_3(PCl_5)
                         ↑
                         │
    Ca(ClO_2) ← ─── Cl_2 ───→ NaCl
                    ↙  ↘    ↙  │
                   ↓    ↓  ↙    ↓
                  HClO ──→ HCl ──→ AgCl
```

$PCl_3(PCl_5)$, $Ca(ClO_2)$, Cl_2, $NaCl$, $HClO$, HCl, $AgCl$

【评议】

　　这例板书系统地反映了教材中氯气和氯元素的重要化合物之间的关系,不仅能帮助学生更好地掌握知识,还教给学生一种学习方法。在以后的教学中,可以让学生自己试着小结所学的元素及其化合物之间的关系,这对培养和提高学生的能力也是有益的。

4. 总分式板书

总分式板书适合于先总述后分述,或先讲整体结构后讲细微结构的教学内容。这种板书条理清楚、从属关系分明,有利于学生理解和掌握教材结构,给人以清晰完整的印象。

【案例】

高中语文课朱自清的散文"春"的总分式板书

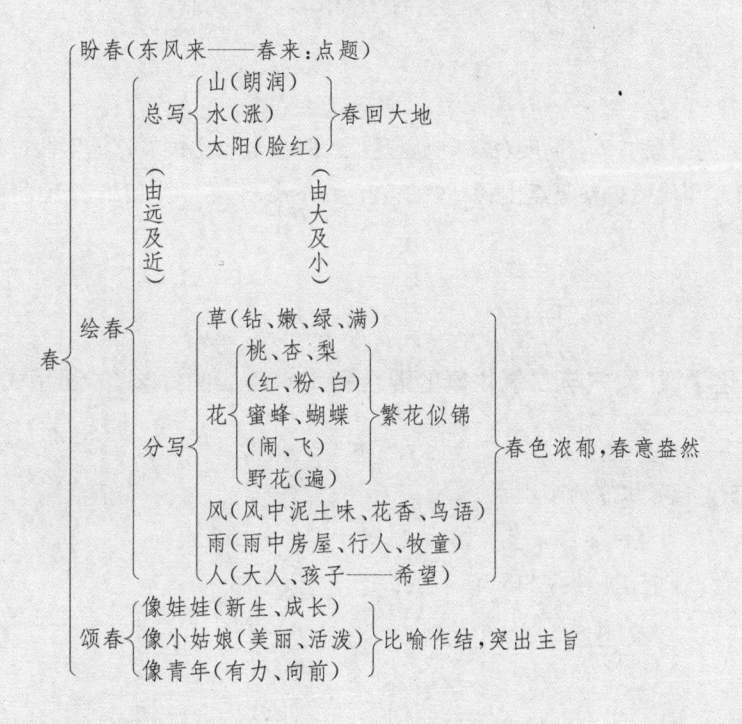

```
     ┌ 盼春(东风来——春来:点题)
     │       ┌ 山(朗润)        ┐
     │  总写 ┤ 水(涨)          ├ 春回大地
     │       └ 太阳(脸红)      ┘
     │      (由远及近)(由大及小)
     │       ┌ 草(钻、嫩、绿、满)
     │       │   桃、杏、梨
     │       │   (红、粉、白)
春 ┤ 绘春 ┤ 花 蜜蜂、蝴蝶  ┐ 繁花似锦
     │       │   (闹、飞)     │
     │  分写 │   野花(遍)    ┘                ┐
     │       │ 风(风中泥土味、花香、鸟语)       ├ 春色浓郁,春意盎然
     │       │ 雨(雨中房屋、行人、牧童)         │
     │       └ 人(大人、孩子——希望)         ┘
     │       ┌ 像娃娃(新生、成长)    ┐
     └ 颂春 ┤ 像小姑娘(美丽、活泼)  ├ 比喻作结,突出主旨
             └ 像青年(有力、向前)    ┘
```

【评议】

从"盼春"、"绘春"、"颂春"三方面指示了文章结构和作者思路。以这三个词组展开来概括全文内容。以"春色浓郁,春意盎然"揭示全文中心。以"比喻作结,突出主旨"来归纳表现手法。课文语言运用、行文构思的特点亦同时得到反映。

5. 图示式板书

图示式板书是用文字、线条、符号、框图等表达的板书。图示式板书有时可以是教师设计的图画,这样的板书具有形象、直观的特点,能引起学生兴趣、思考与记忆,具有一定艺术性。也可以借助于投影仪,事先在投影片上设计并打印好图示板书,这样既能节省时间,还能反复多次使用。运用计算机大屏幕投影能更方便地设计图示式板书,或在网络上下载所需的各种图示信息,这样的板书不仅色彩丰富,而且还具有动画效应和演绎效果。

【案例】

高中化学课"乙醛被氢氧化铜氧化的实验"的图示式板书

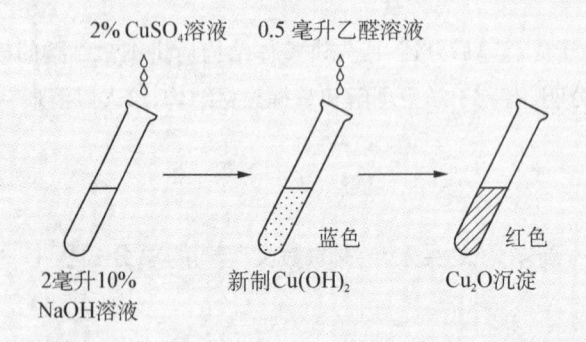

2% $CuSO_4$ 溶液　　0.5 毫升乙醛溶液

2毫升10% NaOH溶液　→　新制$Cu(OH)_2$ 蓝色　→　Cu_2O沉淀 红色

【评议】

这是一例简图板书。它简明、清晰地表述了乙醛被氢氧化铜氧化的实验过程和现象，新制的 $Cu(OH)_2$ 用浅蓝色粉笔点出，Cu_2O 用红色粉笔点出，给学生留下深刻的印象。

【案例】

高中化学课"氮气与二氧化氮的混合气跟水反应的计算"的图示式板书

习题：在一试管中充满等体积混合的氮气和二氧化氮。将试管倒扣在水槽中，进入试管中的水的体积是试管容积的多少？

分析：混合气中氮气不跟水反应，只有二氧化氮跟水反应。

板书：$3NO_2 + H_2O = 2HNO_3 + NO$　　　　体积变化（减小）
　　　$3V$　　　　　　　　　　　V　　　　　$\Delta V = 2V$

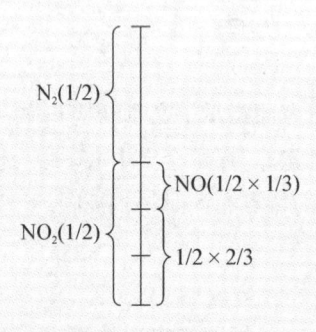

$N_2(1/2)$

$NO_2(1/2)$ 　$NO(1/2 \times 1/3)$
　　　　　　　$1/2 \times 2/3$

试管中气体体积减少：$1/2 \times 2/3 = 1/3$。进入试管的水的体积是试管容积的1/3。

【评议】

这例板书用示意图直观地表示出题目中气体体积的改变量，对学生来说起到了化难为易的作用。因为试管的粗细是均匀的，所以可以用线段来表示试管的体积。

四、板书技能应用原则

1. 科学性原则

通常在课堂教学中板书语言比口语少,但板书语言是留在黑板或屏幕上的,学生通过视觉接受的信息,其科学性要求更高。出现在板书中的词语、图表、公式等必须准确、规范、科学。

2. 条理性原则

各门学科的教学内容都有一定的层次性和逻辑性,所以教师设计的板书也要体现层次分明和有条理性。板书将随着口语讲述而逐渐出现并保留于黑板或屏幕上,因此,层次分明、条理清楚、逻辑性强的板书有助于学生的理解和记忆。

3. 计划性原则

教师在课前要根据教学目标精心设计板书内容,根据教室黑板面的大小确定安排板书的格式,预定好板书位置。板书可分为正板书和副板书,正板书是关于教学内容的提纲、重点及主要公式等,通常要显现在板面的中间,并占大部分板面;副板书是对正板书的补充、提示及说明等,可安排在板面两边。即使是投影仪及计算机屏幕投影类的板书,由于这些板书有不断变换的特点,设计其中的重点内容时要考虑到它的重要性,使之能始终显现在板面上。因此,板书设计的计划性是备课的重要内容。

4. 艺术性原则

板书的字画要讲究工整、规范、准确,不自造简化字。好的板书设计会给学生留下深刻的印象,艺术化的板书能引起学生注意、激发其兴趣。而艺术性强的板书又能体现教师设计思想中的创造性、多样性和趣味性。即使是借助电脑屏幕的设计,也要讲究板面的艺术性。

> **讨论和实习活动**

1. 教学板书的主要功能有哪些?

2. 配合讲解等其他技能,设计出训练板书技能的微格教案,以小组为单位,进行角色扮演并录像、分析评议。

3. 经常地开展书法、画图的练习和展评活动。

第三节 讲 解 技 能

从两千多年前孔子讲学开始延续至今,讲解成了教学最基本的方式。讲解是多年来国内外课堂教学中被运用最广泛的一种技能,就是在教学改革呼声高涨的现代,现代教育技术手段越来越多地进入课堂,讲解仍然是课堂教学中应用最普遍的方法。

讲解技能是指教师通过语言、直观教具等为学生提供感性材料,引导他们分析、综合、概括,形成概念、认识规律和掌握原理的教学行为方式。讲解,它是用语言传授知识、交流思想和情感的教学方式,讲解时教师运用口头教学语言对教学内容作逻辑叙述,向学生传授知识、进行学科德化教育。讲解主要通过叙述、描绘、解释、推论等引导学生了解现象,感知事实,理解概念、定律和公式,从而使学生认识问题、分析问题、解决问题,并促进学生智力与人格的全面发展。一般来说,讲解技能运用于事实性知识比认知性知识效果好。讲解包括讲述、解说和讲读。讲述侧重于讲,教师运用叙述和描述的方法讲解事实过程。各学科教学都有讲述,文科用得更多。解说侧重于解,教师用阐述、说明的方式,如解释或论证概念、规律、原理、法则等。各学科都有解说,理科用得更多。讲读侧重于读,讲述和阅读教材和范文,主要用于语文和外语学科。

一、课堂讲解的优势与局限

1. **课堂讲解具有以下四个显著特点：**

(1) 教师是课堂讲解的主要活动者,学生是知识信息的接受者,以听讲的方式进行学习。

(2) 教师主要以言语传授知识,口头语言是教师传递知识的基本工具。

(3) 教师以摆事实、讲道理的方式,促进学生理解和掌握教学内容。

(4) 面向全体学生,根据班级学生的一般特点和水平进行教学。

2. **课堂讲解的优点**

(1) 效率高。通过讲解向学生传授新知识,能够在较短的时间里向学生传授较多的知识,具有时间少、容量大、效率高的特点。

(2) 成本低。讲解是教师用口头语言向学生传授知识,不受条件设备的限制,省时省力,便于广泛运用。

(3) 能较好地发挥教师的主导作用。教师通过合乎逻辑的分析、论证、恰当的设疑,以及生动形象的语言描述等,主导教学过程,有助于发展学生的智力。

(4) 保证知识的系统性。讲解有利于系统地传授知识,适宜解释多数学生面临的疑难问题。

3. **课堂讲解的局限**

(1) 教师通过讲解向学生传授教学内容,就其本质而言是一种单向的信息传输方式。学生没有足够的时间、机会对学习内容及时做出反馈,因而不易调动学生主动性、积极性,不易培养学生的主动探究意识和能力。

(2) 讲解不能代替自学和练习,讲解过多,会挤占学生自学和练习的时间,从而影响教学质量。

(3) 讲解通常面向全体学生,无法照顾学生的个别差异,不利于学生个性的发展,因材施教原则不易得到全面贯彻。

(4) 空泛的讲解,不能有效地唤起学生的注意和兴趣,不利于启发学生的思维和想象,易陷入注入式教学的泥潭。

4. **课堂讲解的适用范围**

(1) 适用于传授事实性的知识

事实性知识通常以接受式学习为主,在某些知识(如时事、学科的最新发展、研究的前沿状况等)不可能很快地从印刷品或其他形式的媒介中得到的情况下,讲解教学特别见长。对于抽象程度高、学科内容繁杂的课程,讲解能给学生提供一个理论框架,为以后的学习做准备,起到概述或定向作用。讲解用于形成性概念不易取得好的效果,对于事实性知识以外的知识类型,讲解教学必须借助于其他手段,如直观教具、示范实验或相关的视频材料等。

教学中,在知识综合、概括和总结阶段,讲解是必要和有效的。应用知识时,通过讲解引导、定向也是有利的。同时,讲解要与其他教学技能相配合。例如:实验观察前的提示和说明,之后的分析总结;观看电影、录像、幻灯的解释和提示;组织实践活动的意义分析,问题说明和总结;解题的提示与指导;讨论和自学的分析总结;讲解与板书配合等,配合得当都会取得很好的效果,这样才能避免单纯讲解的不足。

(2) 适用于班级教学

班级授课是教学的基本形式之一,它在相当长的时间内都会是教学的主要形式。采用班级教学,教师要面向全体学生,根据学生的一般特点和普遍存在的问题进行讲解教学。班级讲解不但能节省教学时间,而且实践表明,只要讲解得法,也能取得良好的效果。

【案例】

数学课"平行四边形面积"

教学设计一:在教学生求平行四边形面积时,教师讲授如下:连接 AC,因为三角形 ABC 与三角形 CDA 的三边分别相等,所以,这两个三角形全等,三角形 ABC 的面积等于 1/2 底乘高,所以,平行四边形 ABCD 的面积等于底乘高,命题得到证明。然后,教师列举很多不同大小的平行四边形,要求学生求出它们的面积,结果每个问题都正确解决了。下课前,教师又布置了几个类似的问题作为家庭作业。

教学设计二:教师引导学生分析问题,即如何把一个平行四边形变成一个长方形,然后组织学生自主探究,并获得计算平行四边形面积的公式。

请问:两则教学设计中教师的教学方法有何不同?两种教学方法对学生的学习将产生怎样的影响?

【评议】

第一种是传统灌输式的教学方法,教师把学生置于知识接受者的位置上,教师把知识传授作为自己的主要任务和目的,把主要精力放在检查学生对知识的掌握上,这样做,学生将整天处于被动应付,机械训练,死记硬背,简单重复的学习之中,学生学习的主动性、能动性、独立性被消蚀,思维和想象力被扼杀,学习的兴趣和热情被摧残,严重阻碍学生的发展,导致学生主体性缺失。第二种是探究发现式的教学方法,教师把学生置于知识的发现者,探究者的位置上,教师将学习内容以问题形式间接呈现出来,引导学生主动、独立地探究学习,鼓励学生对书本知识的质疑和对教师的超越。这样做,学生的主体性、能动性和独立性不断生成,使学习过程成为学生发现问题、提出问题、分析问题、解决问题的过程,培养了学生的批判意识和怀疑精神,学生的创新精神和实践能力得到提升,促进了素质的提高。

二、讲解的作用

1. 传授知识

讲解的首要目的是传授知识,通过教师讲、学生听的方式传递知识信息,使学生了解、理解和充分记忆所学的知识。教师运用讲解为学生描述现象和过程,解释概念和规律,分析习题,说明结果。教师用这种方式可以根据需要来确定突出讲解的重点,能较好地发挥教师的主动性。

2. 激发兴趣

教师通过讲述和分析,提出问题,创设情境,激发学生的学习兴趣。教师讲解中的科学观点、正确思想能潜移默化地影响学生,培养学生的科学探索精神和创新能力。

3. 启发思维

教师设计讲解内容时,要深入钻研教材和课程标准,了解学生的学习现状,努力引导学生学习、启发学生思维、发展学生智力,培育学生思想品德。

讲解技能在课堂教学中被广泛运用,因为这一方式使用方便,能高密度、高速度地传输信息。教师要使讲解达到以上目标,必须运用清晰生动的语言,尽量做到深入浅出、通俗易懂、生动有趣,使讲解过程与学生的认知思维配合。否则讲解会空洞乏味,影响教学效果。

三、讲解技能的构成要素

讲解技能的构成要素是一些典型的课堂讲解教学行为,这些典型的教学行为是在理论的指导下,经过实践经验的证明所概括提炼出来的,对于实现其教学功能是有效的和充分必要的。讲解技能由"讲解的结构"、"语言清晰流畅"、"使用例证"、"进行强调"、"形成连接"、"获得反馈"这六项典型教学行为要素构成。这六个技能要素反映了圆满有效地完成讲解任务,实现其教学功能所必须要做而且要做好的关键成分。

1. 讲解的结构

讲解的结构是指教师在分析学生的情况和教学内容的基础上,对讲解过程框架的安排。这一技能要素是整个讲解教学活动成功的基本保证。显然讲解过程框架的设计是在讲解实施前的行为,但讲解框架的实施可以在教学中观察,所以满足可操作、可观察、可评价的要求。

首先,要明确"讲解的结构"要做什么。一个事物的结构是由构成该事物的关键因素和这些因素之间的关系组成。讲解的结构是将讲解的总任务分解为若干个关键部分,每一部分都有一个明确的阶段性目标,并根据各部分讲解内容之间的逻辑意义和学生认识过程的规律,将各部分讲解内容安排成一个序列,并在讲解实施中正确清晰地表现这一序列。所以建立讲解的结构,实际上是对讲解内容进行分析综合的加工处理过程。讲解结构的课堂表现形式是通过提出系列化的关键问题和阶段性结论,形成清晰的讲解框架。

对知识间内在关系不甚明确,构不成系列化问题的清晰框架,使得讲解处于孤立突兀状态,不利于学生形成完整的认知结构和进行深入思考。例如,一位教师在讲西沙群岛的位置时,先让学生在地图上找西沙群岛在哪里,不管全班学生找到没有,立刻就自己讲起西沙群岛的地理位置,根本不给学生思考的余地,也不管学生对西沙群岛的位置了解程度如何,这实际上是无的放矢的讲解。

其次,不仅需要知道建立讲解结构要做什么,而且还要知道怎样做。找出讲解内容中的关键成分,建立各部分之间的联系是有规律可寻的,这个规律就是新旧知识之间的联系和新知识中各要素之间的内在关系。可以从分析新知识结论入手,找出构成结论命题的若干个关键因素,这些因素之间是以什么关系构成的命题结论。这些因素中哪些是已知的,哪些是新概念。对于新概念的关键因素还要向下追溯,直到与学生原有的知识建立联系。对知识本身的结构和新知识与原有知识之间的关系进行分析,可以确定讲解结构中的关键成分。各关键部分之间的联系和讲解顺序,除了要依据知识结构的本身逻辑之外,还需要考虑学生认知的规律,遵从由浅入深、由表及里的认识原则。

2. 语言清晰流畅

语言清晰流畅的教学行为是讲解紧凑、连贯、语言准确、明白、语音和语速适合讲解内容和情感的需要。

讲解紧凑、连贯指两方面的内容:一是讲话连贯紧凑,没有吞吞吐吐和"嗯、啊"等游移拖沓的现象;二是讲解意义连贯紧凑,没有意义分散、跳越的现象。

如何才能使讲解语言紧凑、连贯呢? 一般地讲,要准备充分和自信。具体讲,就是要按讲解的结构框架进行讲解。这样在同一时间内只有一个具体的讲解中心(阶段性讲解目标),思路清晰,目标明确,就可以防止语言游移拖沓,意义分散跳越。

讲解要防止前后句子意思不连贯,句型不完整。如讲"挑山工"一文,一位教师说:"挑山工目标不停";又如讲"记金华双龙洞"一文,一位教师说:"作者回家写得特别认真、仔细。"这都是讲解之前教师对语言不仔细推敲,上课时信口开河所致。

讲解语言准确明白,就是语言中的句子结构完整、发音正确、用词准确。要做到准确,就要对讨论问题中的关键词事先吃准,有所准备。要做到明白,就要将讲解中具体问题的结论与取得结论的依据或前提条件交待清楚,将依据与结论之间的关系交待清楚。若将依据和前提条件,以及结论与依据之间的关系认为是不言自明的,一带而过,就会造成讲解不明白。

3. 使用例证

举例说明是进行学习迁移的重要手段,例证将熟悉的经验与新知识联系起来,是启发理解的有效方法。

为使例证有效地发挥其教学功能,应明确以下几点:

(1) 举例内容恰当。所举例证的内容要正确反映教学内容中的概念原理。

(2) 举例适合学生的认识水平。例证应是教学内容所涉及的一类事物中的典型事例,即概念规律的本质因素或稳定联系在例证中的表现形式是比较鲜明的,便于学生分析概括,符合学生的经验和兴趣。

(3) 举例数量符合认识过程的需要。举例的数量对于获得新知识是充分必要的,少了不足以说明问题,多了容易使人厌烦。

(4) 注重分析。例子不在于多,而应对例证与原理之间的关系分析透彻,这样才能使学生举一反三。

(5) 正确使用正面例证和反面例证。学生容易从正面例证中获得新概念、新规律,在没有形成正确理解之前,对反面例证的否定是比较困难的,所以在引入新知识时,正、反面例子交替使用容易造成混乱。在初步理解了新知识后,再使用反面例证可使学生加深理解。

对讲解概念原理缺乏例证,分析不透彻,造成学生理解困难。如一位一年级数学教师讲"比较两个数的大小"的原理时,教师提问:"32和25谁大?"学生说:"32大"。教师又问:"为什么?"不等学生回答,也不设疑,教师接着就讲起原理来,讲完后说:"下课。"这位教师根本不管学生是否理解了,也不知道使用例证说明自己讲的原理。有的教师在讲词义时不注意引伸,不讲用法,不扩展,不延伸,其结果学生不但理解不深刻,还容易造成遗忘。

【案例】

历史课"春秋时期的老子和孔子"

孔子是儒家学派的创始人,他的思想核心就是"仁"的学说。关于"仁"的具体含义,孔子本人没有做具体的分析与说明。有关方面的专家学者也还在不断地进行研讨。那么,怎样才能让学生不仅仅知道孔子的思想核心是"仁"的学说,而且还能够对孔子的"仁"的学说有一个初步理解呢?

为此,一位教师引用了《论语》里面的一个故事,即孔子家马厩失火了,孔子回到家里,关切地问:伤到人了吗?而没有顾及自家的马怎样了。("马厩失火,问人,不问马。"《论语》)

【评议】

在马厩里面干活的人当然是孔子家的仆人了。从这个细节,学生可以很自然、很具体地感受、体会到孔子"仁"的学说的本质内涵,就是对人的关心与爱护,即孟子所说的"仁者,爱人"。这样,通过引用一段真实的史料,反映出孔子在日常生活中的一个细节,让孔子的形象更加贴近学生,从而促使学生通过这样的一个生活细节,体会、感悟出深刻的做人道理,发现孔子学说中的积极的现实指导意义。

4. 进行强调

强调是成功讲解中的一个核心成分。强调将重要的关键信息从背景信息中突显出来,减少次要因素的干扰,有利于学生形成正确的认知结构。强调的形式是多种多样的,在教学中容易模仿和应用。而感到困难的是强调的内容,一般都会知道强调重点内容,困难的是确定什么是重点,成功的强调来源于对新旧知识的联系和新知识结构的透彻分析。简单地重复结论不等于强调,强调结论中的关键要素及其要素之间的关系,强调新知识与原有知识的联系和区别,才能使学生清楚地"看到"这些联系,才能给学生以知识。

讲解时强调不够。如讲"结合词语给多音字定音",一位教师让学生拼读两个词语:"假山"、"假日"。然后教师告诉学生:"有2个以上读音的字叫多音字,它在不同的地方意思不同、读音也不同,所以我们要学会结合词语给多音字注音。"教师讲完了即宣布下课,这种缺乏强调的讲解直接影响了学生接受知识的效果。

5. 形成连接

讲解结构中的系列化关键问题和相应的阶段性目标之间不是彼此孤立的,它们不仅有时间顺序而且还有逻辑意义的联系。"形成连接"就是要将讲解中各部分之间的逻辑意义联系交待清楚。在教学中应注意避免简单地将讲解内容1、2、3……地罗列起来的做法,要注重讲解各部分之间的转折和过渡。

6. 获得反馈

讲解由于主要是教师讲学生听,所以往往容易忽视学生的反应,讲解像在背书。这是讲解的发展进程与学生理解不能同步,讲解缺乏针对性、交互性的主要原因。

缺乏反馈调控。有不少教师讲解时总是一厢情愿,讲解前不设疑,讲解中不探询,讲解之后又不观察学生的反应,讲完之后就告一段落,师生之间缺乏交流,实际是"片断灌"。

【案例】

历史课"春秋时期的老子和孔子"

历史课学习了"春秋时期的老子和孔子",老师请同学就这节内容提出问题。有位学生提出这样的问题:"孔子的一生怎么会这么辉煌?怎么会总结出那么多让人终生受益的道理?"

学生的问题,就是课堂教学要解决的问题。而且,由于是学生自己提出的,那么也就是学生非常感兴趣,非常想要解决的问题。因此引发了一场热烈的讨论与交流。

在学生讨论的基础上,教师将孔子一生的发展历程概括为"学、问、思、志、行",旨在促使学生能够进一步感受孔子的一生历程,并藉此对学生的学习与做人产生积极影响。具体而言:

"学":指好学、乐学、博学。用孔子的话讲就是"好学不倦"、"发愤忘食"、"乐以忘忧"。

"问":指不耻下问,圣人无常师,道之所在,师之所存。

"思":指勤思、深思,"学而不思则罔"。

"志":孔子曰"吾十五而志于学","古之学者为己"。指学习知识是为了指导自己的人生,健全人格,选择美好的理想与生活道路,并且持之以恒,做到"笃志"。

"行":指脚踏实地,意志坚定,自强不息,战胜困难,走出自己精彩的人生。用古人的话讲就是:修身、齐家、治国、平天下。

总之,孔子从平凡走上伟大的个人主观因素在于:孔子具有积极进取的人生态度;笃志、博学、意志坚强、持之以恒;富有强烈的社会责任感。

【评议】

解决学生问题的过程,就是师生共同查找资料、共同研讨、共同寻找答案的过程;同时也是共同体验与感悟孔子的人生智慧与人格境界的过程。以学生的问题为出发点,以解决问题为归宿,将课堂教学目标落在实处。

四、讲解的类型

讲解技能的类型可根据不同的标准、层次划分。讲解从方式上可以分为：讲述、讲解、讲读和讲演。其中讲述包括叙述、描述；讲解包括解说式讲解、解析式讲解、解答式讲解。按照知识类型可以分为：事实性知识的讲解、概括性知识的讲解、方法性知识的讲解、应用性知识的讲解。其中事实性知识的讲解有：叙述性讲解法、描述性讲解法、启发性讲解法、解释性讲解法；概括性知识的讲解有：归纳法、演绎法。

讲解时采用何种类型是根据教材的内容和学生的实际需要而确定的。需要指出的是，教师只有知道自己讲解的类型，才能使得讲解更准确、鲜明、效率高。一般地说：建立表象，发展学生形象思维或表达教学内容思想感情则采用描述讲解，对知识和概念的阐释运用说明讲解，讲解原理、规律用原理中心解答，对问题采用问题中心式。

我们提出解释、描述、原理中心和问题中心式基本类型。

1. 解释式讲解

解释式：又称说明翻译式，即通过讲解将未知与已知联系起来。由于讲解内容不同又可分为：一是对意义、概念进行解释；二是对结构、程序作说明；三是翻译性解释；四是附加说明。解释式讲解是教学中运用于知识的陈述、意义的交代、陈述说明、结构显示、符号转移等的讲解类型。文科教学中的叙述故事情节、事件背景、人物性格、写作手法、历史事实、地理环境等常用解释式讲解；在理科教学中解释自然现象、产生过程、发展变化、物体结构、生物种类、实验过程等常用解释式讲解。

解释式讲解一般适用于具体的、事实的、陈述性知识的教学，属于讲解的初级类型。对于抽象的、复杂的知识，单用解释方法难以收到好的效果。语文课中的课文背景、段落划分、古文翻译，化学课中的原子结构说明等均属于解释式讲解。

【案例】

历史课"鸦片战争"

在中国近代史的"鸦片战争"中提到了"虎门销烟"，教材中没有具体解释，学生均以为虎门销烟是用火焚烧鸦片，教师在课上作如下的解释式讲解：

1839年6月3日，林则徐主持的闻名世界的虎门销烟开始了。他派人在广州城南虎门滩的高处挖了两个大池，长宽各15丈，池前开了个洞口，池后一条进水沟。先引进海水，撒入食盐，再把收缴来的鸦片切碎抛入池中，浸泡半天。然后放进生石灰，利用生石灰和食盐的化学变化销毁鸦片。等退潮时打开池前的洞口，池子里面经过腐蚀分解的鸦片碴子随潮水冲入大海。两个池子交替使用，一连23天，把所有的鸦片全部销毁了。在这个过程中，林则徐从始至终在海滩上监督，沿海的群众怀着对外国侵略者坚决斗争的激情和对鸦片深恶痛绝的义愤，男男女女，老老少少，成千上万来到虎门海滩，看到池水翻滚，烟雾腾空的时候，拍手称快，欢呼不绝。

【评议】

> 这样的讲解,具体生动,不仅澄清了学生对史实的错觉,而且激发了学生的爱国主义情感。

2. 描述式讲解

描述式:又称叙述、记述式,描述的对象是人、事和物。描述的内容是人、事、物的发生、发展变化过程和形象、结构、要素,描述的任务在于使学生对描述的事物、过程有一个完整的形象,有一定深度的认识和了解。根据描述方式不同又可分为:一是结构要素性描述,揭示事物结构的层次关系和要素间的关系,突出重点、抓住关键,注意运用生动、形象的比喻和类比方法。如对北京城市状况进行描述;二是顺序性描述,按事物发生、发展变化的先后顺序进行描述,可分为顺叙、倒叙、插叙等。但其时间顺序不能颠倒。此种描述要注意事物发展的阶段性,注意抓事物发展的关键点,而不是无重点、无要点,流水账似的叙述。

描述式讲解是教学中运用于内容陈述、细节描述、形象分析、材料显示等的讲解类型。文科教学中刻画人物外貌特征和情感、描述场景环境、细节介绍、情绪感觉等常用描述式讲解。理科教学中描述各种仪器结构、性能规则和实物外形等也常用描述式讲解。

由于描述式讲解的内容主要是事物的结构变化过程,因此描述式讲解大多用于讲解具体知识,提供表象,基本属于讲解的初级类型。描述可以提供大量的材料,激发学生形象思维(如联想、想象)的发展。但是,描述难于胜任抽象知识的传授,也难于培养学生的逻辑思维(或说概念和理论思维)的能力。描述式讲解要做到清晰有序地交代内容,详略分明,突出重点,语言生动有趣。

【案例】

语文课"孔雀东南飞"

语文课上讲解"孔雀东南飞,五里一徘徊"。教师作如下描述式讲解:

在那阴暗的天空,一对美丽的孔雀,展开双翅,飞呀,飞呀,向着东南飘飞。可是,一路上依恋顾盼,飞不上几里又飞回,飞不上几里又飞回……这使人联想起什么呢?一对青年夫妻横遭封建礼教的迫害,他们满怀哀怨,离开了人世,而他们的美丽形象留驻人间。诗人以哀悼的心情,用孔雀起兴,再现了主人公的美丽的姿态、复杂的心情和可悲的遭遇,渲染了凄凉的气氛,依恋的情调。

这诗篇是血泪凝成的悲歌,是对封建礼教的强烈控诉!

3. 原理中心式讲解

原理中心式:以概念、原理、规律、理论为中心内容的讲解。又可细分为概念中心式和规律中心式。方法是从一般性概括的引入开始,然后对一般性概括进行论证、推理,最后得出结论,又回到一般性概括的复述。原理中心式讲解是教学中运用于定义界说、理论论证、原理演绎、观点归纳、思想分析等内容的讲解类型。这是属于高级类型的讲解。任何一门学科的基础知识中,概念、原理、规则、规律都是教学中的核心部分,原理中心式讲解是教学中最重要的讲解方式。

原理中心式讲解经常用叙述加议论的表达方式,一般结构模式为概念、规律、法则、原理的导入→论述、推证→结论。其中,论述、推证环节是最关键的。原理中心式讲解强调例证、例据及统计材料的组织。讲解中交替应用分析、比较、归纳、演绎、抽象、概括、综合等逻辑方法,注重论证说服的力度,既有科学性,又有趣味性。

【案例】

生物课"鱼"

教师在讲到"鱼"的概念时用了原理中心式讲解:

(引入):大家见过鱼,吃过鱼,也可能养过鱼,那么什么是鱼呢?

(论述、推证):要认识什么是鱼,需要分析一下鱼的特点,鱼有什么特点呢?鱼是动物,在水中生活,有鳞、尾和鳍,用鳃呼吸……例如,海里的带鱼、黄鱼,河里的青鱼以及供人观赏的金鱼等都有上述特点。

那么鲸是鱼吗?鲸在水中生活,有鳍、尾,但鲸用肺呼吸,所以不是鱼。

鳄鱼是鱼吗?鳄鱼在水中或陆地生活,有鳞无鳍,用肺呼吸,因此,鳄鱼不是鱼。

泥鳅是鱼吗?泥鳅在水中生活,有鳍、尾,无鳞,用鳃呼吸,泥鳅是鱼。

通过分析、比较可以看出,用鳃呼吸是鱼的特有属性,在水中生活,有鳞、鳍、尾是鱼的一般属性。所以可得如下结论。

(结论):鱼是有尾、鳞和鳍并用鳃呼吸的水生动物。

【评议】

本例中的论证、推证部分主要应用了分析、比较、抽象、概括和典型例证的思维方法。

【案例】

物理课"浮力"

在分析"浮力产生的原因"时,教师作如下讲解:

(引入):产生浮力的原因是什么?

(论述、推证):设想有一个正方体物块,全部浸入水中,利用前面学过的液体压强的知识来分析正方体各个面所受到的压强和压力。

由于正方体的左右两个侧面对应部分所处深度相同,所受到的水的压强大小相等,作用在左右两个侧面上的压力大小也彼此平衡;同理作用在前后两个侧面上的压力大小也彼此平衡;但上下两面由于在水中的深度不同,受到的压强就不相等,上面的压强小,下面的压强大,所以下面受到向上的压力比上面受到向下的压力大。

$$F_{向右} = F_{向左} \quad F_{向前} = F_{向后}$$

$$F_{向上} > F_{向下}$$

$$F_{浮} = F_{向上} - F_{向下}$$

（结论）：浮力产生的原因：水对物体向上和向下的压力差,就是水对物体的浮力。

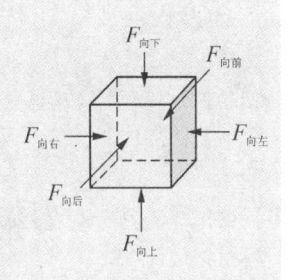

【评议】

本例中的论述、推证部分主要运用了分析、演绎等方法。

4. 问题中心式

问题中心式是以解答问题为中心的讲解,是在教学中常用于对学生进行能力训练、方法探究、答案求证的讲解类型。它也属于高级类型的讲解。"问题"即未知,它从实际中来,以事实材料为背景。"解答"即由未知到已知的认知过程,认知的关键是方法。有了有效的方法,也就有了"过河的船和桥","过河"就不再是空话。选择方法和具体解决问题,都离不开知识,也离不开思维能力。因为其问题,可能是一个练习题、作文题、智力测验题,也可能是带有实际意义的课题。总之,问题中心讲解,具有一定的探究性。处理得当对启发学生思维,培养能力大有好处。当然,要取得好的效果还需把讲解与其他技能结合起来才会更加有效。

问题中心式讲解的一般模式为引出问题→明确标准→选择方法→解决问题→得出结果（总结、结论）。问题引出可以从各种事实材料导出;明确标准就是明确解决问题的具体要求;选择方法就是对各种方法、策略,进行分析比较,定出最佳解题方法;要从证据、例证出发解决问题,并运用逻辑思维方法来进行论证,最后得出结果。问题中心式讲解适用于重点、难点、智慧技能和认知策略的教学,通常配合提问、讨论等其他教学技能。

【案例】

物理课"研究凸透镜成像"

研究凸透镜成像过程中,什么地方物像之间的距离（L）最小?

（事实材料）：凸镜成像公式：$\dfrac{1}{u} + \dfrac{1}{v} = \dfrac{1}{f} \quad L = u + v$

（明确标准）：L 最小时,$u = ?$

（选择方法）：a. 数学法,b. 判别式法,c. 作图法。

（解决问题）：

a. 数学法

$$\frac{1}{u} + \frac{1}{v} = \frac{1}{f}$$

∵ $\frac{1}{u} > 0$, $\frac{1}{v} > 0$, $\frac{1}{f}$ 为常数。在数学中有：如果两个正数之和为常数，则当两数相等时，它们的积有最大值。

∴ 当 $\frac{1}{u} = \frac{1}{v}$ 时，即 $u = v$ 时，$\frac{1}{u} \cdot \frac{1}{v}$ 有最大值。

由 $\frac{1}{u} + \frac{1}{v} = \frac{1}{f}$ 得：$u = 2f$ 时，$\frac{1}{uv}$ 有最大值，且等于 $\frac{1}{4f^2}$，∴ $u \cdot v$ 的最小值为 $4f^2$。

再由 $\frac{1}{u} + \frac{1}{v} = \frac{1}{f}$ 得 $\frac{u+v}{uv} = \frac{1}{f}$ ∴ $u + v = \frac{1}{f}uv$

∴ 物像之间的距离 $L = u + v$ 的最小值 $L_{\min} = 4f$ 这时的 $u = 2f$。

b. 判别式法

在数学中有：要使 $ax^2 + bx + c = 0$ 中的 x 有实根，则它们的系数 a、b、c 间就应该具备这样的关系：$b^2 \geqslant 4ac$。

∴ 如果一个问题中，诸量之间的关系最后可以化为关于某一变量的二次方程形式，我们便可以运用它们的判别式来求极值。

∵ $\frac{1}{u} + \frac{1}{v} = \frac{1}{f}$ 则 $\frac{1}{u} + \frac{1}{L-u} = \frac{1}{f}$

∴ $u(L-u) = fL$ ∴ $u^2 - Lu + fL = 0$

要使 u 有实数解，必须使：$L^2 - 4fL \geqslant 0$ ∴ $L \geqslant 4f$ 即 L 的最小值为 $4f$。当 $L = 4f$ 时，代入 $u^2 - Lu + fL = 0$，可解得 $u = v = 2f$。

∴ 当 $u = 2f$ 时，物像之间的距离 L 为最小，且 $L_{\min} = 4f$。

c. 作图法

由 $\frac{1}{u} + \frac{1}{v} = \frac{1}{f}$，可推得物像之间的距离 $L = \frac{u^2}{u-f}$，根据这一关系列表如下：

u	f	$1.25f$	$1.5f$	$1.8f$	$2f$	$2.2f$	$2.5f$	$3f$	$4f$	…
L	$+\infty$	$6.25f$	$4.5f$	$4.05f$	$4f$	$4.03f$	$4.17f$	$4.5f$	$5.33f$	…

根据表中数据作出图像，从图形上可以看出：函数 $L(u)$ 由下降到上升，转折点为 $(u = 2f, L = 4f)$，此点的函数值比邻近各点的函数值都小，即 L 的最小值为 $4f$。

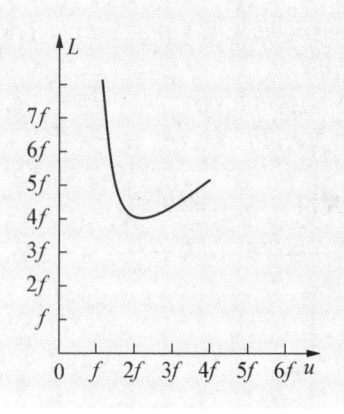

【评议】

由方法 a、b、c 均得出:当物距 $u = 2f$ 时,物像之间的距离(L)最小,$L_{min} = 4f$。用三种数学方法解题更加深了学生对凸透镜成像的理解。

上述四种讲解类型可以将其共同的过程环节归纳为三大板块,即引入→主体→总结。在引入板块,教师点明一个新课题,明确要求、提供材料及思考范围,使学生对所学习的主题内容作出思维反应。在主体板块中,教师采用如议论、推理、论述等各种不同过程,使学生得出正确答案并提高能力。在总结板块,教师针对研究主题得出相应结果。还可以进一步提出有思考价值的问题,让学生作拓展型想象,开发学生的创新思维。

五、讲解的基本要求

1. 讲解要准备充分

准备讲解,最重要的是理清思路。所谓思路是指认识客观规律的思维过程,它反映着本学科的规律与人的认识规律的统一。教师应对讲解内容作全面的分析和把握,做到准备充足,力图将系统的知识呈现给学生。讲解的目标要具体明确、要有充分的准备,分清讲解内容的重点和关键,问题的结构要素和要素间相互的内在联系。应当指出,教师是否具有广博的知识、开阔的思想、独特的见解,直接影响讲解的效果。

2. 讲解要有科学性

科学性:一用词要准确;二必须合乎事物自身发展变化的规律,要合乎逻辑。

(1) 科学的内容

教学中所要传授的知识,应当是在人类目前达到的认识水平上已成定论的可靠知识。因此,教师讲解的内容应该是准确的、经得起实践检验的知识。为此,教师要以教材内容为依据,认真钻研、深刻领会知识的实质。做到讲解概念准确、论证原理充分、逻辑推理严密、列举事实真实、技能训练严格,使学生获得真实可靠的知识。切不可一味地追求生动形象,违背科学性的要求。

(2) 科学的态度

要求教师以科学的认识论和方法论为指导,实事求是,从实际出发,树立尊重科学、严谨治学、去伪存真、求实创新的教风和学风。同时注重讲解的教育性。

(3) 科学的语言

科学的语言就是要求教师上课用严密的语言、精确的词汇表达概念,阐述定理公式,进行分析综合、推理判断。如果教师用语含混或模棱两可,其结果只能使学生思维混乱,甚至导致错误认识,把错误的结论当作真理。

教学语言的科学性是教学内容科学性的重要保证,而教学内容的科学性是教学中第一位的要求。如线段就不是直线,无色就不是白色,气温就不是温度。

3. 讲解要有启发性

启发性包括:启发学生对学习目的意义的认识,激发他们的学习兴趣、热情和求知欲;启发学生联想、想象、分析、归纳、演绎等,激发学生积极思考;启发学生审美情趣,丰富学生思想感情。

讲解过程、结构要组织合理、条理清楚、逻辑严密、层次分明、突出主题,有重点,难点和关键处要在讲解中加以提示、强调。讲解并不意味着教师一个劲地讲,而应该精讲,该讲则讲,不该讲则不讲。什么该讲呢?指教师讲学生应掌握的知识和方法又是学生不懂的,才是教师该讲的内容。因此,要教师培养掌握讲解的时机、火候,随机而断的思维敏捷性和深刻性,掌握讲解的流程。

讲解要根据教学要求,从学生的知识基础、思维方式、心理水平、学习方法等实际出发,借助各种教学手段,调动学生的积极性、主动性,引导他们积极地、创造性地思维,主动地去获取知识,真正达到发展智力、培养能力的目的。

4. 讲解要生动、形象

讲解的生动形象性是在感性认识的基础上产生的。教师借助比喻、描绘、表演等手法或教学媒体手段,运用多种语言技能和动作变化技能,使学生通过感知,领会抽象的概念、定理和规律,使学生"如临其境"、"如见其形"、"如闻其声",将抽象的概念具体化、深奥的哲理形象化、枯燥的知识趣味化。生动形象,富有趣味的讲解,能够激发学生的兴趣,使他们集中注意、积极思维,对学习内容产生深刻的印象,这对于他们理解、掌握知识和发展思维有着重要作用。讲解要做到生动有度,切不可为了追求活泼有趣,而流于庸俗、低级,玷污教学环境和学生心灵。

5. 讲解要简洁

教师应使用简洁明快,既准确又精练,既有逻辑性又有概括性的语言进行知识传授。这就要求教师对教材的书面语言进行加工、提炼、斟酌,用最简练的语言表达最丰富的内容,使每一个字、每一句话都起到相应的作用,只有这样,才能启迪学生的思维活动。讲解的语言要做到连贯、准确、明白。连贯,要求教师不带语病,不使用"恩"、"啊"、"那个"等易使学生思维中断的词,保证语言表达的流畅。语言准确,要求教师使用术语,概括要准确,不生造词汇。语言明白,指教师讲解要有重音,讲解句子要完整,逻辑性要强,口不说半截话,控制语速,要给学生思考、消化信息的时间,教师还要以姿势助说话,控制讲解节奏等。

6. 讲解要通俗

学生听得懂、听得明白,才有可能接受和掌握教师所讲解的教学内容。因此,讲解过程中传递的信息必须符合学生的知识背景,增强针对性。教师在选择例子和证据时,应做到适合学生的年龄特征、生活经历,兴趣爱好、知识水平、认知能力等。尽可能选择学生比较熟悉的事物,使他们容易把这些事物与即将学习的知识联系起来,顺利实现新旧知识的迁移。由于教师的教学对象是生活阅历不深、文化知识正处于打基础阶段的学生,如果讲解的语言过于深奥,学生就很难听懂,从而影响对知识的理解和吸收。因此,教师的语言表达应通俗易懂。

7. 讲解要注意和谐性

在讲课过程中,教师应注意语速、语调、响度等的科学运用,并根据学生的反应及时做出相应的调整。在确定基本的速度和音量后,语音的高低、强弱、快慢和停顿还应根据教学内容有一些变换、起伏,以吸引学生。一般而言,教师在讲解时应该声音洪亮、吐字清晰,发音规范,节奏适宜,语调平直自然,但也要根据内容要求、感情表达的需要,适当改变,做到抑扬起伏,错落有致,恰当的语调是达到教学语言和谐性的一个重要因素。讲解还要注意阶段性,要时刻关注学生的反馈信息,一次讲解时间不要太长,一般不要超过15分钟,以10分钟左右为好,长的讲解可以分成几段进行。

8. 讲解要与板书等相配合

讲解与板书、体态语相互配合,可以更好的发挥讲解的作用。板书的基本内容包括图画、文字、公式和表格等。板书内容一般都是教学内容的重点、难点,教师利用讲解对精心设计的板书内容加以点拨、解说。

【案例】

化学复习课

[讲述]通过前面几节课的学习,我们已经了解了C、N、S在自然界的循环转化。下面请大家来看这么一段资料,并思考以下的三个小问题。

[PPT]汽车尾气(含有烃类、CO、SO_2与NO等物质)是城市空气的污染源,治理的方法之一是在汽车的排气管上装一个"催化转换器"(用铂、钯合金作催化剂)。它的特点是使CO与NO反应,生成可参与大气生态环境循环的无毒气体,并促使烃类充分燃烧及SO_2转化。

(1) 写出一氧化碳与一氧化氮反应的化学方程式_____;

(2) "催化转换器"的缺点是在一定程度上提高空气的酸度,其原因是_____
_____;

(3) 控制城市空气污染源的方法可以有(   )。

A. 开发氢能源   B. 使用电动车   C. 植树造林   D. 戴上防毒面具

[讲述]在写方程式之前我们要清楚反应物和产物各是什么。题目已经告诉我们反应物为CO和NO。那么产物会是什么呢?

某某同学,你来说说你的看法?

[回答](可能回答)C、N_2、O_2等。

[追问]你能说说你的理由吗?

[回答]……

[提问]其他同学有不同的看法吗?

[回答]……

[讲述]回答得很好,(根据回答情况讲解)题目里已经说明生成的是可参与大气生态环境循环的无毒气体,那就不会生成单质碳,氮的氧化物都是有毒的,因而生成的是N_2。那么我们可以知道产物就是CO_2和N_2。现在我们可以写出反应方程式。

[板书]$2CO+2NO$(催化剂作用下)$=2CO_2+N_2$

[讲述]虽然"催化剂转换器"可将CO与NO转化成无毒气体,但是它有一个缺点,就是

在一定程度上提高空气的酸度,同学们知道为什么吗?……你认为呢?

[回答](可能为)因为生成 CO_2,$CO_2 + H_2O = H_2CO_3$ 显酸性

[讲述]好,请坐。同学们有没有其他看法?大家想想,我们刚刚学过的酸雨是怎样形成的?

[回答]……

[讲述]很好,请坐。我们知道 SO_2 在催化剂作用下会被 O_2 氧化生成 SO_3。SO_3 易形成酸雾。这就是空气酸度提高的原因。而前一个同学认为是 CO_2 溶于水形成 H_2CO_3 造成的。她没有注意到 CO_2 仅是能溶于水的,而空气中存在的微量水蒸气也不足以使其形成 H_2CO_3。因此她的回答不正确。

该"催化转换器"并不是一个很好的方法。我们还可以采用其他控制空气污染源的方法。同学们认为以下哪几个方法我们可以用来控制城市空气污染源?……

[讲述]大家注意题目中问的是"控制空气污染源的方法"。电动车使用的蓄电池,不会对空气造成污染。植树造林只能净化空气,戴上防毒面具只能起到隔离有毒气体的作用,它们都不能控制空气污染源。因此答案为 A、B。

六、讲解技能的应用原则

1. 学科性原则

学科性:教学语言是学科的教学语言,因此必须应用本学科的专门用语——术语。专业术语是学科范围内的共同语言,不用这些术语,不仅不利于交流,而且往往会产生不严密,甚至可能出现错误。

学科性还要求教师运用本学科的教学术语来进行教学,不同的教学术语分别表示不同的特定意义,是教学中的共同语。如语文阅读教学中,分析课文、划分层次、归纳段意、概括中心等。在教学中不注意运用教学术语同样会造成混乱。

学科性原则要求教师将本学科的专门用语作为语言的基本成分,用学科的专业术语解析学科知识。每门学科都有自己的概念和理论体系,依此构成本学科的知识结构和学科系统,学科概念和理论体系体现了学科的特点、规律和本质。教师的讲解语言一定要注意学科科学性、准确性。语言要简洁明快,通俗易懂,还要注意科学性和系统性。例如,作为物理教师讲"电荷周围的空间里存在电场",不能说成"电荷周围的空间叫做电场";数学教师可以讲 $\angle A = \angle B$,即 $\angle B = \angle A$,但从物理概念的逻辑关系来说,只能讲"反射角等于入射角",而不能讲成"入射角等于反射角"。

2. 点拨思维

教师讲解分析要注意学生理解问题的认识序列,要从已知到未知,从感性到理性。讲解要有针对性,如针对学生的年龄、性别、兴趣、能力、背景,学习的知识水平,认知能力等。证据和例证要充分、具体、贴切。教师要针对学生的认知水平和情感需求,善于提出思考性问题,创设

情景,引起学生的好奇心以激发学生的学习兴趣。在讲解分析时教师要能点出矛盾,拨动学生的思维,点出问题的实质,拨正学生思维的路线。

3. 生动启发

讲解的主要特点是教师运用口头语言作为传递知识信息的媒体。它很大程度上是教师讲、学生听的方式,向学生传递知识信息。教师易于自己控制信息内容,但也容易使学生处于被动接受的地位,缺少其他活动机会,若教师运用不得法,容易使学生产生疲劳感,影响学习效果。因此,教师要讲究语言艺术,注重情感,运用生动的例证来启发学生的思维。

讲解是主要的课堂教学技能,但讲解必须要同其他技能配合,如板书、提问、演示、讨论等,注意反馈、控制和调节,增强记忆效果,这样课堂教学效果才能更优化。

> 实习活动

设计一段讲解技能为主的微格教学教案,以小组为单位,进行角色扮演并录像,讨论研究。

第四节 提问技能

课堂教学中为使学生能参与学习,必须给予机会使他们进行思考,最基本的方法便是提问。提问是教学过程中教师和学生之间常用的一种相互交流的教学技能,它不但在教学中使用广泛,为过去和现代的教师所应用,而且同教学本身一样具有悠久的历史。我国古代教育家孔子就常用富有启发性的提问进行教学。他认为教学应"循循善诱",运用"叩其两端"的追问方法,引导学生从事物的正反两方面去探求知识。古希腊哲学家苏格拉底也是一位提问高手,他使用"精神产婆术"的方法进行教学,通过不断地提问让学生回答,找出学生回答中的缺陷,使其意识到自己结论的荒谬,通过再思索,最终自己得出正确的结论。

提问是指在课堂教学中教师根据学生已有的知识或经验,对学生提出问题,并启发引导学生经过思考,对所提问题自己得出结论,从而理解和掌握知识、发展思维能力的教学行为方式。课堂教学中的提问是一项重要的教学技能,被用于整个教学活动的过程中,成为联系师生思维活动的纽带。提问是实现教学反馈的方式之一,是师生相互作用的基础,是启发学生思维的方法和手段。因而,提问在教学中具有重要的意义和作用。

一、提问的作用

"好的问题比好的答案更精彩,答得好不如问得好。"提问的目的在于使全体学生都开动脑筋、积极思考、提高能力。所以教师要努力做到:敢质疑、会质疑并善于运用追问、反问、探问等方式,将诱导、疏导、对比等多种提问技巧融会贯通,巧妙运用,帮助学生省时、有效地学习。课堂教学中,要不时地运用提问技能,能随时了解学生的反应,与学生进行知识和情感的沟通,较好地解决集体讲授与个别指导的矛盾。

提问技能在培养学生的思维能力方面有着特殊的重要作用,是解决问题最有效的教学行为。因此,有人称提问是教师的常规武器。从心理学上讲,推进认识、发展思维的首要条件就是学生对认识对象产生兴趣,并产生力图了解这一对象的内在愿望——求知欲。当原有的经验结构与新接受的信息不相适应,在心理上产生矛盾时,就会产生力求统一矛盾,使心理状态趋于平衡的内在要求,其结果是得到一种心理满足。求知欲的产生来自疑问,所以教师在课堂上有目的地设置问题,形成问题情境,从而引起学生的认识兴趣和认识矛盾,激起探究的愿望,造成一种心理紧张,是使他们对学习产生兴趣、积极参与学习活动的良好方式。

对学生来说,学习过程实际上是一种提出问题、分析问题、解决问题的过程。教师巧妙的提问能够有效地点燃学生思维的火花,激发他们的求知欲,并为他们发现、解决疑难问题提供桥梁和阶梯,引导学生去探索达到目标的途径,使他们获得知识的同时,也增长了智慧,养成勤于思考的习惯。提问的主要作用如下:

1. 引起注意,激发兴趣

提问可以活跃课堂气氛,促进师生之间的情感交流,吸引学生的注意,有助于课堂教学活动的顺利进行,因此提问是进行课堂教学管理,维持良好课堂秩序的常用手段之一。提问能够激发学生的好奇心,使学生产生探究的欲望,迸发学习的热情,产生学习的需求,进入"愤、悱"状态。在新课程开始或更换教学内容时的提问可以吸引全班学生的注意力、激发学习兴趣。例如,在上高中物理"牛顿第一定律"课时,教师先设问:"在一做水平匀速直线运动的列车上,车厢里有人竖直向上跳起,落下时是否仍在原处?"这类问题不一定要求学生马上得出正确结论,而是通过提问使全班学生的注意力集中在这一个教学要点上,并对之感兴趣,急于想了解其内容,使学生的思维和教师接下去的讲课保持一致,从而顺利地贯彻教师的教学意图。

【案例】

生物课"血流运输的管道——血管"

在学习"血流运输的管道——血管"时,可以先向学生提问:"我们胳膊上的青筋是什么血管?"学生答:"是静脉"。教师再提问:"为什么一般我们到医院输液都要进行静脉注射呢?为什么不进行动脉注射呢?为什么去医院采血,有时候是取手指血,而有时候采胳膊上青筋里的血呢?"教师接着说,要想回答这些问题,我们就得学习"血流运输的管道——血管"。

【评议】

科学从"发问"开始,科学从"解疑"为终,创设一个具体、生动的问题往往是一堂好课的开始。这种问题通过师生的共同活动,可揭示教材和学习过程的矛盾点,由此形成了一种"口欲言而不能"的情境,使学生产生进行成功学习的欲望和达到成功学习的目的。这种创设问题的情境,可以牢牢抓住学生的学习兴趣,使他们觉得生物课堂有乐趣。大大激发了学生对这节内容的求知欲和需求感,为进行下一步的成功学习创造了有利条件。

2. 启发思维,主动学习

教师在课堂教学中,用提问的方式来启发学生的思维是极为重要的。在传统教学下,灌输的情形居多,学生上课,多用听觉或视觉,有时还忙于记录,很少有机会用脑思考某一问题。这对思维能力的发展极为不利。而教师的提问,使学生不得不用头脑来思考并做出适当的回答。

提问技能在激发学生思考、引起认知需要、促进学生思维发展方面有重要的作用。学生的学习是在已有的经验体系与新获得的心理体验的统一过程中,在变化着的客观世界与思维着的主观世界的矛盾统一中,逐步发展前进的,可以把这个过程看成是一个不断发现问题和解决问题的过程。学生如果没有问题,认识也就停止了。提出问题,标志着已到了知识的大门,解决问题,就是获得了知识。问题和认识过程是不可分割地联系着。课堂上除了鼓励和启发学生去发现问题外,教师的提问是不可忽视的,有时是起决定作用的。

宋代朱熹说:"读书无疑者,须教有疑。有疑者却要无疑,到这里方是长进。"提问是教师对学生学习的一种支持行为。学生的学习是以学生的积极思维活动为基础的,学生的思维过程往往又是从问题开始的。提问能帮助学生复习巩固所学的知识和技能,提示教学重点,分散难点,促进学生对教材内容的记忆等。

出色的提问能够引导学生去探索所要达到目标的途径,获得知识和智慧,养成善于思考的习惯与能力,教师的课堂提问能为学生的反应提供机会,激励他们不断地提出问题,使学生主动参与学习活动,认真思考,并能促进学生间的相互学习。

提问是课堂上的一种召唤、动员行为,是集体学习中引起相互活动的有效手段。学生通过聆听他人对问题的回答,展开争论,从而开拓自己的思路,便于对学习内容进行梳理、理解、记忆。提问给学生提供了一个参与教学过程的机会。学科知识通常是前后联系的,许多新知识是建立在旧知识的基础上,教师在讲述新知识时可以通过适当的提问,让学生共同来回忆、复习旧知识,并在此基础上引出新的概念和规律。

学生在准备回答提问中发展了思维能力,在回答提问时也锻炼了语言表达能力。课堂提问能引起学生的认知矛盾并给学生适宜的紧张度,从而引发学生积极思考,引导学生思维的方向,扩大思维的广度,提高思维的深度。学生在回答问题时需组织语言,以便能言之有理、自圆其说,锻炼口语表达能力。同时,在与教师和其他学生探讨问题、寻求解决问题途径的过程中,培养了与他人交流、沟通的能力。

【案例】

生物课"皮肤"

生物课在讲到皮肤的感觉功能时,教师有意设疑,问:皮肤哪个部位的触觉最敏感?问题一出,立刻引导学生积极的思维和激烈的争论,有些学生根据自己的实际经验抢先回答,有些立即拔下几根头发,在手背、手心、上臂、面颊、眼睑、唇等处划动,比较感觉是否相同,一些学生在与邻近的同学先后用一根、两根头发互相比划,以比较他们触觉的敏感程度。沿着这一问题,进一步引导学生:请大家设计一个检查触觉灵敏度的实验,四人为一组,通过实验、观察、记录、分析、归纳、得出结论。教室里立刻沸腾起来,一些学生把头发按数量分成4、3、2、1根四组,一些学生就1根头发又分成粗、中粗、细三组,分别到本组成员同一部位划动(要求闭上眼睛),记下每一个人开始有触觉的组,进行比较。有个小组想出了用两脚规来测,方法是:让被测试者蒙住眼,先把两脚规合拢成一点在其指尖处测,然后慢慢加大两脚规的距离,直到被测试者感觉到两点为止,用直尺量两脚规的距离,记下数值,测三次,求平均值,与本组其他成员比较。受此启发,又有一组采用两脚规测,但被测试者不需蒙眼,在其后背测。

【评议】

在讲到皮肤的感觉功能时,如果教师只是按照教材固有的知识结构进行讲述,学生学习没有兴趣,只能对结果死记硬背。教师有意设疑,通过对这一皮肤触觉功能的探讨和实验设计,点燃了学生思维的火花,同时使学生主动参与到教学中,学生的主体性发挥到了极点,同时激发了学生的创造性思维。

3. 反馈信息,教学交流

课堂提问不仅能引起学生的学习兴趣、启发学生积极思维,而且通过提问与回答,教师能及时吸收反馈信息,了解学生接受知识的情况。教师根据教学进度,完成一个课题内容后,为了检验是否已经达到教学目的或目标达到的程度,可以进行课堂提问,根据学生回答而得到了反馈信息,教师可及时调整教学计划或巩固知识或弥补矫正。这样,师生之间形成信息双向交流,达到教与学的相互促进。教师可以从中了解学生掌握知识的基本情况,发现教学过程中的不足,并不断调整改进,以达到最终的教学目标。

提问是教师诊断学生学习困难的有效途径。教师通过对学生回答问题情况的了解,检查他们对有关问题的掌握情况(包括理解情况、记忆情况、运用情况等),便于教师和学生及时把握教与学的效果,调整教学方式和学习方式。

提问技能是课堂上师生交流思想的最主要和最直接的技能之一,提问过程是一个教师"教"与学生"学"的双向过程。通过师生问答,教师可以了解学生学习的情绪、心态和知识技能的具体程度,以不断调整自己的教学,做到有的放矢、因材施教;学生可以了解教师的意图,领会教师的点拨指引,并能检查自己学习的情况。因此,提问技能可以使师生双方协调教学步骤,克服教学的盲目性,发挥双方的积极性。提问给学生提供了一个流露情感、发表看法,与老师和班级其他成员沟通、交流的机会,促进师生之间、学生之间的交流。

【案例】

小学语文课"金色的鱼钩"

学生:课文写老班长走出草地时,写道:"……挨了一天又一天……"。把"挨"换成"过"行不行呢?

老师马上问大家:"你们说行不行呢?"

教室里议论纷纷。

一位学生说:"行,因为'挨了一天又一天'就是'过了一天又一天'。"

另一位学生说:"不行,'挨'有'艰难'的意思,而'过'没有。"

老师小结:"对!'挨'和'过'都有'过去'的意思,但表达的感情不同,'挨'有'艰难'的意思。"

又一位学生说:"那么可以把'挨'换成'熬',因为它们都有'艰难'的意思。"

一位学生立刻反驳:"按你的说法,课文写成'老班长他们在草地上熬了一天又一天'啦?"

这时又有一位学生补充说:"这样一改,好像老班长很苦恼、很不情愿似的。"

大家又笑了,辩论的气氛高潮迭起。

老师总结:"虽然'挨'和'熬'都含有'艰难'的意思,但是'熬'在这时有一种思想情绪,所以课文用'挨'字是很准确的,我们要学习这种'炼字'的功夫。"

【评议】

每个学生都有独特的思考问题的方式和出发点,引导学生用不同的思维方式进行碰撞,促使学生深入思考,迸发出的思维火花,可以照亮学生的心灵世界,丰富学生对知识的理解和感悟。

教师要关注学生理解问题的思维。面对众多学生的意见,教师要善于倾听,迅速归纳,找出核心问题,组织学生迅速讨论。但同时也要善于捕捉学生错误或紊乱的信息,注意学生思维的程序,帮助学生纠偏,以保证学生有高质量的思维活动。

二、提问的构成要素

提问的主要成分由七个要素构成。如果能结合学生的知识水平、思维能力和教学的内容,有目的地、恰当地运用这些要素,就能促进教学达成目标。

1. 结构

所谓结构,是指教师根据教学内容和学生的认知水平,以提问的方式,将与实现教学目标有关的问题,排列成一个由浅入深、由易到难的系列,从而给学生提供一个连续思考的问题框架。使学生能了解到教学各个阶段所要解决的问题,以及彼此之间的关系(如时间联系、空间联系、意义联系等)和解决这些问题与实现教学目标之间的内在联系,从而能沿着正确的方向,去实现教学目标。

为了完成这一问题框架,教师必须提供一些特殊的信息(资料、方法等),利用教学媒体,以帮助学生对提问做出适当反应,形成系统的、全面的认识。

设计问题框架应注意以下几个问题:

(1) 提问的目的要明确,意图要清楚。

完成问题框架的过程,就是学生学习和发展的过程,也是教师实现教学目标的过程。因此,设计什么样的主问题和关键问题,如何把学生对教学的内容和形式的理解活动组织进来;

在这一过程中怎样进行课堂训练;怎样激发学生的学习兴趣和动机,发展学生的思维,培养品德,提高能力等等,教师都必须全面地考虑清楚。

问题的设置要合乎教学的内容。不能为设疑而设疑,搞形式图花架子。设计的主问题,能引导学生掌握教学的主要内容;设计的关键问题,有助于学生深入理解教学内容,弄清教学内容的实质。设计问题可以从这几方面入手:教学内容的重点、难点处;学生易混淆、易忽略而又与理解教学内容关系密切处;教学内容关键处;能触发学生想象联想,发展其创造性思维以及"铺路搭桥"处等。

(2) 主问题的设计既要从教学中心内容出发,又要考虑学生的实际。

主问题的设计应从为学生理解教学内容搭桥这一目的考虑。主问题既是教学目标的体现,又是指引学生思考的突破口。从教学内容和学生两方面考虑设计主问题,既能引起学生学习的兴趣,又能带动对教学内容的理解。

(3) 问题设计的难易深浅要适合不同层次的学生。

一个班的学生其知识和能力并不在同一水平上,因此,设计问题时要考虑不同层次的学生。所设置问题的难度应与中等以上学生的认知水平相符,所设置的问题,能让学生"跳一跳"确实能摘到"果子"。教学中是着眼于整节课的教学目标,提出一个综合性较强的主问题,还是着眼于一个教学环节一个教学步骤,甚至个别概念提出一组问题;是着眼于概念的内涵,还是着眼于概念外延等等。着眼点不同,问题的难易深浅就不同。在设计问题时,都要认真考虑。

(4) 问题排列的顺序要合理。

这里所说的合理,主要是指问题的排列要符合人们认识事物的规律,同时又要依据知识本身的逻辑关系。

2. 措词

措词是指问题设计的语言要准确、明白、简洁,问题的表述要适合全体学生的心理发展水平和知识能力水平,使他们能较快地做出反应。

措词准确、明白包括两个方面的内容:其一,要清楚学生中究竟有哪些问题,教学过程中哪些地方应当设疑。问题抓得准,摸得透,才能做到有的放矢,切中要害。问题提得不准,就会使提问过程流于笼统肤浅,不关紧要。其二,是问题的表述要明白、确切,让学生明确思维定向。常有这样的情况,问题抓得很准,但语言表述上有毛病,学生听不明白,因而无从思考,失去目的性而造成胡乱猜想,必然会浪费许多时间。措词简洁,是强调问题的文字表述要简洁,不啰嗦。

设计提问措词应主要从确定提问内容、明确提问目的、了解提问对象、构成自然的交流模式这些方面考虑。

教师在提问时要尽量以一种平等的交流态势向学生提出问题,所用言辞要尽量自然流畅,而且容易引发学生的思维和交流倾向。提问只有在成为学生喜欢的一种教学方式的情况下才有可能产生好的效果。

提问措词主要包括以下几大方面的内容:

(1) 提问词。最常见的有:谁、什么、哪里、哪个、怎样、怎么、如何、什么时候、什么地方、什么方式,以及是否、是不是、能不能、会不会,等等。用哪一种和哪一个提问词主要是由提问内容、提问目的决定的。

(2) 导引语。导引语是教师用以引出问题的语句,教师在讲出问题之前所用的过渡性语言。例如:"你能不能告诉大家你最喜欢哪个季节的原因是什么?"在这里"你能不能告诉大家"就是导引语。教师当然可以直截了当地提出问题,但使用导引语会使提问显得和缓,从而给学生一种和蔼的感觉。特别是用"请"作为导引语,更可以表现出教师亲切友好的态度。如教师在提出问题前先这样讲:"下面请大家思考这样一个问题……"或"有这样一个问题我们请一位同学来回答……"等等。导引词也可起推动和激励学生积极回答提问的作用,如教师在提问前这样说:"下面有一个问题需要大家思考,看谁能最先举手口答。"再如,"老师现在要问一个比较复杂的问题,看哪位同学能正确回答……"等等。

(3) 问题句。问题句是表达提问内容的句子,是提问的核心内容。问题句的设计要做到:清晰、准确、简洁、语调和语气要和缓。

【案例】

语文课"两条小溪的对话"

"老师,我能不用书中的原话吗?"

一位教师在教学"两条小溪的对话"时,老师让学生分角色表演。有一位学生问:"老师,我能不用书中的原话吗?"老师和蔼地问:"为什么呢?""因为书中的原话太长,我背不下来,如拿着书表演,又不太好。"孩子说出了原因。"你的意见很好,用自己的话来表演吧。"老师高兴地抚摸了一下孩子的头。果然,这个孩子表演得非常出色。

【评议】

师生对话平等关系的形成是课堂民主的具体体现,教师从过去的知识传授者、权威者转变为学生学习的帮助者和学习的伙伴。教师没有了架子,尊重学生的意见,让学生真正感到平等和亲切,师生间实现零距离接触,民主和谐的课堂氛围逐步形成。

3. 突出问题中心(焦点化)

所谓焦点化,包含两个方面的内容:一方面是指教师要确定问题回答范围的大小。回答范围大的问题,可以使尽可能多的学生参与;而回答范围小的问题,指向性强,能较有效地引入一个课题或帮助学生回忆。像培养学生发散思维的问题,就属于回答范围大的问题。这类问题要求学生运用所学的内容,展开想象和联想,进行创造性思维,提出新的见解。一般来说,这类问题的答案不限于一种。对答案的判断,要根据提问的意图,看其是否合理,是否有创见,而不能简单地判断正误。另一方面是指一个问题中所包含的任务数量。也就是说问题的中心要突出,使学生能集中精力,全力以赴地完成一个任务。任务量过多,会给程度较差的学生带来消极影响,导致学生忙于完成两个以上的任务,从而造成思维混乱,条理不清,以至失去信心。为了突出问题的中心,集中力量解决问题,可以化整为零,分几步走,使绝大多数学生能参与讨论。这种化整为零的问题任务量小又具体,成绩差的学生可以经过努力完成。在完成任务的过程中,他们不仅确立了学习信心,积极参与学习活动。同时,在逐步深入认识的过程中学会了学习的方法,由具体到抽象,由局部到整体,获得较完整而又有深度的认识。

4. 提示

教师提出问题之后,或者当学生的回答与教师所期望的回答有一定距离时,教师往往要对学生如何答问,从内容到方法上给以指点,使其学习、思考的注意力相对集中到某些方面,从而得出教师所期望的回答,教师的这种指点是提示。提示的内容有:

(1) 学生学习中容易忽略的地方;
(2) 透过现象应该深入理解之处;
(3) 与理解教学内容有关的知识、资料;
(4) 某些重要概念、规律、原理;
(5) 语言表达形式;
(6) 分析的思路和方法。

提示也就是给学生"铺路搭桥",帮助他们克服学习中的障碍,顺利地实现教学目标。在提问中不善于提示,不仅会浪费许多时间,而且,最终往往以教师的理解代替了学生的思考。提问非但没有发展学生的思维能力,反而成了一种摆设,尽管课堂上热热闹闹,而实质上还是教师"一言堂"。

5. 分布

为了使尽可能多的学生参与教学活动,教师应该有意识地将问题在全体学生中分布,以此来鼓励所有学生,使他们感到形成一个答案人人有责,而不仅仅只是几个特殊学生的事。提问面向全体学生,不仅使各种程度的学生参与,从而诊断出共同存在的问题,还可以查明某个学生学习的困难。尤其对那些不爱发言的学生,可以提出一些指导性问题引导他们回答,同时要查明不自愿应答行为的原因、学生的背景、教学内容的特点等。

教师提问时的亲切和蔼态度,有助于帮助那些处于迷惑中的学生,使他们树立起学习信心,参与到讨论中来。

6. 停顿

由于学生在反应和表达方面存在着差异,因此,教师提问时要有停顿。使学生做好接受问题和回答问题的思想准备。停顿对于教师和学生都有一定的意义。教师提问后停顿一下,可以环顾全体学生,观察他们对提问的反应,这些反应一般都是非语言的身体动作或情绪反应,而这些反应给教师提供了信息。停顿同样也给学生提供了一定的信息。停顿时间较短,表明问题简单,要求迅速做出回答;停顿时间较长,表明问题比较复杂,要求仔细从多方面思考。

7. 反应

反应指的是教师对学生回答的反应。教师的反应对学生进一步参与起到重要的决定作用。要对学生的回答做出正确的反应,必须对学生的回答进行正确的分析,而这种分析判断是在瞬间完成的。分析学生的回答包括以下几种情况:

(1) 分析学生回答的正确程度。

学生的回答可能是：完全正确、基本正确、完全错误、答非所问（文不对题）、回答与预想答案有距离、回答超前（教师计划两三步才能达到目的，而他一步到位）、学生对提问没有反应等等。

(2) 分析学生回答的思路和误答的原因。

不管学生的回答正确与否，都应重视对学生思路的分析。要弄清楚学生在思考过程中，在什么地方偏离了正确方向，以致离开了预想的答案；还要分析偏离正确方向的原因——或忽略了某些内容；或对某些内容理解不恰当；或没有弄清题意；或判断、推理不合逻辑等等。只有找准了误答的原因，才会有相应正确的措施。即使学生回答完全正确，也要分析其思路。这样做既能帮助回答者本人明确得出答案的思维过程，挖掘他的思维潜力；同时又能帮助其他学生对思维过程的了解，明确怎样思考才是正确的。

(3) 分析个别学生的回答与全班大多数学生的理解是什么关系。

这种分析的目的是既要考虑全体学生，又要照顾到个别学生。个别学生回答得好，那么班上大多数学生的理解是否也达到这一水平；个别学生回答存在问题，需要采取相应的措施，那么他的问题是不是班上大多数学生的问题。只有搞清楚这些关系，才能采取恰当的措施，否则，或者为了个别人的问题而耽误了大家的时间；或是忽略了全体存在的问题。总之，既要面向全体，也不能忽视个别学生。

做了以上分析后，教师应立即做出反应，或是对学生的回答进行恰当地评价，或是对问题本身做调整，再次提问。

(4) 评价

评价有下列几种情况：

一是确认，即学生的回答是可以接受的，教师要予以确认。确认的方式有重复学生的回答内容；对学生的回答加以转化；对回答做概括；对回答做进一步扩展；对回答思路做分析；对回答方法做出确认。除教师确认外，还可调动学生群体，师生共同确认。

二是有分寸地肯定或否定，并予以纠正。评价学生的回答应遵循表扬为主的原则，鼓励学生积极思考，主动参与。即使回答完全错误，也要注意发现其中的积极因素，给学生以某一方面，某种程度的肯定。教师在评价过程中的热情和公正，是使讨论深入下去的重要保证。

在提问过程中，教师的及时评价是非常重要的，然而做好并不容易。那种只会简单地肯定或否定，不善于从多方面做确认的反应，缺乏思维的导向；那种语言分寸感差，肯定少否定多，不善于多角度地运用语言的反应，在一定程度上影响了学生的学习情绪。这些现象应尽量避免和克服，使教师的反应更有价值。在教学中教师必须充分注意师生之间在心理特征、知识能力水平、生活经验、审美情趣等方面的差距，并努力缩小这种差距。而缩小差距的最好办法，是善于把握每一个学生的心理反应，时时处处都设身处地为学生着想，爱护和鼓励他们的学习积极性。在评价活动中，教师应尽量鼓励学生互相交流，同龄人之间更容易相互理解，同时，在交流中还会撞击出智慧的火花。

在提问过程中，常有这样的情况，学生的回答不理想，原因并不在学生方面，而在教师方面,即教师所设置的问题有毛病。在这种情况下,教师就要搞清楚提问的毛病在哪里,然后采取相应的措施。对那些表述不清楚,导向不明确的问题应及时修正。例如,讲"祝福"这一课,教师提问:"鲁四老爷是怎样害死了祥林嫂的?"学生听后没有反应。这个问题过于唐突、空泛,学生不知从何说起。教师立即作了修正,改为:"祥林嫂的死和鲁四老爷有什么关系?"经过修正后的题目明确、具体了,学生很快便有了反应。

对那些题目过大,综合性强的,学生回答也存在困难,应当对题目作调整,将综合性的题目分解为若干小问题,分几步解决。而对那些过于简单的题目,学生往往因为太容易,缺乏思考兴趣,也要作调整,可提高题目的综合性和难度,使其有思考价值。另外,有时由于某种原因,学生没有听清楚问题,教师要重复所提问题。

【案例】

语文课"伊犁草原漫记"

"不是果敢,是残忍。"一个青年教师在进行公开课"伊犁草原漫记"教学时,课文第二段第三层写秋天猎人猎熊的果敢,但一名学生没有按要求归纳猎人果敢的特点,而是说猎人残忍,同时指出猎人的行为是违法行为。原本课文中这一段是歌颂猎人的,学生却痛斥猎人的猎熊行为,这是教师所始料不及的。可喜的是,这位教师并不因为学生当着听课教师的面提出不同的观点而气恼或逃避,而是因势利导,让学生充分讨论,发表自己意见。最后全班学生从保护野生动物的角度出发,推翻了课文的观点。

【评议】

当学生的观点与课本、教师有不同之处时,教师不再像以前那样直接否定学生的答案,而是采取让学生进行讨论、比较或辨别,达到意见的统一,或者并不统一意见,留着悬念让学生课后进一步探讨。这样的教学方式打破了唯课本是准、唯教参是准的传统教学观念,体现了真正意义上的教学行为的转变。

三、提问的问题类型

在教学中,需要学生学习的知识是多种多样的,有事实、现象、过程、原理、概念、法则等;有的需要记忆,有的需要理解,有的需要分析、综合等;学生的思维方式也有不同的形式和水平。这就要求教学中所提的问题不能是千篇一律,应包括多种类型。

提问类型的分类由于标准、角度的不同,可有不同的分类。课堂提问的问题类型按提问的内容可分为目的性问题、理解性问题、分析性问题、综合性问题;按教学顺序结构可分为引入性问题、启发性问题、巩固性问题;按提问技巧可分为诱导提问、疏导提问、阶梯式提问、对比式提问、迂回式提问;按学生思维活动的认知目标可划分为低级认知问题,即记忆方面的知识水平的问题;高级认知问题,即以知识水平为基础的智能与技能的问题和以对教材或问题进行组织(或重新组织)的与思维过程相联系的问题。现在按学生思维活动的认知目标划分如下:

1. 低级认知问题

(1) 知识性问题。这类问题要求学生对已学过的某一具体事实和知识进行再现和确认,例如,对概念、字、词、公式、法则、定理和方法的回忆。对这类问题,仅要求学生回答是与否,或对事实及其他事项作回忆性的重述,学生只需凭记忆回答,不需要自己组织语言。简单知识性的提问缺少学生的高层次思维活动,答案现成单一,但是对于督促学生掌握基础知识和技能是必不可少的。在知识性提问中,教师通常使用的关键词是:谁、是什么、在哪里、什么时候、有哪些、写出等。以下问题是几个比较典型的知识性问题。

> "水是由氢和氧组成的吗?"
> "这篇文章的作者是谁?他还写过什么作品?"
> 教学"平行四边形面积"时,教师可先提问:"矩形的面积公式是什么?"
> "请大家一起背诵《赠汪伦》:李白乘舟将欲行,忽闻岸上踏歌声。桃花潭水深千尺,不及汪伦送我情。"

【案例】

> 根据答案提问。这种提问和给出句首词完成问句相类似,但难度稍大,特别是针对否定回答的问题,学生必须考虑选用与原句中不同的词。
> Tom and Mary waited for the bus at ten this morning.
> 回答句:Yes, they did/No, they didn't.
> 推导问题:Did Tom and Mary wait for the bus at ten this morning?
> 回答句:They waited for the bus.
> 推导问题:What did Tom and Mary wait for at ten this morning?
> 回答句:They waited for the bus at ten this morning.
> 推导问题:When did Tom and Mary wait for the bus?
> 回答句:Tom and Mary did.
> 推导问题:Who waited for the bus at ten this morning?

(2) 理解性问题。要求学生用自己的话对事实、事件进行描述,以便了解学生对问题是否理解;要求学生自己讲述中心思想,以了解学生是否抓住了问题的实质;要求学生对事实、事件进行对比,区别事物的异同,达到更深入的理解。这类提问用于检查学生近阶段对课堂上所学知识与技能的理解和掌握情况,具有深化教学内容、为教师讲解配备关键材料、引导学生思维方向、训练学生分析能力等功能。学生要回答这类问题必须对已学过的知识进行回忆、解释、重新组合,对学习材料进行内化处理,组织语言然后表达出来,因此,理解性提问是较高级的提问。在理解性提问中,教师经常使用的关键词是:请你用自己的话叙述、阐述、比较、对照、解释等。以下为几例典型的理解性问题。

"请叙述光合作用的过程。"

"为什么 $y=x$ 是一个函数,而 $y^2=x^2$ 不是一个函数?"

"《荔枝蜜》一文是按作者对蜜蜂怎样的感情变化发展来组织材料的?"

"你能说出水污染对人类的生存有什么影响吗?"

"你能说明路程和位移有什么区别吗?"

(3) 应用性问题。应用性提问是提供一个简单的问题情况,让学生运用所获得的知识或回忆过去所学过的知识来解答问题。各种概念外延的界定,各类定理、法则的运用。各种专业方法的实施都属于应用性问题。应用性提问是检查学生把所学概念、规则和原理等知识应用于新的问题情境中解决问题的能力水平提问方式,许多理科教学常用这类提问。在应用性提问中,教师经常使用的关键词是:应用、运用、分类、分辨、选择、举例等。例如:

化学课中的"关于中和反应pH值的测定在工农业生产和科学研究应用如何";物理课中关于力的概念;地理课中有关等高线的概念教学都可以使用应用性提问。又如:"举例说出你所知道的水果、蔬菜";"用米尺测量校园里你能够测量的物体";"运用所学过的面积公式,计算你家里的面积"。

2. 高级认知问题

高级认知问题一般不具有现成的答案。这就要求学生进行高级的思维活动,教师除鼓励学生回答以外,还需要给予适当的提示与引导。

(1) 分析性问题。分析性提问是要求学生通过分析知识结构因素,弄清概念之间的关系或者事件的前因后果,最后得出结论的提问方式。分析性问题要求学生把事物的整体分解为各个部分、各个方面,找出其间的相互关系。学生必须能辨别问题所包含的条件、原因和结果及它们之间的关系。学生仅靠记忆并不能回答这类提问,必须通过认真的思考,对材料进行加工、组织,寻找根据,进行解释和鉴别,展开较高级的思维活动才能解决问题。这类提问多用于分析事物的构成要素、事物之间的关系和原理等方面。在分析性提问中,教师经常使用的关键词是:为什么、哪些因素、什么原理、什么关系、得出结论、论证、证明、分析等。例如:

"价值规律发生作用的表现形式是什么?"

"为什么一片薄铁皮在水中会沉下去,而钢铁制成的轮船却会浮在水面上?"

"詹天佑"一文讲解后,设计这样一个问题:"本文写詹天佑修筑京张铁路的事迹,表现了他是一个爱国工程师,为什么却用很大篇幅描写他所受到的阻挠和自然条件的恶劣,这与文章表现的主题有什么关系?"

(2) 综合性问题。综合性提问是要求学生发现知识之间的内在联系,并在此基础上使学生把教材内容的概念、规则等重新组合的提问方式。综合性提问要求学生在头脑中把事物的各个部分、各个方面、各种特征结合起来思考并回答。这类提问强调对内容的整体性理解和把握，要求学生把原先个别的、分散的内容以创造性方式综合起来进行思考，找出这些内容之间的内在联系，形成一种新的关系，从中得出一定的结论。这类问题能激发学生创造性思维，问题的答案是多元的，是学生以自己的知识经验、智慧技能为基础，但更体现个人认知策略的风格性。

综合性提问有两种方式：一是分析综合。要求学生对已有的材料进行分析，从分析中得出结论；二是推理想象。要求学生根据已有的事实推理，想象可能得出的结论。在综合性提问中，教师经常使用的关键词是：预见、创作、假如……会……、如果……会……、结合……谈……、根据……你能想出……的解决方法、总结等。这类提问的例子如下：

> 语文老师问："现实中有南郭先生吗？他永远只能作反面典型吗？"
>
> 在讲"摩擦力"课题前，老师问："把一只大铁球放在地上，一只蚂蚁能不能推动它？"学生笑着齐声回答："推不动。"老师启发："如果地面非常光滑呢？""也推不动。"仍有几个学生不服气地笑着说。老师仍请大家再考虑考虑。忽然有学生醒悟过来说："推得动，推不动，不是看大铁球的重量，主要看球与地面的摩擦力有多大……"
>
> "总结促使'草船借箭'成功的各种因素。"
>
> "假如地球上的森林被砍伐光了，地球会发生什么变化？"

（3）评价性问题。评价性问题是需要运用智慧技能和认知策略才能回答的问题类型。杜威认为，在教学中应该鼓励学生进行判断和给出判断的理由，这样做会使他们回答问题时的理由十分明晰。在分析提问或者综合提问后，无论答案怎样出色，都应要求学生分析其理由是否充分，结论是否正确，表达是否准确，对答案进行分析，估计其价值。要回答这类问题须先设定标准和价值观念，并据此对事物进行评价、判断或选择。评价性问题包括概念的评价、方法和技能的评价、原理的评价等，还可以对有争议的问题给出看法，即评价各种观点、思想的价值。评价性问题的答案也是多元的。

评价性提问是一种要求学生运用准则和标准对观念、作品、方法、资料等作出价值判断，或者进行比较和选择的一种提问方式。这是一种评论性的提问，需要运用所学内容和各方面的知识和经验，并融进自己的思想感受和价值观念，进行独立思考，才能回答。它要求学生能提出个人的见解，形成自己的价值观，是最高水平的提问。在评价性提问中，教师经常使用的关键词是：判断、评价、证明、你对……有什么看法等。例如：

> "杨修是个什么样的人？曹操为什么一定要置他于死地？"
>
> "提取公因式与分组分解的使用范围是什么？哪种对因式分解更有利？"
>
> "制取硝酸有几种方法？这些方法中哪些更适合工业制法？为什么？"
>
> "你怎样看待为人民服务的精神？"
>
> "你喜欢桂林山水吗？为什么？"
>
> "你对这个结论持赞成还是反对态度？为什么？"

四、提问的过程

提问的过程是指教师提出问题,并指导学生解答问题,并使之掌握知识、提高能力、发展良好品德的活动过程。以上几种类型的提问,都有如下提问过程:拟题—引入—陈述—听答—评价。

1. 拟题阶段。拟题是为提问而做的准备工作,它是提问成功的重要条件之一。教师在此阶段要根据教学内容、学生情况而精心设计问题。

2. 引入阶段。教师通过必要的语言和动作表情来表示即将提出的问题,使学生对提问做好心理准备。因此,提问前要有一个十分明显的界限标志,表示由语言讲解或讨论等转入提问。如"请同学们思考这样一个问题……","下面这个问题可有一定难度,看谁能够回答……"

3. 陈述阶段。陈述所提问题并作好必要的说明。引导学生弄清要提问的主题,或使学生能承上启下地把新旧知识联系起来。表述问题应清晰准确,对问题中的某些概念进行解释,或给予适当的提示。预先提醒学生有关答案的组织结构。

4. 听答阶段。教师要倾听学生答题,在学生回答有困难或不完全时,要以不同方式鼓励、启发学生。如督促提示学生完整地思考问题;点明关键,帮助学生快速地做出反应;给学生铺设适当台阶,使其能答且答准;当学生对题意不完全理解时,教师要用相同或变化的词句重复问题。

5. 评价阶段。这是教师对学生的回答进行评判的阶段。在评价阶段,教师可以重复学生的答案或以不同的词句重述学生的答案;对学生回答的不足进行追问;教师和其他学生给予补充;纠正错误的回答,给出正确的答案;对学生的回答给予评价反应,必要时可适当延伸,引导学生思考另一个新的问题或更深入的问题,加入新的材料或见解,扩大学生成果或展开新的内容;检查其他学生是否理解某学生的答案或反应。

总之,提问的过程中,教师对学生的各种回答要善于"应变"和引导。学生回答问题有错是难免的,教师要能及时做出判断,知道错误在哪里、为什么错,再提出针对性较强的新问题。另一方面,教师还要尽量寻找学生答题中的正确部分,或加以肯定,或进一步启发引导,帮助学生开拓思路、发展思维,这样才能使课堂气氛生动活泼。

【案例】

"坐下"三例

同是学生被教师的课堂提问难住,甲、乙、丙三位老师的处理方式各不相同。

1. 教师甲:(语气很重,冲着该生)整天上课开小差,结果怎样?这么简单的问题都不能回答,太笨了!坐下!

2. 教师乙:(生气,但不表现出来)坐下。谁来帮他?

3. 教师丙:(微笑、和蔼地)别急,回忆一下,我们昨天学过的内容,当时你听得很认真。想想,昨天××同学是怎样回答的?学生:(思索片刻,说出了与问题答案相关的一句话)

教师:(很兴奋)对呀!看来,你是很棒的!

学生丙:(体面地坐下,并投入到后面的学习中)

【评议】

第三种方式最好。尊重、信任学生是新课改对教师的基本要求,当学生遇到困难时,教师就耐心点拨,鼓励学生积极思考,而不能冷言冷语,甚至讽刺挖苦。

五、提问的要领

提问不仅仅是为了得到一个正确的答案,更重要的是让学生掌握已学过的知识,并利用旧知识解决新问题,或使学生的思维向更深一层发展。为了使提问能达到这些预期的目的,教师还必须掌握提问的要领。提问的要领主要由以下几个方面构成:

1. 主题明确得当

教师设计教案时,要在深入钻研教材、了解学生的前提下,围绕本节课的重点、难点,精心设计关键性的提问。这类问题的解决,对实现教学目标起到至关重要的作用。这就要求教师在设计时对所提问题要进行仔细推敲,不但要考虑问题与教学内容的关系,还要考虑学生是否能理解和接受。同时,教师要根据学生的年龄和个人能力特征,设计多种认知水平的问题,使多数学生能参与应答。所设计的问题要目的明确,主题清晰,语言简练。此外,教师不仅善于提问,更应重视鼓励和教会学生提问。

(1) 趣味性。在设计提问时,教师最好能以学生感兴趣的方式提出问题。设计具有趣味性的问题,能够吸引学生的注意力,引发学生积极思考并主动参与到问题解决中来,同时可以使学生从困倦的状态转入积极的思考氛围。

(2) 目的性。教师设计问题时,应该服务于教学目标、教学内容,每个问题的设计都是实现特定的教学目标、完成特定的教学内容的手段,脱离了教学目标、教学内容,纯粹为了提问而提问的做法是不可取的。同时,设问还要抓住教材的关键,于重点和难点处设问,以便集中精力突出重点、突破难点。

(3) 科学性。为保证课堂提问的科学性,提问要做到:直截了当、主次分明、围绕问题、范围适中、语言规范、概念准确。

2. 难易程度适中

所提问题既不能太难,也不能太易,要针对学生的具体情况。难了,学生不能把握要点,不能调动学生思考的积极性,让学生感到高不可攀,挫伤了学生的学习积极性。要结合教学内容,利用学生已有的知识和经验,合理设计问题,并预想学生的可能回答及处理方法。提问的形式应多样,所提问题应根据难易程度包含着一定的暗示,把学生引到回答问题的要点上来。教师应该针对不同水平的学生提出难度不同的问题,使尽可能多的学生参与回答,实现全体学生都能在原有基础上有所提高的目的。

(1) 针对性。提问要从学生的实际情况出发,符合学生年龄特征、认知水平和理解能力。有针对性的设问要求:问题的难易要适度,符合学生的"最近发展区";面向全体学生,使多数学生参与,适当兼顾"两头",并考虑某些特殊学生的个性特点。

(2) 顺序性。即按教材和学生认识发展的顺序,由浅入深、由易到难、由近及远、由简到繁的原则对问题进行设计,先提认知理解性问题,然后是分析综合性问题,最后是创设评价性问题。这样安排提问可以大大降低学生学习的难度,使教学活动层层深入,提高教学的有效性。

3. 问题要有启发性

尽量避免提面大而广的问题,使学生无从回答。有些问题可用大化小、难变易的方式提出。问题要有利于培养学生的思维能力,要从具体到抽象,从感性到理性,从简到繁,循序渐进。凡是已形成的提问框架,要注意单个问题之间前后的内在联系,问题排列符合学生的思维进程。教学过程中教师头脑里浮现的问题不要脱口而出,要考虑它在教学中的作用和意义。提问时把握好时机,使学生能循序渐进,去解决主问题。

(1) 提问是要启发大多数学生的思维,引发大多数人思考。例如:"养花都需要什么条件?"这样的问题就不如改为"给你一粒花籽,为了能让它开出美丽的花朵,你需要为它创造哪些条件呢?"回答这种问题不仅需要记忆,还需要分析、对比、归纳、综合的能力,无疑会促进学生的创造性思维。

(2) 从联系旧知识入手进行启发。例如,学习计算平行四边形的面积一节,让大家回忆长方形的面积公式并以此推算平行四边形的面积。

(3) 增设同类,对比启发。例如:在学习"松鼠的尾巴"一课时,教师在讲松鼠尾巴的作用前,先对"小壁虎借尾巴"一课中小壁虎尾巴的作用进行提问,启发学生思维。

(4) 读书指导,深入思考。学生回答时会"卡壳"常常是因为没有认真研读教材。因此,要指导学生在读书过程中进行思考,从教材中寻找问题的答案。

(5) 运用直观手段进行启发。运用直观的教学媒体,如挂图、实物、电影、电视、多媒体教学课件等进行演示,引导学生回答问题。把握教材内在逻辑关系,逐步提问引导。

4. 停顿与思考

教师提问后要让学生有准备的时间,即教师提出问题后要停顿,让学生有思考的时间,以期达到调动全体学生积极思维的目的。提问的语速是由提问的类型所决定的。低级认知提问由于问题比较简单,可以用较快的速度叙述,而高级认知提问是针对比较复杂的问题,除应有较长时间的停顿外,还应仔细缓慢地叙述,以使学生对问题有清晰的印象。如果以较快的节奏提比较复杂的问题,学生很可能听不清题意,就会造成混乱或保持沉默。问题的表达要简明易懂,最好用学生的语言提问。

教师要创设良好的提问环境,以同学生一起思考的心情提问。提问要在轻松的环境下进行,也可以制造适度的紧张气氛,以提醒学生注意,但不要用强制性的语气和态度提问。要注意师生之间的情感交流,消除学生过度的紧张心理,鼓励学生做"学习的主人",积极参与问题的回答,大胆发言。

教师在提问时要保持谦逊和善的态度。提问时教师的面部表情、身体姿势以及与学生的距离、在教室内的位置等,都应使学生感到信赖和鼓舞,而不能表现出不耐烦、训斥、责难的态度,否则会使学生产生回避、抵触的情绪,阻碍问题的解决。提问后不要随意地解释和重复,有时用词稍微不同,问题的意思就会发生微妙的变化。

5. 指导与分配

在任何一个班集体中,学生对问题的理解程度及性格特点等都是各不相同的。有些学生理解能力强,并善于发表自己的见解,他们往往在教师提出问题后很快举手要求回答,教师对答案也比较满意,这样教师对他们注意较多,乐于让他们回答问题。有些学生理解问题并不慢,可不愿在众人面前表现自己,一般不积极要求回答问题。还有一些学生成绩较差,又不善于表达。于是,教师往往对后两种人注意较少,这就有意或无意地把班级分为一小组积极参加者和一大组被动学习者。为了调动每一个学生学习的积极性,让他们主动参与教学过程,教师必须对提问进行适当的分配。首先,教师必须细心观察班级里谁积极参与活动,谁对活动不感兴趣;其次,对于不善于表达的学生要给予锻炼的机会,对于学习不好的学生要让他们先回答比较简单的问题,不断的给予鼓励和帮助,使他们逐步地赶上去。最后,要特别注意坐在教室后面和两边的学生,这些区域容易被教师忽略。

指导主要是针对不愿意参加交流的学生。在进行课堂提问时,总有一些学生不愿意参加讨论,这时教师可以提出一些没有"威胁"的问题,引导他们参加活动,并给予适当的鼓励和提示。

6. 时机与应变

提问也要掌握时机。孔子曰:"不愤不启,不悱不发。"教师要善于了解学生的疑难,掌握时机,及时解答。只有学生具备了"愤悱"状态,要想求知又不能立刻"知"之时,及时进行提问,帮助学生解决疑难问题。

依照教学的进展和学生的思维进程提出问题,把握提问的时机。学生回答问题时,教师可抓住以下时机进行启发诱导:当学生的思想局限于一个小范围内无法"突围"时;当学生疑惑不解,感到厌倦困顿时;当学生各执己见,莫衷一是时;当学生无法顺利实现知识迁移时。当学生思考不充分或抓不住重点、对问题不能正确理解时,教师不要轻易代替学生回答,应从不同的侧面给予启发和引导,培养学生独立思考的意识和解决问题的能力。

教师要耐心地倾听学生的回答。对一时回答不出的学生要适当等待,启发鼓励;对错误的或冗长的回答不要轻易打断,更不要训斥这些学生,对不作回答的学生不要批评、惩罚,应让他们听听别人的回答。

教师要正确对待提问的意外。有些问题,学生的回答往往出乎意料,教师可能对这种意外的答案是否正确没有把握,无法及时应对处理。此时,教师切不可妄作评判,而应实事求是地向学生说明,待思考清楚后再告诉学生或与学生一起研究。当学生纠正教师的错误回答时,教师应该态度诚恳、虚心接受,与学生相互学习、共同探讨。

对学生回答的反应,应坚持以表扬为主的原则。不仅要充分肯定那些正确的回答,同时对回答有缺陷或不正确,甚至完全错误的,也要分析其中的积极因素,给以表扬和鼓励。学生回答问题后,教师应对其发言做总结性评价,并给出明确的问题答案,使他们的学习得到强化。必要的归纳和总结,对知识的系统与整合,认识的明晰与深化,问题的解决以及学生良好的思维品质与表达能力的形成都具有十分重要的作用。

【案例】

高中代数"概率"

老师正在讲"概率事件",突然,外边天气突变,狂风大作,乌云压顶。

老师:"可能要下雨了,大家猜究竟会不会下雨?"

学生:"会!"

老师:"那么'今天下雨'是否是必然事件?"

学生:"是!"

老师:"不!是随机事件!"

……

老师讲课,过了一会儿,雨下了起来。

老师:"此时,'今天下雨'才是必然事件。"

【评议】

课堂教学是一种生活,以平常心待之,以平凡心待之,我们才没有负担。我们的教学才会少一些刻板,多一些自然;少一些虚伪,多一些真诚。过重的负担是一种心理束缚,是对我们才华的束缚。

7. 提示与探询

发问应简明易懂,并不重复,以免养成学生不注意教师发问的习惯。若某个学生没有注意到教师所提问题,可以指定另一个学生代替老师提问。如果学生不明白问题的意思,教师可用更明白的话把问题重复一遍。提示是由为帮助学生而给出的一系列暗示所组成的,当学生应答不完全或有错误时,为了使应答完整就需要提示。提示的目的主要是使学生的回答要点突出,指示解决问题的方向以及引起学生的进一步思考,更好地回答问题。为了使提示能收到预期的效果,要根据出现的问题有意识地提示以下几个方面的问题:

(1) 使其回忆已知的知识或生活经验(回忆)

如果是因为旧知识遗忘太多,不能把已学知识和问题有机地联系起来,或因为思想紧张不能联系生活中的常识,而不能回答问题时,应提示其回忆从前学过的事实、概念或生活经验、体会等。

(2) 使其理解已学过的知识(理解)

如果是因为学生对已学过的知识没有理解,而不能回答所提出的问题,就应了解学生对以前的学习内容理解的情况。了解的方法是让学生对与问题有关的知识进行叙述、比较、说明等。

(3) 使其明确回答问题的根据和理由(分析思考)

如果是因为学生找不出回答问题的根据和理由,或者证据不足、理由不充分,而对问题不能进行完满的回答,就应提示其对和问题有关的事实、概念等进行解释,分析思考,从而使其明确回答的根据和理由。

(4) 使其应用已学过的知识解决问题(应用)

如果是因为不能把已学过的概念、原理、法则或技术等和问题联系起来,不能应用已学过的知识来解决新的问题,就应有意识地提示其回忆这些概念等的内涵和外延,应用这些知识来解决问题。

(5) 引导思考,活跃思维,产生新的想法(综合)

根据学生已回答的事实或条件,提示其进一步思考,进行推理和判断,预想事物的可能结果。或者加入新的材料,引导其预想事物的进一步发展,进行新的综合,产生新的想法。

(6) 使其进行判断和评价(评价)

根据已有的事实和结论,提示学生依据已学过的原则、概念或定律、规则等,进行有根据的判断,评价其价值。

【案例】

化学课"空气的性质"

在学习"空气的性质"时,进行如下的提问。

师:为什么当我们把烧杯扣在点燃的蜡烛上时,它就熄灭了?

生:因为它得不到空气。

师:(探查)是的,但要使蜡烛燃烧需要空气中的什么?

生:(没有回答)

师:(提示)你们知道我们呼吸需要的是什么吗?

生:(由提示而得出)氧气!蜡烛需要氧气才能燃烧,当氧气用完的时候蜡烛便灭了。

【评议】

诱导到这一步时,学生对学习内容已经有了深入的了解,对空气中氧气的性质有了更清晰的认识。此外,逐步提问引导,还能够帮助学生理清思路,引导学生抓住关键和重点。

六、提问的原则

设计课堂提问必须以认识论为基础,以课程标准和教材的知识体系为依据,针对教学中的重点、难点和关键以及学生的实际情况,在思维的关键点上提出问题。

1. 提问应有充分准备

"凡事预则立,不预则废。"在课前,教师要做好提问的准备,根据不同的教学目标,设计不同类型的问题;针对不同层次的学生,设计不同水平的问题;不要即兴提问、随意提问,避免问题漫无目的,偏离目标。教师要事先考虑到可能出现的各种回答及其处理办法,唯有准备充分,有备而来,方能处乱不惊,稳操胜券。

2. 提问应以学生为中心

在课堂教学中,教师的任务不是直接向学生提供现成的真理,而是通过问答甚至辩论的方式来揭示学生认识中的矛盾,最终经过教师的引导或暗示,学生自己得出正确的结论。有的教师经常自问自答,有的教师在学生回答不出时,干脆提供正确答案,这种喧宾夺主、越俎代庖的做法不利于学生思维的发展。另外,教师应该通过提示、探究、转引、转问、反问等手段引导学生积极思考,自己得出问题的答案。教师应该以学生的口吻来提出问题,这样学生容易接受。提问要针对学生在思维过程中可能碰到的困难,容易出现的差错。提出的问题难易度要适中,即学生通过思维可以得到解决的问题。如果提出问题太浅学生没有回味的滋味,不仅不能促使学生积极思考问题,反而使学生产生"麻痹轻敌"的情绪,精力分散。有些较难的问题必须提问解决,又预知学生解决问题有一定困难,就得想办法,化难为易,如:补充适当的辅助性问题,帮助学生扫除思考难题中的障碍;把大题化小题,分步提问,引导过渡。千万不可有意提出太难的题目为难学生,这样会使学生无所适从,长此以往,会使学生感到难学,丧失学习的积极性和自信心,从而厌学。

【案例】

历史课"第一次世界大战"

老师讲完课后,带有神秘感地笑着对学生说:"这节课的内容,我们可用一、二、三、四、五来总结。要注意用这些数字对应上内容。谁愿意试一试?"

学生情绪高涨,争先恐后地翻书寻找答案。忽然,一个学生欣喜地喊道:"我找到了'一',可能是一个原因,它是帝国主义为重新瓜分世界争夺霸权的斗争。"

老师立刻追上一句:"这不是可能,而是肯定。你说的对!"

同学们笑了,一起为他鼓掌。老师把目光移向大家,满怀希望地说:"万事开头难,有人开了头,其他四个难关看谁能攻破,看谁寻找答案又对又快。"

教室里的读书声显得更大更快了,在沸沸扬扬的读书声中,有两个同学几乎同时举起了手,老师用双手按了按,示意同学们安静下来。这两个同学没等老师允许就争着说:"'三'是指三条战线,就是东线、南线和西线。'四'是指四大战役,就是凡尔登战役、马恩河战役、索姆河战役和日德海战役。"

这两个同学的话音一落,同学里立刻响起了热烈的掌声。待掌声一落,老师说:"好,非常好。可是,'二'和'五'怎么没人理睬呢?"

这句话又激起学生们的读书声、讨论声、争论声。

"老师,我来试试看。这'二'是指两个侵略集团。它们是三国同盟和三国协约。"

另一个学生急不可耐地说:"这'五'指的是五个年头。"

"是哪五个年头?"有些学生问道。

"就是1914—1918年,就是这五个年头。"那个学生不甘示弱。

"对!"同学们一致长时间地鼓掌。老师向同学们竖起了拇指,连连说:"你们非常聪明,非常动脑筋。这节课的内容就是这'一、二、三、四、五'。"

【评议】

　　课堂教学应充分展示教师自己的个性,要有利于学生主动学习与和谐发展。"我们强调的是多姿多彩的、富有个性的、一切为了孩子发展的课堂。"教师的经验、风格与能力不同,对课程资源的开发和利用也不应强求一律,而应从教师和学生的实际出发,从知识内容、学习环境等实际出发,充分发挥教师自身的优势,扬长避短,构建教师自己的个性化的教学模式。课程资源的开发和利用本身就是一项极具创造性、个性化的实践活动,只有突出个性,才会有生命力和影响力。否则,就会流于机械主义和形式主义,人云亦云,一文不值。

　　3. 提问宁精勿滥

　　在促进学生思维发展方面,问题的质量要比问题的数量更重要。如果教师所提问题的答案显而易见,缺乏挑战性,即使学生回答得再积极,这样的问题再多,学生的思维也难有更高的发展。问题太多,学生往往把握不住教学重点。因此,教师应对提问的问题反复推敲,做到少而精。一般来说,在一节课中,教师提问不宜过多,以提三至五个能真正触发学生思考、反映教学重点的关键性问题为宜。课堂提问要有启发性,促使学生积极思维,充分体现课堂要以学生为主体的原则,从而达到逐步提高学生分析问题和解决问题的能力。

　　4. 提问应兼顾各种类型的问题

　　不同类型的问题可用于培养学生不同的能力。为了促进学生的全面发展,在提问时,教师应该兼顾各种类型、层次的问题,并且,兼顾开放性问题和封闭性问题,要根据不同的课型提出不同类型的问题,做到有的放矢,提高课堂的教学效果。

讨 论 题

　　在课堂提问后出现下列情况该怎么办?
　　(1) 学生对提问没有反应。
　　(2) 学生回答得既快又正确。
　　(3) 学生答得不很切题。
　　(4) 学生的回答太啰嗦,重点不明确。

实习活动

　　设计一段以提问技能为主的微格教学片断,以小组为单位,进行角色扮演并录像。请你的好朋友一起观看你的录像并提出意见。在指导教师的指导下,小组观看录像并进行讨论研究。

第五节　变 化 技 能

　　"事物产生新的状况,初渐谓之变,变时新旧两体俱有;变尽旧体而有新体,谓之化。"这是

《礼记·中庸》中对变化的解释。凡事变则通,通则久,课堂教学亦是如此。一直以来,快乐生活和优质教学都与丰富的变化密不可分。变化技能指在教学过程中,教师利用教态、教学方法、教学媒体、师生相互作用方式的变化,生动有效地传递知识和交流情感,引起学生兴趣、组织学生注意、保证学生学习的高效性和有序性,从而达到教学目的的教学行为方式。它能使教学充满生气,是形成教师教学个性和风格的主要因素。

一、变化技能的教学意义

1. 引起注意、激发兴趣

教学过程是学生有意注意与无意注意交替运用、共同发挥作用的认知过程。课堂教学中,获得学生的注意是保证教学效率的基本条件。学生较长时间地在同一种教学方式、教学氛围和教学媒体中活动过久,他们的思维兴趣、参与热情、灵感和注意程度就都会陷入低迷状态。长时间的单调刺激极易引起大脑疲劳和心理疲劳,使学生产生厌学情绪从而影响教学效果。教师运用变化技能,通过教态、教学节奏、教学方式、教学语言和教学媒体的任何一种或几种交替改变,使教学活动和信息刺激学生而使其大脑兴奋中心转移,引起学生的惊觉反应,激发学生学习兴趣,引发无意注意,并使之转向有意注意。

2. 强化信息、因材施教

从理论上讲,任何单一的感官很难完成一节课信息的全面接收。信息的总效果＝文字(7％)＋音调(8％)＋面部表情(55％)^2,教师运用变化技能也就是利用了学生的多种感觉器官来传递教学信息,学生在一堂课中运用视觉、听觉、动手、动脑,并不断变换,可以使学生减少疲劳程度,更有效地强化信息接收。同时为不同层次的学生提供参与教学的机会,因材施教,优化教学环境。

3. 培养态度,生成价值观

教学的变化技术的合宜应用,能使教学活动始终活水汩汩,思维、情绪起伏有致,课堂有活力。变化技术直接作用于学生的学习兴趣、认知欲望,通过丰富课堂教学情境促进学生对教师教学要求的回应和对教学活动的支持。同时,使用变化技术和不使用变化技术,对教学的正负性作用不仅仅表现在可以观察教学氛围、学习情绪、认知效率上,它还在学生对该学科的学习态度、学生对该教师的认同感、学生的自我调适和自我监控能力、学生的心理疲劳恢复方式、学生的学习价值观等方面产生诸多不易觉察的、即时的或滞后的深刻的影响。

二、变化技能的类型

以变化的对象为基准将变化技能分为三类:

1. 变化教态

教态是教师在课堂上运用的口语、眼神、面部表情、手势、身势动作等体态语,以此向学生传递信息,交流沟通情感的一种行为方式。变化教态是最常用也是最便捷的一种教学技能,运用得当可及时调整课堂教学气氛,给学生潜移默化的影响。常用的教态变化有以下方式:

(1) 变化声音。教师针对学生的听讲情态以改变语调、语气、声音强弱、语速节奏、声音停顿等手段,以调节课堂气氛,激发学生学习兴趣。

一个平缓单调的声音通常会使课堂变得死气沉沉,而丰富的教学语言和有起有伏、时张时驰的声音变化则会使教学充满生气。运用声音的变化,在教学内容方面可以指示教学的重难点,反映出教学内容的情感,并创造出符合教学情境的亲切悦耳的话语基础,改变学生的兴趣点,不断激起学生的兴趣。

【案例】

语文课"小壁虎借尾巴"

老师在本课范读中,小壁虎的话用比较尖锐、幼稚像小孩的音质,黄牛的话则截然不同,用浑厚、低沉的像大男人的音质,小壁虎的妈妈则用亲切、和蔼慈母般的语气,绘声绘色的朗读使学生对学习内容的理解得以加深。

在教学管理方面,变化技能能够吸引学生注意,纠正不良学习表现。比如,一个有经验的教师在讲了一段有趣的故事之后,引起学生的笑声和议论声,当他开始把声音变弱,形成安静低沉的声调时,学生便会更加专心去听。而一个没有经验的教师却一味简单地去大声呵斥,增加刺激的显著变化,这种方法虽然暂时有效(也可能无效),但却影响了教师在学生心中的威信,难免使学生产生轻视教师的想法。

教师在谈话和教学活动中声音停顿是另一种技巧。一节课中恰当地进行停顿会使人感到有节奏感,不停顿地讲述而不给学生留下思考的余地是不可取的。从嘈杂到静音,从活动转为静止,通过这些刺激的变化来抓住学生的注意。"停顿"可以把教学分解成一些易于处理的单元,它标志着一个教学阶段的结束,让学生为下一个阶段的学习做准备,给予学生思考回忆的时间,以增强教学效果。在提问的过程中教师运用停顿,例如在提问后等待可以让学生组织更完整的回答。讨论中的停顿也让学生可以反思自己刚才所说的内容。

(2) 变化态势语。体态语变化包括教师的动作、表情、目光及身体位置的变化。体态语在课堂上被赋予某种教育意义:教师精神饱满、充满自信地步入教室,会使学生也感到亲切、振奋,增强学习信心;反之,教师若整堂课冷峻严肃或无精打采,会使学生产生压抑感。因此教师要充分运用体态语的变化与学生交流,增加教学的艺术效果和课堂感染力。

教师常用的规范的体态行为及其含义如下:

① 微笑、肯定地点头——赞赏学生;

② 举起学生的作业本或指点学生的板演——介绍或评价学生的观点;

③ 与学生建立视线接触——对学生的行为表示兴趣;

④ 用手指某样东西,向学生指出答案——指导学生;

⑤ 皱眉、凝视、否定地摇头,从不适当的行为旁边走开,或不去看它——显示权威;

⑥ 走向某人某物,把头向前探——使学生注意力集中于某重点。

这些都是教师在教学实践中应当熟练掌握和运用的。但体态语又是极其复杂的,具体可分为以下几种类型：

a. 眼神变化

课堂上教师的目光一般应放在倒数第二、三排位置比较合适，会给学生一种信赖感。在和学生交流的时候，教师应当扫视整个教室，与学生的眼睛相遇，消除"教学死角"，建立起积极融洽具有人情味的师生关系，使全体学生都感到教师在关注他们，从而调动他们的参与感。目光接触也可以用来传递信息和表示对某个回答或是评论的回应。通过对注意力分散的学生持续地注视，教师能够引起学生的注意，或通过目光接触的转移估计学生的兴趣和理解情况。

b. 表情变化

人的面部表情是一种特殊的信息，是人身表情最迅速而又最丰富的情绪表达。教学过程中，教师能够随着教材内容的变化，面部表情时悲时喜，时怒时乐，学生也会受到感染，从而"渐入佳境"，展开感情的翅膀，翱翔在知识的太空。例如历史教学中，课堂上教师面部表情的变化有利于加深学生对历史人物和事件的理解和记忆。

教师在课堂上面部语的运用具有特别重要的意义。教师常常用微微一笑、轻轻点头表示对学生的赞许，就会使学生感到欣慰；学生答错了题，教师面含微笑地予以纠正，示意坐下，学生同样会感到老师所给予的安慰和鼓励；对违犯了课堂纪律的学生，教师的微笑也会使他意识到这是善意的批评，比那严厉的斥责效果要好得多。

相反，教师也可以从学生面部表情的细微变化中直接获取教学活动中反馈的种种信息，从而判断学生心理状态和情绪体验，对教学内容的感知，理解的程度，及时调整自己的教学内容和教学方法。

c. 位置变化

走动和巡视是教师传递信息的一种方式，如果一个教师一节课只一个姿势地站在那里一动也不动，课堂就会显得单调而沉闷。相反，教师适时地在学生面前走动，而又没有分散学生注意力的动作，课堂就会变得有生气，还能激发学生的兴趣，引起注意，调动学生的积极情绪。

师生之间空间距离的缩小带给学生的直接影响是与学生心理上的接近。因此，教师走到学生中间可以密切师生关系，加强课堂上师生间的感情交流。同时，在走动和巡视中教师可进行个别辅导，解答疑难，了解情况，检查和督促学生完成学习任务。

但是教师在课堂上走动和巡视时应注意以下问题。走动要有控制，不能分散学生的注意力。为了做到这一点，一是控制走动的次数，不能一节课不停地走；二要控制走动的速度，身体突然地运动或停止都能引起学生的注意。所以在课堂上教师应该是缓慢地、轻轻地走动，而不是快速地、脚步很重地走动；三是走动和巡视时姿势要自然大方，不做分散学生注意的动作。

d. 手势变化

教师的手势是教态美在三维空间的延伸，以手势助说话，教师在教学过程中，根据教材的内容适当地运用手势，可以使教学内容生动形象，遇到慷慨激昂的议论，配合寓有鼓动性的手势，可以激励起学生情绪；在侃侃而谈的叙述时，加上富有感染力和说服力的手势，也可以起到渲染气氛，把学生带入"角色"的作用，使之有亲临其境的感觉。有的学生课堂上做小动作或看课外书，教师为了不影响正常授课，边讲边走动，到学生面前轻轻点两下桌子，借以引起注意，也会收到好的效果。

当然,手势的动作要灵活,要自然得体,特别是在突出教材的重点和难点时,恰到好处的手势,不仅有利于学生对教学内容的理解,也能显示出教师的教态美。切忌手势的动作与教材内容不统一,或是动作太大太多,细碎繁琐,单一重复,过分的矫揉造作的手势会压抑语言的表述作用。

2. 变化信息传输通道和教学媒体

这类变化的指向是学生的感官和教学的内容,变化的目的是降低教学信息耗散,丰富教学感官,增强教学效果。

从理论上讲,任何单一的感官不可能完成个体对客观事物的全面认识;每一种与人类感官相对应的信息传输通道,其传递信息的效率和致疲程度又是不同的。斯宾塞对此的研究结果(1988年)也表明了教学活动中这类变化需求的重要性。请看表6-5-1。

表6-5-1 感官效率和获得信息的记忆效率

	味觉	1.0%
	触觉	1.5%
感官效率	嗅觉	3.5%
	听觉	11.0%
	视觉	83.0%
通过感官获得信息的记忆效率		
	通过"读"	10%
	"看"	30%
	"听"、"看"结合	50%
	理解后的表达	70%
	动手做及描述	90%
	"听"讲解	20%

教学媒体和材料的变化包括以下类型:

视觉的变化 简单的黑板草图、图片或是布告显示板、观看电影和电视、利用图书馆资源和实地考察,都能使教学丰富而有变化。

听觉的变化 教师的声音是课堂教学中主要的交流模式。另外听觉模式需要与视觉和触觉模式进行转换。此外,有些声响和发音的录音也有着多样的功用。录制的音乐和戏剧,爆破火箭轰鸣声,各种访谈,或是海豚的"嗓音"都可以被富有成效地引入相关的课题。

触觉的变化 教师应为学生接触、操作教学对象和材料提供机会,将学生带入各种模拟活动中。这个部分被广泛地称为触觉的变化,通常与视觉和听觉变化也有关联。

(1) 媒介和材料的多样性与学生的注意力

课堂中交流模式的变化及同一模式下的变化对引起和维持学生的注意力都有很大的

作用。例如教师从谈话到板书,或者不同视觉对象的改变都有助于保证学生高水平的注意力。

通过改变感官刺激而出现的行为可以被维持的这种论点已经有了完善的调查结果。Berlyne实验研究发现随着时间改变,变化和刺激引起的效果会减小,但是如果刺激能持续的进行改变,效果就会明显且持久。神经心理学的研究也证明了这一点。

(2) 媒介的多样性与学习模式的材料和感官

使用媒体也需要考虑到与孩子发展有关的教育心理学知识,不同孩子在感觉意识和方法偏好上的存在相当大的差异。根据皮亚杰理论,儿童经过的概念发展阶段从感知运算阶段(0—2岁)、前运算阶段(2—6岁)和具体运算阶段(7—11岁)到形式运算阶段。在早期的阶段中,儿童需要操作各种触觉材料并需要通过丰富多样的视听媒介而获得信息。

(3) 媒体材料的不同与学生学习

不同的媒体的使用和学生成绩之间存在着积极的正相关。安东尼奥在1967年发现与学生学习成绩相关的可变性因素包括不同的教学设备、大量的三维立体展示、许多学科观察演示、教室里的真实或虚拟的演示。同时测试发现,"刺激密度"与学生成绩积极相关,其中"刺激密度"指大量的教学设备。

(4) 视听媒介在教育领域的运用

广泛运用丰富多样的多媒体设施在促进学生学习方面起到很大的作用,这可以从教育领域中有关多媒体设施的使用调查中找到证据,视听媒介已经成为教学的重要一环。复杂如电视、电影和计算机辅助设备,简单如演示文稿、图形说明,许多研究证明视听媒介的运用是恰当合理的。

尽管视听媒介有着巨大的潜力,很多老师在使用时心理上依然有所抵触,也缺乏技巧和训练,所以其作用并没有充分发挥。而且,现在并无研究可以确定是否有一种最好的媒介或设备来达到任何学习目标,因此老师们需要为熟练运用符合教学任务和学生个体差异的一系列视听媒介做好准备。

3. 变化师生相互作用方式

现代课堂教学中的信息传递有师生间相互传递,还有生生间相互传递。变化师生相互作用方式的目的是增加教学信息的反馈通道,增强学生学习的自主参与性,调动师生双方交流合作积极性。教师面向全体学生的作用有讲解、启发提问、指导实验操作活动等;教师面向个别学生的作用有教师提问和学生回答,或是操作实验、个别点拨辅导等;学生对教师的作用有学生回答问题或操作实验,教师要应答和讲评;学生和学生的作用有小组讨论、分组实验及课堂其他群体活动。

互动形式的改变,尤其是那些能够最大程度地促进师生互动,鼓励学生参与的改变能够有效激起并维持学生的注意,并为学生学习创造最佳的机会。

一些调查研究也指出针对不同的学生相异的学习类型,需要采用不同的互动形式。另外,不同性格类型的学生与老师的交流模式也各不相同。Good and Power根据教师的课堂观察提出了五种学生个性类型:

1 成功型学生——任务导向的和有学术能力的
2 群居型学生——有能力但是比任务导向的有更多个性
3 疏远型学生——拒绝参与的厌恶学习者
4 依赖型学生——经常寻求教师的指导、支持和鼓励
5 幽灵型学生——经常害羞,很少与他人互动的能力一般的有时很独立的学生

根据研究者的观点,成功型学生适应在长期竞争和师生互动方式中学习。群居型学生在小组合作中反应良好。大量的教师反馈和问答环节能给予依赖型学生更多的帮助和支持,而疏远型学生在整个课堂情境中不容易被驾驭。幽灵型学生需要教师努力把他们带入课堂活动并促进其积极思考。同时,在课堂中从时间,金钱和人力资源方面提供完全个性化的学习方案是不可行的,因此教师要学会运用各种互动模式去适应学生不同的学习方式。

三、变化技能应用原则

1. 针对性原则

教师运用变化技能要有明确的针对性。首先是针对教学内容,在设计教学时要考虑到为完成教学任务而分几个层次,其中哪些是重点和难点,采用何种变化的方式;其次是针对学生情况,考虑到学生的认知水平、兴趣特点及学习过程中的思维活动方式和特点。有时,在课堂上也会遇到一些"突发"情况,教师更要以自身扎实的专业知识和敏捷的思维,针对出现的情况努力化解,以取得好的效果。使用变化技能要有目的性,以达成教育目标为主导,如果这种变化与教学目的和内容关联不大,反而会对课堂教学造成干扰。

2. 意义性原则

考虑到学生的能力、兴趣和背景、学校环境和学科、主题、任务的需求,教师应谨慎选择有意义并富有挑战性的变化技巧。

3. 流畅性原则

在一堂课中教态、媒体、师生相互作用的方式的变化都应该自然流畅地融入教学过程中。各种变化均是为了保持学生的学习兴趣,增加师生间的交流,提高课堂教学效率。因此,运用变化技能要过渡自然,顺理成章。

4. 适度性原则

通常在一堂课中,如果教师只用一种声调讲课,或只站在讲台上保持某一种姿态,这样的课会令人非常乏味。由此可见,运用变化技能是必须的。但在运用变化技能时,一定要注意适度性。教学媒体过多频繁地变化,教师不停地在教室空间来回移动,结果只会是教师在教室里忙得不亦乐乎,学生则感到眼花缭乱。因此,教师要根据教学内容和学生情绪而适度运用变化技能。

5. 提前计划原则

在遵循以上原则的基础上,教师需要提前计划和仔细设计各种变化技能的使用。同时根据学生在教学过程中的反馈灵活自发地实施调整。通常这些反馈有两类:(1)与注意力和参与度有关的行为反馈;(2)与学生的理解和学习有关的信息反馈。计划和推行最佳水平的变化是

不容易的。除了对部分技能应用的细致建构外,教师在教学开始前形成备选技能是很明智的。这样,当突发情况出现时,教师可以很容易地从一种策略转换到另一种策略。

> 实习活动

设计一段以变化技能为主的微格教学教案,以小组为单位,进行角色扮演并录像,小组内讨论研究。

第六节 演示技能

教学演示技能,简称演示技能,是教师在传授知识信息过程中,向学生展示直观教具和示范实验,说明有关事物的特点和发展变化过程,指导学生进行观察、分析和归纳,以使学生获得事物现象的感性认识的一种教学行为方式。演示用的教学媒体有实物、标本、模型、挂图、投影、录像、计算机大屏幕投影及实验仪器等。当教师能够根据教学内容和学生的认知特点,准确地选择演示类型,并能按照有关要求熟练地进行演示操作、讲解时,表明该教师形成或掌握了教学演示技能。教师掌握演示技能的必要性在于它能使教师准确、迅速、高效地进行演示教学。

演示是教师在传授知识时结合有关内容讲解把各种直观教具及实验等呈示给学生观看,把所学对象的形态、特点、结构、性质或发展变化过程展示出来,是用媒体传递信息的行为方式。演示有时在新知识讲解之前,有时在讲解之后,但多数是与讲解紧密结合。无论采取哪一种形式,对教学都存在直观强化的作用。当然,有时也自成一种课型,叫作演示课。

一、演示在教学中的意义

演示是出现较早的辅助的一种方法,由于它符合从生动的直观到抽象的思维,再从抽象的思维到实践这一人的认识规律,因此受到了许多教育家的重视,虽然学生学习的知识是间接经验,但是仍然需要感性认识做基础。学生的感性认识,一方面是在生活中取得的,另一方面则是在学习中,特别是通过观察教师演示直观材料来取得的,或直接的参加实验、实践等活动而获得的。在教学中,教师如果只凭语言的鲜明性,远不如刺激物直接作用于学生的感官所产生的知觉那样鲜明、具体和深刻。所以,教育家们普遍重视感性认识对提高学生认知能力的作用。实践证明,在解决教学上比较抽象和复杂的问题的时候,如果借助于直观形象的演示,将有助于学生思维的顺利发展。

课堂教学需要调动学生的所有感官,通过视、听、言、动来学习是最有效率的学习。运用演示技能可以达到这样的教学目的。教学中运用直观演示手段,能够丰富学生的感性经验,减少掌握新知识尤其是抽象知识的困难。感性认识(或直接经验)是学生掌握书本知识的重要基础,教师传授的书本知识,主要是以抽象的语言文字为载体,而学生的直接经验是相对有限的,对于很多新知识的理解是有困难的。为了保证教学的效率与系统性,不可能让学生事必躬亲。

在教学中运用直观演示的手段,可以避免教学内容抽象、空洞、难以理解的缺点。人的思维发展是从形象到抽象的,学生的思维具有具体形象性的特点,需要具体、直观的感性经验来支持,因此,演示在课堂教学中被广泛采用。随着科学技术的发展,大量的新技术和新媒体进入教学领域,为教学演示提供了丰富的手段和材料,对改革教学方法起了极大的推动作用。

【案例】

物理课"力"、"惯性、惯性的应用"

在讲授"力"的概念时,让学生伸出左右手,手掌对手掌推;一手握着另一手拉;一手掌平放在桌面上,用另一手压着它,随即提问学生:"有何感觉?"这样,就自然地引出了推力、拉力及压力的概念。让学生仔细观察推、压过程中手掌肌肉变形的情况,或者再让学生用右手食指顶压左手食指,观察两个食指向相反方向弯折的情况,问学生:"你的食指有何感觉?"由此可概括出:力是物体对物体的作用,有施力物体(一食指),必有受力物体(另一食指),物体间力的作用是相互的(两个食指同时弯曲)。

在讲授"惯性、惯性的应用"这一节时,让每个学生把右手掌伸开,水平放置,手掌上放一块橡皮(或三角尺),当手突然沿水平方向运动时,橡皮由于要保持原来的静止状态,就会在原处掉下。说明静止物体具有惯性。接着让学生再把右手掌水平伸开,四指并拢,手掌上横放一支铅笔或圆珠笔,让手向前方水平伸出,使手和笔一起向前运动,然后使手突然停止运动,可看到笔仍沿手向前运动。说明运动物体也具有惯性。

【评议】

简易的小实验很容易说明问题,同时确保了教师有效教学的实施。

二、演示的目的

1. 提供丰富的感性材料

教学演示能使学生获得生动而直观的感性知识,加深对教学内容的认识,把书本知识和实际事物联系起来,形成正确而深刻的概念;演示可以使学生获得丰富的感性材料,加深对事物的印象,帮助学生领悟新知识和新概念,减少学习抽象知识的困难。通过演示,学生先有了感性知识,教师在讲解具体概念、原理和规律时,可以通过感性知识来启发学生理解所学的理论知识。这样,学生也容易接受。演示也是理论联系实际的重要方面,将学科教学中的理论与所展示的教具或实验结合,有利于学生对抽象的内容有较具体的感知,从而迅速形成正确的概念。

学生生活经验不足,实践经验更是匮乏,因此对抽象的概念、规律的理解与掌握,往往因人而异,存在着或多或少、程度不等的困难,这就必须藉助教师在课堂上做好演示实验去补偿,通过演示实验,重现前人已经发现了的现象,让学生身临其境,耳闻目睹,亲自获得具体的直接经验,得到清晰的感性认识,以便在教师的启发引导下,经过分析和推理、归纳和概括,上升到理性认识,形成概念,导出规律。

【案例】

物理课"大气压"

初中学生虽然天天生活在大气之中,但是对大气有没有压强存在?大气压究竟有多大?是不太知道的,或者即使听说过,但也不一定信服。老师在课堂上成功地演示了"马德堡半球实验",让两个学生尝试拉开两个半球,让他们看到大气压强存在的确证,并有一定的数值观念,学生对大气压强存在的印象将是十分深刻的。

【评议】

通过实验学生掌握大气压的概念将是牢固的。反之,若课堂上不做上述演示,即使教师费了九牛二虎之力,妙舌生花,恐怕学生也未必信服。

2. 培养观察思维能力

通过演示实验能直观、生动地把某些自然现象及自然规律展示在学生面前,教师可以指导学生对有关的自然现象进行观察和分析,并从观察中提出疑问,从而培养学生的观察能力和思维能力,同时开发学生潜能,减轻学习的疲劳程度,提高教学效率。

学起于思、思起于疑。设计演示实验应以"趣"、"疑"、"难"为诱因,趣中涉疑,发掘问题;疑中涉难,引导思维,造成一个向未知境界不断探索的学习环境。

【案例】

物理课"凸透镜的应用"

在"凸透镜的应用"一节中,教师往往通过课件演示照相机的成像原理,虽然直观,但学生往往记忆不深刻。一位老师上课时,在学生的面前都摆放了课外活动小组制作的"简易照相机"。虽然简易,学生兴致不减,用它观察讲台上的"上"字灯,可以清晰反映出照相机成"倒立、缩小的实像",更有同学用其研究出,随着物距改变像的大小变化的规律。

【评议】

面对这些兴奋异常、有"重大发现"的学生,这种教学比简单的说教要好上许多。

3. 培养操作技能

教师在演示课堂实验时,应有严肃认真的科学态度,规范、正确的实验操作和示范方法,并熟练掌握典型仪器设备的基本使用方法。学生在观察教师的实验表演和示范操作的同时,也培养了认真、科学、严密的操作技能。

成功的演示实验有助于培养学生良好的实验习惯、实验方法以及基本的实验技能和素养。学生在生活中曾或多或少做过若干游戏和制作,但是,对于如何做科学实验,还是十分新鲜和生疏的。比如怎样正确选择和使用仪器;如何编制实验步骤并按步骤进行操作;怎样正确进行读数和记录实验数据;怎样列表和作图;如何分析和推理得出结论以及作出误差分析等等,都要教师长期结合演示实验教学进行引导和培养。教师在课堂上进行的演示实验,就是给学生作出示范,言教身传教给学生正确的实验方法。所以教师在进行演示实验操作时必须周密考虑、符合规范化要求,处处发挥示范作用。

【案例】

物理课"电压和电流的测量"实验

教师讲述电学实验的操作要求:在做物理电学类演示实验时,一般应先画出电路图,然后按图接线;接线时要预先估计电压高低和电流的大小,选择合适的电表量程。电流表应串联在待测电路之中,电压表则应并接在待测电路两端;还要注意到直流电表的正负接线柱不能接错等等。接线顺序应先接元件、仪器和开关(接线时应是断开的),滑动变阻器的滑动触头开始时应置于阻值最大位置(降压使用时),最后才接上电源;通电前一定要认真检查线路,确认无误,才能通电。通电时要特别注意观察仪表指针的偏转情况,及时调整量程或改变电源电压,使之能进行观察和精确读数。记录实验数据应有多组实验数据,读数时还要注意有效数字的正确取位。在得出实验结论后还应进行误差分析。实验完毕应将仪器整理好。

【评议】

这些都是学生进行电学实验应该切实掌握的基本操作方法,教师在课堂上做演示实验时都要反复说明和严格要求。上行下效、严己律人,才能使学生口服心服。学生具有很强的模仿性的心理特征,教学中要充分发挥榜样的力量,通过长期的潜移默化、耳濡目染,培养学生良好的实验习惯和素养。

4. 激发兴趣,集中注意力

课堂教学中的演示实验,常以其特有的声、光、色等感染打动学生,集中学生的注意力。学生在观察实验时,调动了视觉、听觉、并动脑思考,课后能保持联想,加强记忆,还激发了学生兴趣。

教师成功而生动的演示实验,不仅有利于学生掌握知识,培养学生的实验技能和各种能力,而且还能培养学生的兴趣和爱好,调动他们的学习积极性,发挥非智力因素的能动作用,引导他们爱科学、学科学,激发他们树立敢于攀登科学高峰的雄心壮志。

设计和选择演示实验,要尽量做到生动、有趣。这样的演示实验能够最大限度地调动学生学习的积极性,充分发挥学生非智力因素的潜能,留给学生的印象也是终身难忘的。生动的演示实验是举不胜举的,例如:物理中的"筷子提米"、"纸锅烧水"、"一纸托千斤"、"一指断铁丝"、"烧不死的金鱼"等等。正像美味的菜肴总是注重色、香、味俱全,同时作用于人们的多种感官,使人产生美的感受,演示实验也要尽量搞得有声有色,例如用鸡蛋演示物体的惯性、保险丝的熔断、尖端放电等等,都是典型的例子。必须指出:演示实验的生动性决不等同于哗众取宠,变魔术、玩杂技以及低级、庸俗的东西决不允许进入神圣的课堂,生动性必须服从于科学性。

三、演示的类型

演示虽然是一种教学的辅助方法,但随着科学技术的发展,大量的现代教育技术媒体进入教学领域,为改革教学方法起了较大的推动作用。同时,也使演示的内容更加丰富、形式更加生动、方法更加多样,为演示教学开拓了新的领域。

1. 实物、标本和模型演示

在教学过程中,演示实物、标本和模型的目的是使学生具体感知教学对象的有关形态和结构的特征,以便获得直接的感性认识。

模型与实物、标本不同,它不是实际物体的本身,而是根据教学需要,以实物作为原型,经过加工模拟制成的仿制品,它可以是原型的扩大,也可以是原型的缩小。从认识论的角度看,它不仅可以帮助学生揭示物体的内部结构,特别是从宏观和微观两个方面来表现物体,在帮助学生理解教学内容上,具有特殊的作用。

学生对这些直观材料往往很感兴趣。为了使学生的观察更有效,教师需要正确地掌握演示的技能,同时也要用简洁的语言适时地去组织、引导和启发学生思维,使其更好的掌握所观察的内容。具体来说,这类演示要注意以下问题:

(1) 材料的演示要与语言讲解恰当结合。教师把实物、标本、模型等展示给学生之后,不做讲解只让学生自己观察的做法是不正确的。同样,在学生观察时,教师滔滔不绝地进行详尽的讲解,不给学生留下思考的余地,也是不可取的。总之,在学生想看时,教师不去指导他看什么,怎么看;或者学生有了观察目标需要仔细观察时,你又用不停的讲解打乱他的思考,都会降低演示的效果。恰当的做法是,讲解与演示有机地结合,讲解与学生的思维有机地结合,体现教师演示的教学艺术。

(2) 实物的演示与其他演示手段恰当结合。实物和标本所表现出来的现象,有时在结构上界线不清,影响学生清晰而准确地感知。为了深化学生的直观感觉,加深对所学知识的理解,凡是外部结构界线不清的,内部结构和生理过程难于观察的,都应配合挂图、黑板画、幻灯、投影、电视录像等演示手段,从而引导学生的观察向深入发展。

(3) 模型的演示要做必要的说明,一般可按标本的演示方法进行。但是有时它的大小比例以及表示颜色等与实物有所不同,必须向学生交待清楚。

(4) 必要时进行重复演示和观察。在教授新的教学内容后,学生已经获得了一定的知识,必要时可再次演示,以便起到验证、巩固、检查、加深已获得的知识的作用,这时教师的演示就不同于以上的方法。在学生进行再观察时,教师的讲解绝不是从头再讲一遍,因为单调的重复性强化很少有实际作用。重复是要使学生有新鲜感,有继续探求的欲望。

2. 挂图演示

挂图是教学中最早使用的一种教学辅助手段。它不但制作方法简单,而且使用灵活方便,不受地点条件的限制。挂图一般包括两类:一类是正规的印刷挂图,一类是教师自制的简略图、设计图、结构图、分类图、表格图和象形图等。挂图是教学中最常用的直观教具,在演示时注意以下问题:

（1）注意演示的及时性，把握好演示时间。挂图不能在课前就展示给学生，以免分散注意力。上课前应把挂图背面朝外挂在挂图架上或黑板上，需要时再挂在明显的位置上让学生观察，使用完毕再把它反过去或取下来放回原处。这样，学生就不至于被挂图分散注意力，观察时也会有一种新鲜感。

（2）挂图、语言、文字有机结合。教师在演示过程中，一方面要进行必要的讲解，另一方面还要板书，使语言、图像、文字密切结合，发挥多种符号的作用，帮助学生理解。为使这三者配合得既恰当又自然，教师应注意采用缩短挂图与板书间距离的办法，在图的旁边对应图中各部分的位置写板书。演示挂图时并不板书，总结时再进行板书，使板书起到归纳总结的作用，做到讲解、演示、板书有主有从，同时也充分发挥语言和挂图有机结合的作用。

（3）画略图或使用辅助图配合主图。挂图的大小是有限的，尤其是在图形比较复杂的时候，不管多大的挂图都难免有个别细小的部分，不易被学生看清楚。例如，地图挂图中，某些地区学生是不容易看清楚的。如果在挂图上没有局部放大内容时，教师就应当在讲解中再在黑板上画一些略图，或使用辅助挂图，把局部放大，帮助学生配合主图看清一些重要而细小的部分。

3. 幻灯、投影演示

幻灯、投影演示即使用幻灯机、投影仪进行的演示，能够化抽象为具体、化虚为实、化大为小，向学生提供相关事物丰富的感性材料。幻灯片、投影片的制作简单，成本低廉，容易掌握，因此，幻灯机和投影仪在现代教学中运用十分广泛。使用幻灯、投影演示时应该注意以下问题：

（1）要保证画面的质量。幻灯、投影放映出来的画面质量直接影响教学效果。清晰的、色彩鲜明、色调调和的画面，能够引人入胜；反之，模糊的、色调暗淡的画面，会使人产生厌烦情绪。因此，演示前对幻灯、投影片要精心设计，仔细挑选；放映时焦点调节准确，画面大小适当。

（2）演示时间不宜过长。幻灯、投影的演示虽然容易吸引学生的注意，激发学习的兴趣，但长时间演示会使学生产生视觉疲劳，因此，每次演示的时间不宜过长。同时，演示的次数要适量，不能过于频繁。

（3）室内局部遮光。幻灯机、投影仪虽然亮度较高，但在演示时仍需有一定的遮光条件。教室内长时间遮光会影响学生的视力，亮暗变化过大不但教师操作不方便，还会影响学生的情绪。因此，一般采用局部遮光的办法，把靠近银幕的窗户遮挡起来。这样，既不影响学生看书或做笔记，又不会太影响放映效果。

4. 电影、电视、计算机演示

这类演示是利用电影机、电视机、计算机等现代化教学媒体进行的。电影、电视具有图像鲜明生动、直观形象的特点，并且图像、声音同步。计算机演示是运用电子投影仪放映演示文稿或教学课件的形式进行的。这类演示能使教学内容得到充分表达，有助于激发学生的学习动机和集中学生的注意力，加深学生对知识的理解。

应用电影、电视、计算机配合课堂教学，是目前国内外普遍重视的一种教学方法。这种演示方法给学生提供了感性材料，在加深对抽象知识的理解，拓宽学生的知识面和发展他们的思维能力等方面都有重要作用。使用电影、电视、计算机等媒体演示，必须注意做好以下几方面的工作：

（1）做好课前准备。主要包括选择媒体软件,了解媒体软件的详细内容;计划课程进度,把媒体软件内容和课堂教学活动有机地结合起来;准备演示前必要的说明,对媒体软件内容的提示,在观看中应思考的问题,和有关部门进行联系等等。

（2）辅助课堂教学。在用电影、电视、计算机辅助课堂教学时,可在概念、原理的讲解之前演示,也可以在讲解之后演示,为概念或原理的理解提供感性材料。其程序是:教师讲解概念或原理;放映媒体软件提供感性材料;结合讲过的概念、原理对媒体软件内容作系统分析,促进学生认识的深化;继续新的教学内容。

5. 实验演示

在课堂教学中,为了使学生对教学内容获得直观的感性认识,有时也采用演示实验的方法。实验演示有三个突出的特点,即科学性、直观性和启发性。实验演示从目的上来看,可分为获取新知识的实验演示和验证、巩固知识的实验演示两种。从内容范围上来看,可以演示实验的全过程,也可以只演示实验的开始或实验的结果,即演示实验的片段。

获取新知识的实验演示,是教师向学生讲解,传授新知识之前所进行的与之有关的实验演示。这种实验演示是以学生获取新知识为目的的,教师演示的方法即通常所说的"边讲解边演示"。从逻辑上看,这是由特殊到一般的教学过程。在演示时,教师要先详细说明实验条件,在学生看到实验现象后,启发、引导学生对实验现象进行分析、解释,从而得到正确的结论。

在演示实验时,学生并没有掌握有关实验的理论知识,他们的观察往往容易忽视最关键的地方。因此,教师要努力引导学生仔细观察实验现象和详细的过程,注意实验的条件和产生的主要现象,使学生看懂实验。这是演示实验中学生学习的感性认识阶段。

实验结束后,教师应当启发学生对实验结果得出结论,并解释实验现象。这样可加深他们对知识的理解,有利于知识的巩固,培养思维能力。这是实验演示的理性阶段,或称归纳阶段。

最后,应当让学生用文字或图表形式把实验结果记录下来,以便巩固知识。这是演示实验的巩固阶段。

另外,对于学生还没有使用过的仪器设备,演示前应当说明它的操作方法及注意事项。这对训练学生的基本技能是有意义的。

验证、巩固知识的实验演示,这种实验演示以验证和巩固知识为目的。即通过所说的先讲解后演示的方法。从逻辑上看,这是由一般到特殊的教学过程。在上课时,教师先讲述或用各种直观教学手段辅助新知识的讲解,学生掌握了以后,再进行实验演示,以验证和巩固所学的理论知识。采用这种方法,可以培养学生演绎推理的能力。在进行以验证和巩固知识为目的的实验演示时,学生是在已有理论知识指导下的观察,他们能预见到实验的结果。因此,教师可采取灵活多样的方法。

验证、巩固知识的实验演示是在教师先向学生教授知识,学生掌握以后,再进行的实验演示。演示之前教师要向学生说明要做什么实验,引导学生运用刚学过的知识预测将产生什么结果,再开始实验。实验完毕后让学生说明为什么会产生这样的结果,用所学的知识来解释实验现象。

另一种方法是在实验演示之前,向学生说明要做什么实验,打算得到什么样的结果。然后,让学生讨论做这个实验需要什么样的条件,怎样做才能产生预期的结果。在讨论中,学生就会充分运用刚刚学过的知识,精心地对实验进行设计。最后,教师对学生的方案修改完善后进行实验。这样,不但学生学习的兴趣浓厚,而且能展开积极的思维,有利于巩固和运用所学过的知识。

四、演示技能的构成

任何类型的演示都有一个过程,一般都是开始于使学生做好观察的心理准备,结束于对学生的核查理解,其间经过出示媒体、指导观察、提示重点等几个步骤。于是就构成了演示的程序,即:心理准备——出示媒体——介绍媒体——指导观察——提示要点——核查理解。

1. 心理准备

在进行演示前先向学生说明要观察什么、为什么要观察、怎样观察及观察中应思考的问题,使学生处于想观察的心理状态。

2. 出示媒体

按照操作规范将媒体呈示出来。要注意媒体摆放位置的高度、亮度等,是否能使每个学生在座位上都能观察得到。如果媒体较小,是巡回演示还是分组观察要事先做出计划。

3. 介绍媒体

在引导学生观察之前,要向学生介绍所用媒体的特点或结构组成。如果是实验演示,要介绍仪器以及如何操作。

4. 指导观察

在进行媒体演示时,是教师不停地讲解代替学生观察,还是在教师的指导下让学生自己观察,自己解决问题,这是传统教学思想与现代教学思想在演示教学中的不同点。因此,有计划有步骤地指导学生观察,思考现象与本质间的联系,是媒体演示的重点。

5. 提示要点

无论是教师的讲解还是学生的观察,都是对现象、过程等的具体了解。在这些现象、过程中,哪一方面或几方面是重要的或本质的,讲解或观察后教师要画龙点睛地指出,以使学生进一步理解观察的目的和意义,抓住要点掌握知识。

6. 核查理解

即获得教学反馈。通过提问等活动检查学生是否理解了所观察到的现象,掌握了现象中所反映出的知识。

【案例】

化学课"物质的量浓度"

引入:物质的量浓度是表示溶液浓度的一种重要的方法,在学习了概念之后,今天我们学习如何配制一定物质的量浓度溶液的方法。

板书:二、物质的量浓度溶液的配制

例如:配制 500 mL、0.1 mol/L 的 Na_2CO_3 溶液

提问：配制的第一步要做什么？

板书：1. 计算

学生计算，教师加以订正。

提问：知道了质量，如果取固体？如果是液体呢？

板书：2. 称量

提问：天平使用时的注意事项

演示：用托盘天平称量无水碳酸钠

设问：如果需要配制氢氧化钠溶液，如何称量其固体？

讲述：配制用的主要仪器——容量瓶。让学生观察容量瓶，注意有体积、温度和刻度线。介绍其规格，如何检验是否漏水及其使用方法。（此处也可以播放动画"配制一定物质的量浓度溶液"中的相关部分）

板书：3. 溶解

提问：溶解能够在容量瓶中进行吗？

演示：在烧杯中溶解固体，用玻璃棒搅拌加速溶解。边演示边讲解注意事项：溶解时不能加入太多的水；搅拌时玻璃棒不能碰烧杯壁；不能把玻璃棒直接放在实验台上；待溶液冷却后，再转移到容量瓶中，因此第四步是转移。

板书：4. 转移

讲述：由于容量瓶瓶颈很细，为了避免溶液洒落，应用玻璃棒引流。

演示：把烧杯中的溶液转移到容量瓶中。

提问：烧杯和玻璃棒上残留的液体应如何处理？

板书：5. 洗涤

演示：洗涤2—3次，每次的洗涤液也转移到容量瓶中。边演示边讲解注意事项。提示：如果用量筒量取液体药品，量筒不必洗涤。因为这是量筒的"自然残留液"，若洗涤后转移到容量瓶中会导致所配溶液浓度偏高。但是使用量筒时应注意选择的量筒与量取液体的体积相匹配。

板书：6. 定容

演示：向容量瓶中加入蒸馏水，距刻度线2—3 cm时停止。改用胶头滴管滴加蒸馏水至刻度线。

提问：若水加多了，超过了刻度线，如何处理？定容后的溶液各处的浓度一样吗？

板书：7. 摇匀

演示：把容量瓶倒转和摇动数次，使得溶液混合均匀。

提问：此时溶液的液面不再与刻度线相切，如何处理？需要再加入蒸馏水吗？

不能再加入蒸馏水，因为定容时体积一定，摇匀后，液面低于刻度线是因为少量液体沾在瓶塞或磨口处。

讲述：由于容量瓶不能长期存放溶液，因此应将配好的溶液装入试剂瓶中，贴好标签，注明溶液名称和浓度。

板书:8. 装瓶贴签

演示:将配好的溶液装入试剂瓶中,贴好标签。

小结:配制一定物质的量浓度溶液的方法,进行误差分析。

多媒体演示:配制一定物质的量浓度的溶液

课堂练习:

1. 用 98% 的浓硫酸($\rho = 1.84$ g/cm³)配制 250 mL、1 mol/L 的稀硫酸。用量筒量取 _____ mL 浓硫酸,把 _____ 缓缓注入到 _____ 中,并用 _____ 不断搅拌,待溶液 _____ 后,将溶液沿着玻璃棒移入 _____ 中,用少量蒸馏水洗涤 _____ 和 _____ 2—3 次,将洗涤液移入 _____ 中,向容量瓶中注入蒸馏水至刻度线 _____ 时,改用 _____ 小心加水至溶液凹液面于刻度线相切,最后盖好瓶塞 _____,将配好的溶液转移到 _____ 中并贴好标签。

2. 在配制一定物质的量浓度溶液的实验中,下列操作对所配得溶液无影响的是(写序号)_____;会使所配溶液的浓度偏大的是_____;会使所配溶液的浓度偏小的是_____。

(1) 在烧杯中溶解溶质,搅拌时不慎溅出少量溶液;

(2) 未将洗涤烧杯内壁的溶液转移入容量瓶;

(3) 容量瓶中所配的溶液液面未到刻度线便停止加水;

(4) 将配得的溶液从容量瓶转移到干燥、洁净的试剂瓶中时,有少量溅出;

(5) 将烧杯中溶液转移到容量瓶之前,容量瓶中有少量蒸馏水;

(6) 容量瓶中液面将达到刻度线时,俯视刻度线和液面;

(7) NaOH 固体称量时在空气中暴露时间过长;

(8) 易潮解物质称量时未用玻璃仪器;

(9) 配制稀硫酸时,用蒸馏水洗涤量筒,洗液注入容量瓶;

(10) 加水溶解后的 NaOH 的溶液在空气中暴露时间过长。

【评议】

物质的量是一个重要单位,摩尔浓度又是物质的量在化学学科中的重要应用,教师通过摩尔浓度溶液的配制教学来加深学生对物质的量的理解,并掌握摩尔浓度的配制及应用。本课的教学设计中,重视了知识的承前启后,在实验的关键点用设问引导学生思考,有助于学生掌握实验操作的重点及注意事项,有助于学生正确完成实验。

五、演示的方法

1. 形象感知

心理学研究表明,人类感觉器官中,听觉感官对信息的接受效率为 11%,而视觉感官对信息的接受率高达 83%,教师充分利用各感觉器官对学习信息的接受效应,运用视觉媒体的形象感知是很重要的。展示挂图、实物模型、动植物标本，或用投影、录像、电脑大屏幕投影展示的画面，利用声音、色彩、变化的图像，教师再配以生动地讲解，能使学生感知到许多形象的学科知识信息。

【案例】

政治课"学习的苦与乐"

教学"学习的苦与乐"这个主题。老师在讲学习的苦时很容易引起学生的共鸣，但在讲学习的快乐时，学生往往很难认同，因为繁重的学业使得学生普遍厌学，找不到学习的乐趣。为此，老师精心选了一组希望工程的图片让学生看，并结合自己的求学经历对每幅图片都作了简要的讲解。学生在看完、听完后都唏嘘不已，对某些边远地区的教育现状感到震惊，也为自己虽然辛苦但很富足的生活感到庆幸。很多同学在谈观后感时，言语之间还流露出了强烈的社会责任感。

在学生的感受反馈中，一些学生这样写道：

"我印象最深的是贫困地区儿童艰苦生活的画面，因为我觉得我们和那些山区孩子的生活水平差别太大了。我们应该珍惜我们现在的生活条件，并且去帮助上不起学的孩子。"

"原来我总认为学习那么多课，是多么痛苦、烦恼，但当我看到贫困山区那些因为贫穷上不起学的同龄人一双双无奈、渴望上学的眼睛时，我想我拥有这么好的学习环境，还有这么多优秀的老师，却还在这儿抱怨，我真是身在福中不知福。"

【评议】

通过直观的能引起学生强烈的情感反应的图片、资料，让学生看后能体验一定的道理。此为展示法，结合教学内容，展示肖像图、示意图、说明图等，加深对知识的印象和理解。

2. 质疑探新

有些演示实验过程中出现的现象会使学生产生疑问，因为用学生原有的知识无法圆满解释，而学生又被这些演示现象深深地吸引，迫切希望知道为什么。教师可以有针对性地提出思考题，让学生结合实验过程中观察到的现象，讨论探究新知识、新规律。

【案例】

物理课"大气压"

在初中物理"大气压"的教学中，可以演示"细试管沿粗试管上升"的实验。

取粗细试管各一根，管径大小要求细试管恰能插入粗试管，且两管壁间略有间隙。粗试管装满水，把细试管插入粗试管内（有水溢出），使细试管有一半左右的长度位于粗试管内，然后将粗试管倒翻过来，开口向下，学生意外地观察到：水向下流，细试管不是下落而是上升了。

【评议】

这一现象大大出乎学生意料,学生立即会产生追问答案的欲望。教师应抓住时机,因势利导,让学生自己动手亲自做这个实验,同时启发学生,多问几个为什么。通过进一步的分析、讨论,使学生确信大气压的存在。此为分析法,先演示实验,接着从分析实验入手,引导学生得出可能性的结论。

3. 观察归纳

教师通过演示实验,将现象展示在学生面前。学生边观察边思考,教师边操作边归纳,通过分析归纳即可从一些特殊性的个别事例推出一般性的规律和原理。

【案例】

生物课"种子的成分"

在植物学"种子的成分"教学时的演示实验中,教师把小麦的种子放在大试管中加热,不久试管上部内壁逐渐出现了水珠,这时教师启发学生思考水是从哪儿来的,再指明水是种子的成分之一,得出种子内含有水分的结论。然后,教师再把试管内的小麦种子放在坩埚内迅速加热并点燃,种子变成了灰,这时有让学生思考灰是什么物质,指明这些不能燃烧的物质是无机物,得出种子含有无机物的结论。接下去再用面粉做有机物的实验,学生在边观察边归纳中,逐步得出种子内含有淀粉、蛋白质和少量脂肪等有机物的结论。

【评议】

此为归纳法,通过观察实验、提出问题,归纳总结出概念或原理。

4. 引起兴趣

学生的好奇心和兴趣往往能转为对学习的有意注意,教师的演示实验能以其特有的奇妙现象吸引学生的注意,引起学生的兴趣,从而使学生以积极的态度主动学习。

【案例】

物理课"对流"

在讲初中的"对流"时,教师先演示以下小实验。

演示1:取一小瓶红色热水放在大烧杯中,然后往烧杯中加满冷水,打开小瓶的瓶盖后,小瓶的红色热水自动喷出来,形如"水下火山"。

演示2:用细线把剪好的螺旋状纸蛇吊在酒精灯火焰下方,纸蛇会自动旋转,如同"蛇在跳舞"。

当学生被这些有趣的现象吸引时,教师问:"为什么会发生这些奇特的现象呢?我们一起来研究新的课题:'对流'"。

【评议】

此为导入法,演示与课程内容有关实验,通过生动有趣的实验现象,引发学生的学习兴趣,调动学生的思维,扩展和深化教学内容。

六、演示的应用原则

1. 科学直观易理解

演示实验要注意科学性,紧密配合课堂教学内容,有利于讲清难点和突出重点。演示必须准确、可靠、能说明问题,否则所得实验数据偏差太大,反而使学生不能理解正确规律,甚至可能得出错误的结论。

2. 现象明显易观察

演示现象要让每个学生都能观察清楚,如长度、温度、计量表的读数等数据,由于不能使全班学生同时看到,可以请学生代表来读数,如条件许可,也能用摄录像设备进行放大或用计算机大屏幕投影的方式。演示仪器所在的位置要居中,要照顾到全班。

3. 结构简单易准备

演示实验仪器的结构要简单、使用要方便、性能要稳定、教师容易装配。这样可以节约准备时间。如果是学生第一次碰到的仪器,教师还必须向学生交代清楚仪器的主要部件和基本性能及使用注意事项。否则在课堂上准备的时间过长,让学生坐等,结果会使学生的精神状态从兴奋到抑制,容易挫伤学生的学习积极性。

4. 动作规范可重复

教师要求学生实验操作规范化,自己必须先做出榜样,注意操作的正确性。演示过程中,教师要指导学生观察,使学生能根据结果来分析和综合,得出正确结论,并启发学生积极思维、抓住本质。一般演示实验可以重复,以使学生都能观察清楚,加深印象。

教师演示实验的操作应该是规范的,这不仅有教育意义,也有教学意义。它除了培养学生工作认真、一丝不苟的优秀品质外,还应把学生易出现错误或有疑问的地方,有预见性地交待清楚,消除疑问,防止错误的发生。

5. 安全可靠易操作

演示实验必须注意安全,尤其在高温、高压、大电流的情况下,或是接触易燃、易爆物品时,应格外小心、仔细,并采取必要的安全措施,确保成功。万一演示不成功,要实事求是地分析原因,说明问题。

七、演示的基本要求

虽然不同的直观教学手段各有不同的特点,教学目的的不同又有不同的演示时机和方法,但有些共同的要求是需要教师在演示时遵守和注意的。为了发挥教学演示的作用,提高演示效果,教师需要在演示时遵守和注意以下几点:

1. 演示与语言讲解紧密结合

教师在演示的同时需要进行必要的讲解。学生以视听结合的方式理解并接受知识,对于提高他们的理解力和巩固知识有重要的作用。演示与讲解相结合的形式有以下几种:

(1) 用直观手段辅助讲解。教师通过对教学内容进行语言描述并附有直观的教学演示,让学生在观察的过程中获取知识。

(2) 将直观教学手段作为讲解的出发点。这种方式是教师先提出问题,然后让学生根据问题对直观事物进行观察,最后教师对学生观察结果进行概括并将其上升到理论的高度。这时,直观教学手段的应用只是作为教师讲解的出发点,为学生的学习提供感性基础。

(3) 利用语言指导学生的观察。这种形式是让学生通过自己观察,获得直观教学手段能呈现出来的知识,此时,教师并不直接传授知识,而是通过指示学生有重点地观察,启发他们思考问题。

(4) 引导学生自己得出观察的结论。这种方式由教师先提出问题,然后由学生自己观察。在观察的基础上,引导学生自己思考,得出概括性的结论,最后由教师进行总结。

2. 演示要适时适度

所谓演示适时是指演示要在恰当的时候进行。教师的演示总有其特殊的目的,特定的时机。教师应根据具体情况在适当时机演示,不能提前也不能延后。否则,就达不到演示效果。通常,根据学生的心理特点,演示时机有离散时机、渴求时机、疑难时机、升华时机、欲试时机和懈怠时机等类型。所谓演示适度是指演示时,需要学生观察时则展示媒体材料,不需要时则收起媒体材料,以免学生产生疲劳,不能注意听讲。

3. 选取能给学生适度刺激的素材

在选择演示素材时,应该注意选取能给学生适当刺激效果的内容素材。太强烈的刺激会对学习产生不利的影响,最好是选取既能激发学生的情感活动,又能引起学习兴趣的那些刺激强度的内容素材。

演示物应有足够的尺寸。为了保证学生能看清演示物,要注意演示材料的大小。过小的材料应进行分组演示或用投影器放大;过大不能在课上演示,只能课下组织学生观察。

演示物应放在一定的高度上。为了使全班学生坐在原位置就能看清演示材料,应放在一定高度上,一般以前面的学生不遮挡后面学生的视线为宜。讲台太矮时,应支到一定高度。支垫物要稳固。

演示物要有适宜的亮度。除幻灯、投影外,其他直观材料都应在光线充足的条件下进行演示。如果教室太暗,则应用灯光照明。

复杂的实验应利用图解帮助学生观察。每个实验都是一个系统的过程,为了使学生的每一步观察都不脱离整体,教师在演示时应配合一张演示实验程序的图解。这种带有指示性的图解,既能使学生对教师的演示过程看得清楚,概念完整,又能使学生深入理解,加强记忆。

4. 活用演示材料

充分发挥演示教学的艺术性,需要运用各种演示材料来调动学生的积极性,促使学生对所学知识产生浓厚的兴趣。

例如,小学作文,对于老师和学生都是件头疼的事,"没东西好写"是最大的难题。看图作文,有一幅图摆在眼前,应该是有东西可写,但学生因经历和想象力不同,也有人写不好。有的老师使用学生自己小时候的照片来做教具,要学生去作文,取得了超乎寻常的成功。

5. 设置悬念,引导探索

教学演示前要造成学生渴望演示出现的心理,以便演示出现后能吸引学生认真观察和积极思考。因此,演示前应有简短的引言,努力激发学生想看、想弄清楚某些问题的欲望。

【案例】

语文课"游天然动物园"

小学语文"游天然动物园"一课,教师问:"同学们都去过动物园吧?有谁能告诉我,动物园里你都看到过哪些动物?"同学生纷纷说出自己知道的动物。教师说:"那天然动物园里都有哪些动物呢?老师这里有一张挂图,大家想知道这里面都有哪些你没见过、没听过的动物吗?"

【评议】

此时演示挂图,不仅诱导学生期待挂图出现的心理,集中了注意力,而且在挂图出现后学生的注意力会集中在要观察的主要方面,有利于进行探索。

实习活动

准备一段演示技能为主的微格教学片断,小组内几位成员可以选同一课题分别准备。在指导教师指导下进行角色扮演,小组一起观看角色扮演的录像,并比较、讨论。

第七章　调控教学过程的技能

课堂教学过程是一个信息传播的过程,但课堂教学信息的传播又不同于一般的大众传播,也不同于大规模的教育传播,它是一种有组织、有计划、目的性非常强的面对面的传播。要使这种传播有效,就必须使传、受双方同时进入传播过程,通过相互作用来实现传播的目的。

教学语言技能、板书、板图技能、讲解技能、变化技能、教学演示技能、提问技能等上一章讨论的内容,是信息交流的方法,与信息交流的形式直接有关,我们把它们称之为基本教学技能。本章讨论的导入技能、强化技能、课堂组织管理技能、试误技能、结束技能及教学媒体选用技能,则是对信息交流起引导、调节控制和组织保证作用,我们把它们称之为调控教学过程的技能。

加涅在论述学习的类型和学习的结果时,都把学习作为一个过程,每一过程都有开端和结尾。因此可以把这些过程分成若干阶段,每一阶段需进行不同的信息加工。在各加工阶段中发生的事情,即学习的事件。在他看来,这种学习的加工,形成了学习的信息加工理论的基本结构,这些都是学生内部加工的过程。与此相应,教学过程既可根据学生内部加工过程来进行,又要影响这一过程。因而,教学阶段与学习阶段是完全吻合的。在每一教学阶段中发生的事件称为教学事件,这是学习的内部条件。教学就是由教师安排和控制这些内部条件构成的。而教学的艺术,就在于学习阶段与教学事件是否完全匹配。

我们看到这样一个现象:很多教师按照名师的课堂实录去教学,却总觉得效果不佳。其中原因很多,但没有把名师们调控教学过程的技能娴熟于心、应用自如是一个较为重要的因素。就像电影演员扮演伟人,光有形似还不够,还必须神似。于是,跟着名师学的结果却是画虎类猫。因此我们在对课堂教学技能进行训练时,不能忽视调控教学过程技能的研究和训练。现代课堂的教学,带来了老师和学生角色的变化,学生不再是单纯的被动的知识接受者,成为学习活动中真正的主体;老师不再是单纯的知识传授者,而成为学习活动的组织者、指导者和参与者。

一个高明的教师总是把以下三个方面的信息掌握得恰到好处:教学内容和方法的信息、教学内容接受的对象——学生的信息、教学内容的传播者——教师的信息。只有通过对教学系统动态的调控,才能使教学过程照预定的目标进行。为了达到好的教学效果,我们有必要对导入技能、强化技能、课堂组织管理技能、试误技能、结束技能和教学媒体选用技能等调控教学过程的技能作一些研究和探索。

第一节 导入技能

"万事贵乎始"。高尔基谈到创作体会时说:"开头第一句是最难的,好像音乐里的定调一样,往往要费好长时间才能找到它。"列夫·托尔斯泰也说过:"开头总是最难下笔的。"因此,托翁十分重视作品的开头。《安娜·卡列尼娜》的开头,他用了几十种不同的写法,经过反复比较、筛选,最后才确定下来。

教学其实也是如此。课若一开始就没有上好,学生就会感到兴味索然,下面的课就难以正常进行。德国教育家第斯多惠指出:"教学的艺术不在于传授本领,而在于激励、唤醒、鼓舞。"上课伊始,学生的学习心理准备难免不充分,师生之间难免有一定的心理距离。这时,教师就一定要研究导课的艺术,来激励、唤醒、鼓舞学生的智力情绪。有经验的教师,都很重视导课的艺术,千方百计竭尽心力地让学生迅速进入特定的教学活动轨迹。"良好的开端乃是成功的一半。"新颖别致的高超导课艺术,必然会先入为主,先声夺人,对学生产生强烈的吸引力,使学生欲罢不能、不得不听,整个教学气氛立即活跃起来,教学也就容易进入最佳境界。可以说,高超的导课艺术是一种创造,是教师智慧的结晶,它为一堂课奠定了成功的基础。

一、导入的作用

导入技能是教师在进入新课题时运用多种手段,引起学生注意、激发学生兴趣、产生学习动机、明确学习目标和建立知识间联系的一类教学行为。它能将学生的注意力吸引到特定的教学任务和程序之中,所以又称为定向导入。导入技能一般应用于上课开始或开设新学科,进入新单元、新段落的教学过程之中。

思维是各种能力的核心,课堂教学要重视培养学生的思维能力。好的导入可以点燃学生思维的火花,开拓学生思维的广阔性和灵活性。如果导入采用形象化的语言叙述或设计出富有启发性的问题,可以吸引学生的注意力,启迪学生的思维,增长学生的智慧。因此,把导入技能看作是一种培养学生思维能力的创造性活动是恰如其分的。它不仅能够启发学生从不同的角度来思考问题,使学生在思维过程中体会到思维的乐趣,而且能够使学生保持高涨的学习热情和高昂的学习情绪。

兴趣是认识某种事物或进行某种活动的心理倾向和动力,对鼓舞学生获取知识、发展智力都是十分有用的。浓厚的学习兴趣和强烈的求知欲望,能激发学生愉快而主动地进行学习。学生如果有了求知欲望和学习兴趣,便会产生一种废寝忘食的学习积极性和百折不挠的意志力。如果教师在导入过程中针对学生的年龄特点和心理特征,精心设计好导入的方法,就会使学生全神贯注,精神振奋,兴趣盎然,积极主动地去接受新知识。教师的讲课就像涓涓的小溪流入学生的心田,就会拨动学生的心弦,吸引他们的注意力,使他们鼓起学习的风帆,这样就会取得理想的教学效果。

总之,运用正确的方法导入新课,能集中学生的注意力,明确思维方向,激发学习兴趣,引起内在的求知欲望,使学生在新课学习一开始就有一个良好的学习境界,为整个教学过程创造良好的开端。

【案例】

语文课"祝福"的导入

正值新年刚过,学生还沉浸在热闹的过年氛围中。一上课老师就祝学生新年快乐,接着又要求学生分别说说新年趣事。于是,有的讲家人团聚的欢乐,有的说探亲访友的快乐,有的谈放鞭炮时既兴奋又害怕的心理,有的叙述初中同学再相会的故事。总之,整个课堂欢声笑语,沉浸在欢乐热闹的气氛中,每个学生都显得非常兴奋。

【评议】

"祝福"的故事发生在新年前后,教师让学生谈谈新年的人和事似乎没有什么不妥。但问题在于,教师投入了大量时间所营造出来的课堂气氛与文本氛围格格不入,欲使学生从快乐的一端迅速进入悲剧的另一端是很困难的事。因此,这个导入不但不能加深学生对祥林嫂悲剧命运的理解,反而会因眼前的喜剧氛围而妨碍学生进入本文情景。

二、导入的方法

教学没有固定的形式,一堂课如何开头,也没有固定的方法。由于教育对象不同,教学内容不同,每堂课的开头也必然不同。即使是同一教学内容,不同的教师也有不同的处理方法。有经验的教师总是十分重视一堂课的开端和知识之间的转折与衔接。他们总是精心设计导入,研究导入的艺术性。教师要敢于想象,敢于创新,采用灵活多样的方式导入新课。通过导入,把学生的注意力吸引到特定的教学任务和程序之中。

【案例】

语文课"我与地坛"的导入

(甲)

师:(播放贝多芬第五交响乐"命运")同学们,请告诉老师你听到的乐曲是什么?它的作者是谁?

生:贝多芬。

师:对,就是那个晚年双耳失聪却依然不向命运低头的贝多芬。他说过:"我要紧紧扼住命运的咽喉,它休想叫我屈服。"现实生活中也有许多像他一样向不幸命运抗争的人。今天我们就走近作家史铁生,一起体会他用十五年时间参悟的生命价值"我与地坛"。

(乙)

师:首先我想问大家一个问题:朱自清先生为什么去荷塘?

生1:心里颇不宁静。

师:很好,每个人都需要有自己的精神家园,朱自清的精神家园是荷塘世界,李乐薇的精神家园是他的空中楼阁,那么,我们再来问问史铁生为什么喜欢地坛呢?

生2:因为地坛是他的精神家园。

师:应该说,史铁生对生死的感悟是和一个特殊的环境联系在一起的,这就是地坛。那么,这个宁谧、安静的地坛给了史铁生什么启示?让我们一起学习"我与地坛"一文。

【评议】

上述两位教师的导入,他们的形式、内容虽有所不同,但本质是一致的,效果也不相上下。

1. 问题导入

实践证明,疑问、矛盾、问题是思维的"启发剂",它能使学生求知欲由潜伏状态转入活跃状态,有力地调动学生思维的积极性和主动性,是开启学生思维器官的钥匙。有经验的教师都很注意设疑导课的启发思维功能,精心设计疑问,以鼓起学生思维的风帆。如有个物理教师在讲"温度计"一课时,他先在桌面上从左到右放置三杯水,编号为1、2、3,分别是热的、温的、冷的,让两位同学分别用手指放入1号杯和3号杯的水中,稍等片刻,又分别要求两人把手指从1号杯和3号杯中抽出并立即一起放入2号杯的水中,问:"2号杯的水是热的,还是冷的?"左边的同学回答是"冷的",而右边的同学回答是"热的"。"两位同学对同一物体的温度怎么会产生不同的感觉?为此,要引入温度计。"这样引入新课的教学,学生思维活跃,兴趣较浓。师生思维出现了共振现象,乃是课堂教学艺术取得成功的重要标志。

【案例】

小学美术课"认识水粉颜料"导入

教师根据学生已经熟悉的油画棒材料做了一个小实验:将两个装有清水的透明玻璃杯摆放在讲台上,在第一个杯子里放入两支学生平时熟悉的油画棒,让学生仔细观察油画棒和水有什么变化。学生用神秘、好奇的眼光注视着杯子,不知道会有什么变化。过了一会儿,他们的期待失望了。接着,教师拿出一支橘黄色的水粉颜料,挤出后滴在第二个杯子中。学生惊喜地发现:随着颜料的滴入,杯子里的水发生了变化。大家非常兴奋。当老师用笔杆搅动第二个杯子时,大家异口同声地大叫起来:"哇!变成柠檬汁啦!"教师因势利导,提出了下面的问题:"第一个杯子为什么没有变化?第二个杯子为什么变化这么显著?"

【评议】

通过简单的演示和提出问题,把学生的兴趣一下子激发了起来。

2. 故事导入

把课讲得生动形象,深入浅出,始终是衡量教师教学艺术水平的标准之一。而采取寓意深刻又幽默轻松的故事导入新课,不仅可以引发学生的学习兴趣,而且可以使学生对所学的内容有一个更深的理解。钱梦龙老师在讲知识短文"词义"时,为了使抽象的词义知识能迅速地为学生所接受,一开始就给学生讲了一个阿凡提理发的小故事:阿凡提为了整治一个只理发不付钱的阿訇,先是给他剃了个光头,然后在刮脸的时候,阿凡提问他:"眉毛要不要?"阿訇说"当然要!"阿凡提就把眉毛剃下来给了他。那人虽气,但又不好怪阿凡提,因为他确实说过"要眉毛"的。阿凡提接着又问:"您的胡子要不要?"那人忙说"不要!不要!"阿凡提又哗哗两刀把他的漂亮胡子给剃掉了,结果阿訇的头像个剥光的鸡蛋。听了这个故事,同学们都大笑起来,钱老师马上因势利导地问学生:"阿凡提究竟玩了什么花样让那个阿訇上当的?"学生们立刻领悟到阿凡提是运用"要"这个词的多义性来捉弄阿訇的。于是,课堂教学自然引到对词义的理解上了。

【案例】

生物课"昆虫的性外激素"导入

教师向学生讲了这样一个小故事:法国著名的昆虫学家法布尔,在1904年做了一个有趣的实验。在一个风雨交加的夜晚,在一所被丛林包围的黑房子里,法布尔把一只雌天蚕蛾扣在纱笼里,尽管风狂雨骤,当天晚上还是有40多只雄天蚕蛾穿过风雨前来交尾。第二天晚上,他在雌天蚕蛾周围撒满樟脑丸和汽油,结果也没有影响雄天蚕蛾前来寻找雌天蚕蛾。是什么因素使得雄天蚕蛾能够风雨无阻地前来寻找雌天蚕蛾交尾呢?原来是昆虫的性外激素发挥了巨大的威力。那么什么是性外激素?它为什么在昆虫交尾中起这么大的作用?

【评议】

一连串的问题使学生展开了积极的思维,引起了学习兴趣。

3. 悬念导入

悬念,能够引起学生对课堂教学的兴趣,使学生产生刨根问底的急切心情,在探究的心理状态下接受教师发出的信息。教师在悬念中既巧妙地提出了学习任务,又创造出探究知识的良好情境。悬念的设置要恰当适度。不悬会使学生一眼看穿,则无念可思;太悬会使学生无从下手,也就无趣可激。只有寓事实于悬念中,才能引起学生开动脑筋,琢磨思考,兴趣盎然地去探索未知。有位数学教师讲代数式的值时,首先让学生比较 a 和 $-a$ 的大小,大多数学生顺口回答:a 大,因为 a 是正数,$-a$ 是负数。教师首先肯定了同学们的答案,并举出实例,当 $a=2$ 时,$a>-a$。但接着教师把话锋一转:如果 $a=0$,也就是说 0 与 -0 哪个大哪个小?学生自然地想到二者相等,即 $a=-a$;接着教师又说:如果 $a=-2$,即 $-a=-(-2)$,哪个大哪个小?学生又自然地想到 $a<-a$。为什么 a 与 $-a$ 相比有时大,有时小,有时又相等呢?教师先造成这样的悬念,接下去讲代数式的值,学生就很自然地集中精力听讲了。教师要善于结合所教内容的性质,根据教学目标,把所要讲授的问题化为悬念,把学生的注意力引导到教学目标上来。

【案例】

生物课"生命进化"的导入

美国 BSCS 生物教材中,在讲授"生命进化"时有这样一段导入:"假如你能按动一个魔钮,使这个世界的时钟倒转 6 亿年,那么,展现在你面前的将是一个多么怪异的世界啊!你将看到一个这样的地球:没有树,没有花草,没有昆虫,没有人类,没有飞鸟——没有生命的声音,也没有任何生命的踪迹。你能够想象得出只有一个人活着的情景吗?一切都是死的,甚至这死亡很快就要降临到你的头上——因为没有食物来维持你的生命,即使食物问题解决了,你想,又怎么能够在这荒凉死寂的地方保持自己的心智健全呢?

【评议】

这样的导入使学生仿佛置身于远古的地球,使他们明白很久很久以前地球上是没有生命的。那么后来怎么会有生命呢?课文接下去讲了"地球日记",揭示了地球的形成及演变过程。

4. 实验导入

中小学生普遍具有好奇的心理,他们一般都爱观察,特别是对一些比较新奇的事情,如一些鲜明、生动的实验。在观察实验过程中,他们的心理活动是好奇,急于想了解实验中出现的多种现象变化的原因,要求解惑的心情特别迫切。根据学生学习的心理活动,教师可设计一些富有启发性、趣味性的实验,通过大量的声、光、电、味等实验现象使学生在学习之始便在感官上承受大量的刺激,获得大量感性信息,同时提出若干思考题,在一系列的是什么、为什么、怎么样的启发下,促使学生有条理的思索问题,起到"激其情,引其疑"的作用。

【案例】

化学课"钠"的导入

教师在讲课之前先用小刀切一小块金属钠置于水槽内,让学生观察金属钠在水中的反应。当学生看到一个银色的小球在水面上一边"嗞嗞"作响,一边快速旋转时,感到特别惊奇,这一现象无疑会激起学生探求新知识的欲望。接着老师让学生亲自动手做钠跟水反应的实验,并引导学生观察和思考:

钠可以用小刀断开,这说明什么问题?

钠粒投入水中后,浮游在水面,熔化成小球,为什么?

产生的气体,是什么气体?

向反应后的溶液中,滴入几滴酚酞试液,溶液呈红色,说明生成了什么物质?

引导学生自然地得出钠质软,密度比水小,熔点低,钠跟水剧烈反应生成氢气和氢氧化钠（$2Na + 2H_2O == 2NaOH + H_2\uparrow$）,常温下易氧化,是一种活泼金属等结论。

5. 情境导入

有些概念、性质等基础知识,有些外语单词、中文生词比较抽象,不易理解,通过教师创设的情境,可使学生产生强烈的感性认识。中小学生的心理行为特点就是好动,因此课堂活动总是会激发起他们的学习兴趣。当然,导入时所组织的活动不宜太复杂,用的时间也不宜太长,直接参与活动的人也不宜过多。如数学中有关"行程问题"的教学,可以这样设计导入新课:首先问学生,喜欢看节目表演吗?然后,将课前已排练好的"双簧"表演给学生看。由两名学生面对面地站在讲台前(表示一段路程的两端)相对而行,老师旁白。此时,引导学生注意观察他们所走的方向。两人相遇后,教师提问:"现在出现了什么情况?""他们走的路程是多少?"通过具体形象的观察,学生自然对"同时"、"相向"、"相遇"等几个概念有了感性认识。这样导入新课,不仅为学生学习新知识扫清了障碍,而且激起了学生探求新知识的热情。通过创设的情景,使学生一下子就进入课文特定的内容,收到事半功倍的效果。导课时的情景创设要巧妙精当,真切感人,能够触到学生的内心深处,发挥他们的想象力,这就需要教师具备编剧的本领,导演的才能和演员的素质,才能成功地引导学生入境受情。

【案例】

语文课"春"的导入

一提到春,我们的眼前就仿佛展现出阳光明媚、东风荡漾、绿满大地的美丽景色,就会觉得有无限的生机、无穷的力量。

古往今来,许多文人墨客用彩笔描绘春天,歌颂春天、同学们想一想,杜甫在"绝句"中是怎样描绘春色的?(学生背诵:"两个黄鹂鸣翠柳,一行白鹭上青天。窗含西岭千秋雪,门泊东吴万里船。")

王安石在"泊船瓜洲"中又是怎样描绘的?(学生背诵:"京口瓜洲一水间,钟山只隔数重山。春风又绿江南岸,明月何时照我还?")

这些都是绝句,因为容量有限,只取一个景物,或取两三个景物来写春的。今天学习散文"春",写的景物可多了,有草、花、鸟、风、雨等等。现在春天就在我们身边,但是,我们往往是知春,而不会写春。那么,请看朱自清先生是怎样来描写春天景物的姿态、色彩的。

6. 经验导入

教师从学生已有的生活经验和熟悉的素材出发,用生动有趣的提问、讲解等方式导入新课,是经验导入。这种方法使学生有一种亲切感,能引起学生的求知欲望,引导学生动脑思考。例如讲"惯性"概念时,教师说:"同学们在乘车过程中会发生这种现象,每当汽车突然启动时,人会向后倒;当汽车急刹车时,人会向前冲;当车子急转弯时,人有被甩出去的感觉,这是为什么?这是由于存在惯性的缘故。那么,什么是惯性呢?下面我们就来研究这个概念。"又如在讲授心率、心动周期等有关知识时,教师让学生用自己的右手手指轻轻按在左手腕内侧,摸到脉搏后,手指有"嘣嘣"跳动的感觉,说明这是动脉,它的搏动和心脏的跳动是一致的。让每一个学生数一下自己的脉搏跳动次数,一分钟时停止。然后分别进行统计,每分钟80次以上的人数,每分钟70—79次的人数,每分钟60—69次的人数。统计之后,提两个问题让学生思考:①为什么大家都静坐在教室里,而每个人的脉搏次数却不完全相同呢?②心脏在人的一生中都在不停地跳动,为什么不会疲劳呢?把这些大家感觉到,但不理解的问题提出来导入新课,既能使学生明确学习目的和重点内容,又能与学生的生活实际密切地联系起来,所以它能够较好地激发学生的学习兴趣。

导入的方法很多,除了以上所讲的6种外,还有直接导入、旧知识导入、事例导入、练习导入、幽默导入、布障导入、比较导入、讨论导入等方法。有人作过统计,语文课的导入方法不下15种,数学课的导入方法有18种之多,其他各门学科的导入方法均在10种以上。只要我们勤于动脑、善于研究,新颖别致的艺术导入方法是不难设计的。但我们一定要注意导入的科学性、时间性,一定要简明、实用,不要哗众取宠,更不要喧宾夺主。要紧扣教学目标,这样才能充分发挥导入的作用。

三、导入技能的应用原则

导入的方法是在深入钻研教学内容、明确教学目标和分析学生认知特点的基础上确定的。因此,每种导入都应从教学目标出发,使学生明确学习目的和教学内容,启发学生的学习积极性和主动性。典型的导入技能结构一般由以下几方面构成:

1. 集中注意　导入的首要任务是使与教学无关的学生活动得到抑制,迅速投入到新的学习中来,并使之得到保持。

2. 引起兴趣　兴趣是学习动机的重要成分,是求知的起点。导入的目的就是指用各种方法把这种内部积极性调动起来。

3. 激发思维　通过导入启发学生积极思考问题,为学习新知识奠定基础。

4. 明确目的　在导入的过程中,只有使学生明确学习目的,才能把他的内部动机充分调动起来,发挥其学习的积极性和主动性。

5. 进入课题　通过导入自然地进入课题,使导入和新课题之间建立有机的联系,发挥导入的作用。

各种不同的导入方法,在设计和实施中,均应遵循下列原则:

1. 目的性原则　无论采用何种导入方式都应保证设置的问题情境指向课题内容的总目标。要有助于激发学生的学习兴趣,使之初步明确将学什么、怎么学、为什么要学。设计导入时,要考虑教学内容的整体,要服从整体。导入仅仅是开头,它的作用是为教学打开思路,如果脱离课堂整体,即使再精彩的导入也会失去它的作用。

2. 相关性原则　在导入阶段要善于以旧抓新,温故知新,使导入的内容与新课的重点紧密相关,能揭示新旧知识的关系。要从新知识的生长点出发导入,要从知识的结构出发导入,采用最佳教学方式,便于学生接受和牢固掌握。

3. 启发性原则　教师设计的导入能激发学生思考,活跃他们的思维,调动他们的求知欲和进取心,以便使学生实现知识的正迁移。导入的启发性还表现在使学生理解学习该课的重要性和必要性,产生学习的强烈欲望,从而提高学习的自觉性和积极性。

4. 趣味性原则　导入要有趣,做到情趣盎然、妙不可言、引人入胜、余味无穷。心理学研究表明,如果学生对所学内容感兴趣,就会积极、主动和自觉地去学,学习也会轻松愉快,不会造成心理负担,学习效率就高。因此,教师要使学生处于渴望学习的心理状态,使学生以最佳的心态投入到学习活动中去。

5. 时效性原则　导入阶段要以最少的时间取得最好的教学效果,必须做到过程紧凑,各环节之间既层次清楚,又安排合理,使学生尽快进入学习情境。一般导入过程控制在5分钟之内。

【案例】

历史课"鸦片战争"的导入(微格教案)

老师在讲"鸦片战争前夕的国内国际情况"时,以低沉、哀婉的语调,很快就把学生的注意力吸引到了1840年到1919年这一段中国人民受尽帝国主义欺凌、剥削的历史时代。教案如下:

教学目标	导入鸦片战争			
分配时间	授课行为 (讲解、提问的内容)	应掌握的授课技巧	学习行为 (预想的回答等)	要准备的视听教材等
0″	这是世界地图,这里是我们伟大的祖国。	一般说明	学生看图	世界地图
	现在把我们祖国疆域清楚地标志出来。	动作技巧		1840年中国疆域图用黑色纸标明
30″	用黑色,因为我们要开始学习祖国历史上最黑暗的一页——近代史。	引起惊奇 一般说明		
	细心的同学还会发现这图形不同于大家熟悉的雄鸡的图形,因为近代史开端时期,祖国领土比现在要大150多万平方公里,大体就像这片海棠叶。	动作技巧 一般说明		
1′	标志中国近代史开端的历史事件是什么? 对,是鸦片战争 第一章鸦片战争(板书)	一般性提问 变换刺激 板书技巧	回答:鸦片战争	
1′30″	战争的双方分别是哪些国家?	一般性提问	回答:英国、中国	
	对,英国、中国,请看地图。 这是中国,这是英国。	动作技巧		
	这是大西洋、印度洋、太平洋,两国间真可谓远隔重洋,天各一方。当时从好望角到中国沿海航行需要4个月。	一般讲解		
2′	为什么两国会发生战争?而且是在1840年?	导入性提问	回答:英国侵略中国	

如何评价导入的好坏呢？一般可以从以下几方面进行评判：(1)导入的目的是否明确；(2)导入是否能自然引入课题；(3)导入是否能引起学生的兴趣；(4)导入内容与新知识联系是否紧密；(5)导入是否感情充沛、语言清晰；(6)导入时间是否掌握得当、紧凑；(7)导入是否能面向全体学生。经常性的进行有目的的导入技能训练，久而久之，将形成自己的教学风格。经验证明，用这种定向训练来提高教师的教学能力，可以使教师迅速走向成熟。

实习活动

选择一个你感兴趣的课题，为之设计一个定向导入，教案编写仿照"鸦片战争"的导入，时间在5分钟之内，进行讲解并录像，并予以评价。

第二节 强化技能

强化是一个心理学概念，"使有机体在学习过程中增强某种反应重复可能性的力量称为强化"。美国当代心理学家斯金纳(Skinner)曾经做过一个著名的实验。他设计了一个箱子，箱子里有根杠杆，旁边有一个食盒。每当老鼠用前脚压杆之后，一粒食物就会自动落进食盒。于是老鼠的压杆动作因得到食物而增强。最终老鼠形成了一种习惯，每当想获取食物时便用前脚去压杆。在这一情境中，食物就是一个强化剂，它的出现依随于反应，成为反应的后果。这种后果形成一种反馈作用，引起反应概率的改变。这种能增强反应概率，增强行为重复次数的力量就是强化。强化是塑造行为和保持行为强度不可缺少的关键。强化技能是教师在教学中一系列促进和增强学生反应和保持学习力量的方式。

有一位父亲曾给其儿子(某访谈节目主持人)写过一段"话该怎么说"的醒世箴言：

大事——清楚地说；
小事——幽默地说；
急事——慢慢地说；
别人的事——小心地说；
开心的事——看场合说；
伤心的事——不要见人就说；
没有把握的事——谨慎地说；
没发生的事——不要胡说；
做不到的事——别乱说；
伤害人的事——不能说；
现在的事——让大家说；
未来的事——未来再说；
自己的事——静听自己的心怎么说。

这就是一个关于强化如何说话的例子。在我们生活中反复出现的各类广告也包含了许多强化的效应。

一、强化技能的目的

强化是进一步学习的重要因素,是课堂教学中为促进学习进展而需要研究的一个重要变量。强化技能在课堂教学中一般要达到以下目的:

1. 引起学生的注意,使学生在教学过程中将注意力集中到教学活动上,防止和减少非教学因素刺激所产生的干扰,提高学生注意的持续性。

2. 激起学习兴趣,引起学生产生学习动机,明确学习目的。

3. 在教学过程中,促进学生积极主动参与活动,活跃教师与学生的双向交流。

4. 承认学生的努力和成绩,促进学生将正确的反应行为得到巩固,使学生的努力在心理上得到适当的满足。

强化可以分为正面强化和反面强化两种。当学生在课堂上表现出某种教师所期望的反应时,教师即给予表扬、奖励或其他形式的鼓励,这就是正面强化;当学生做出某种教师所不喜欢的行为时,给予批评、惩罚或其他形式的打击,则为反面强化。比如当学生在课堂上回答完老师的问题时教师以"回答得不错"、"很好"之类的语言进行表扬,或问全班"他回答得正确吗"?、"你们同意吗"? 以推动全体学生进行确认或表扬,这些都属于正面强化。反之,当学生在回答完问题后,教师以"你回答得不对"、"你怎么能这样回答呢"或明知学生给出的是错误答案,还问全体学生"他回答得对吗"? 让全体学生回答一声"不对"来确认,这些就是反面强化。当然,正面强化与反面强化不仅仅是语言性的,还包括手势动作以及其他一些形式。在通常情况下,教师应多用正面强化,少用或慎用反面强化。

教师要研究学生,了解他们的心理需求,以便进行适合于学生心理特征的强化教育,达到事半功倍的教学效果。每一个学生的心理特征都会有某种个人的色彩。教师若能在强化的同时关注他的心理特征,会更有助于增强强化的效果。另外,同一个学生在不同时期,心理状态也不同,教师在给予强化时也应考虑这种不同的因素。比如,对一个在生活中遭遇重大困难的学生,教师若适时地发现他学习过程中所表现出的克服和战胜困难的倾向,并适时地表扬和鼓励,这个学生一定会增强战胜困难的勇气,学习也会更加努力。这种正面强化可以调动学生学习的积极性,也是强化技能的目的所在。

二、强化技能的类型

强化技能的方式很多。教师在教学中运用诸如激励赞扬的语言,期望称赞的目光和眼神,赞美的手势,会心地微笑,以及利用面部表情、体态和活动方式,为学生创设学习的最佳环境,增强情感的感染力,强化学生的学习情绪。强化技能主要有语言强化,活动强化,符号强化等类型。

1. 语言强化

它是教师用语言评论的方式,如表扬、鼓励、批评,对学生的反应或行为作出判断和表明态度,或引导学生相互鼓励来强化学习效果的行为。语言强化一般由三种形式:口头语言强化、书面语言强化和体态语言强化。

前苏联教育家马卡连柯说过:"同样的教学方法,因为语言不同,就可能相差十二倍。"苏霍姆林斯基也曾强调:教学语言"在较大程度上决定着学生在课堂上脑力劳动的效率"。

(1) 口头语言强化

口头语言强化是教师对学生在课堂上的反应和表现以口头语言的形式作出针对性的确认,表扬或批评,以达到强化的目的。

例如:当学生在课堂上正确回答老师的提问时,教师赞许地说:"很好,学习就应该这样,勤于思考,把知识活用。"几句话就把学生的心里说得热乎乎的。不仅使回答问题的学生享受到成功的喜悦,得到心理上的满足,而且也为其他学生指出了发展的方向,具有较大的激励作用。教师常用的表扬性口语有:非常好,太棒了,这是一个非常好的想法,回答得很有见地,进步真快等等。

批评,指教师对学生的学习行为或结果进行否定性评价。批评不可滥用,但必要的批评,切实的指正也是教育不可缺少的手段。批评要注意方式和方法,使学生在心理上、感情上容易接受。例如:一位语文教师正在讲"游园不值"这首诗,忽然一位迟到的学生"砰"的一声推门而入,径直入座。教师就诗取材,"小扣柴扉久不开",问大家:"大家想想诗人去拜访朋友,为什么'小扣'柴扉而不是'猛扣'呢?"学生们议论纷纷,认为"猛扣"是不礼貌的表现。教师因势利导,肯定了诗人有文化、有修养、懂礼貌,我们应该学习他。然后走到那位迟到的同学身边,弯腰轻轻地问:"你说大家说得对吗? 你赞成'小扣'呢,还是赞成'猛扣'?"迟到的同学注意到自己刚才的行为不礼貌,他的脸红了,同学们也笑了起来,在笑声中大家都受到了教育和感化。这种寓批评于课文内容的方法是值得提倡的。

(2) 书面语言强化

它是通过教师在学生的作业或试卷上所写的批语,而对学生的学习行为产生强化作用的一种方式。

例如:一个对作业从不认真的学生,经教育后,有所改进,不但字迹比过去工整了,错误率也下降了。教师在学生的作业本上写出恰当的评语:"文字较工整,错误较少,大有进步,如果再下功夫一定会有更大的进步!"经过多次反复的鼓励强化和引导,这个学生对待作业的态度就会有较大的改变,比笼统地写"好","有进步"有更大的强化作用。如果只写一个"阅"字则对学生没有强化作用。

(3) 体态语言强化

体态语言强化是指教师运用非语言因素的身体动作、表情和姿势,对学生在课堂上的表现表示教师的态度和情感。一个教师的教学魅力,往往通过他的体态语言可以和学生进行非常默契的信息交流。一个会意地微笑,一种审视的目光,都可以把教师的情感正确地传达给课堂里的每一个学生。

常用的体态语有:

a. 手势   如拍手、鼓掌、举手等,对学生的表现给予强烈的鼓励和支持。方纪的"挥手之间"说的是毛主席赴重庆谈判时与延安军民告别的一幕,给人们留下了深刻的印象。这是手势语言的精彩之笔。

b. 目视　对学生的表现表示关注或提醒。当发现某一同学不专心或搞小动作时,教师可通过目视,提醒他注意。当学生做某一演示时,教师的目视则表示对他的关注或鼓励。"眼睛是心灵的窗户",在与学生进行目光接触时,教师要注意自己的目光不应在某一个学生的身上停留太久,以使该学生感到不适,或因此而分散其他学生的注意力。在与学生目光接触时要表现自然,同时要有意识地使自己目光注视的学生明白你目光中的含义。

c. 点头或摇头　对学生的表现给予肯定或否定。学生回答问题时,老师赞成学生的行为或见解,可以通过赞许的点头表示肯定,给予支持;反之则摇头表示否定。

d. 接触　教师有意识地走到学生身边,或站立观察其活动,或与之谈话,倾听意见,参加讨论。当学生有好的见解或某项工作比较成功时,教师可轻轻拍拍他的肩,或摸摸他的头(注意学生的年龄和性别),表示赞赏。这可以起到关心、鼓舞的作用。心理学的研究表明,人在被注意的状态下,其行为一般趋向一种正面呈现,即以一种为一般人,特别是观察者所认可或喜欢的方式表现出来。

e. 沉默　从表面上看,沉默是教师的一种停顿状态,然而,由于沉默所引起教师行为的变化,特别是其对学生课堂表现的作用和影响,使沉默成为教师课堂教学行为的一个重要组成部分。所谓"沉默是金"是也。当课堂上有学生做出有违课堂纪律的事情时,当学生就某一问题进行热烈辩论时,当学生在准备回答问题时,教师以沉默的方式作壁上观,在许多情况下可以成为一种强有力的课堂强化与控制手段,起到"此时无声胜有声"的作用。沉默的具体应用既是一种技能,也是一种艺术。说它是技能,是因为教师可通过练习逐步养成在课堂上以沉默的方式对学生进行强化,对课堂实行控制;说它是艺术,是因为沉默的时机及持续时间等需要由教师灵活掌握。

在对学生进行语言强化时,应该坚持以表扬为主的原则。有人做过一个实验,他把数学成绩相等的学生分成四个组。给第一组上课前先表扬作业成绩优良者;给第二组上课前对作业成绩不好的进行严厉批评;给第三组上课时对学生的作业既不批评,也不表扬,但把第一组、第二组每天作业的情况告诉他们;给第四组上课时,不但不批评不表扬,而且也不让他们知道其他三组的情况。经过一段时间以后,经常受表扬的第一组成绩不断上升;总是听到批评的第二组成绩最初有进步,但以后逐渐下降;既不受表扬也不挨批评但能听到表扬和批评别人情况的第三组成绩开始有进步,以后变化不大;什么情况也听不到的第四组成绩始终没有什么明显的变化。表扬作为教育方法和手段,含有肯定、鼓励、化解矛盾等多种功能,相对批评而言,更容易为学生所接受,有着更多的活动空间,更易收到事半功倍的教育效果,值得广大教师使用。

【案例】

语文命题作文"春雨"

语文教师在评价命题作文"春雨"时,讲了班上的成绩后,接着讲到学生作文中的不当之处。

师：有位同学写道："春雨啊，贵如油，你给人们带来了幸福和丰收。那就下吧，一直下到2020年！……"要是雨真的下到那个时候，我看就是大灾难了。

（全班哄堂大笑，教师眉飞色舞。只见一个女生红着脸低下了头，其他同学的目光不约而同地射向了她）

师：奇文共欣赏嘛！……

【评议】

这位教师用嘲笑的神情，调侃的语调，使一个女生当众出丑，给这位同学留下了心灵的创伤，打击了学生学习的积极性，这种反面强化我们千万不要采用。

2. 活动强化

学习是一种艰苦的脑力劳动，硬逼着学生去做，就会使他们感到枯燥、厌烦，把学习看成是一件苦涩的事情。如果把学生的学习本身作为强化因子，即把容易引起学生兴趣的活动放在难度较大的学习活动之后，做到先张后弛，就可以强化难度较大的学习。在教学中，学生经过一段紧张的思维活动之后，初步形成了有关理论的概念，教师就可以提出一些生动有趣的问题，让学生通过解决这些问题来深化、巩固学习，这是对所学理论的强化。还可以在经过一段紧张的学习之后，设计一些学生感兴趣的活动，让他们自我参与、相互影响，起到促进学习的强化作用。活动强化一般有竞赛、操作、做"小老师"等形式。

（1）竞赛

适当的竞赛活动能激发学生的学习积极性，它是强化教学经常采用的活动形式之一。竞赛是培养学生刻苦学习、攀登科学高峰的一个途径，又是促进教学工作、提高学生水平的重要方法。如在数学教学中，可以开展"一题多解"的竞赛活动，来帮助学生开阔解题思路，掌握解题方法，增强解题能力，巩固、加深、扩大课程知识。有这样一道应用题：甲、乙两个工程队合作一项工程，12天可以完工，如果甲队单独先做5天后，乙队也来参加，两队再合做9天才能完工。两队单独完成这项工程各需要多少天？用方程与方程组的知识，可以有8种以上的解法。学生通过这样的竞赛活动，个个参与，人人争先，充分调动了学生的积极性，强化了所学的知识。

（2）操作

操作活动既能丰富感性知识，体现知识的发生、发展过程，加深理解，又能满足学生好奇、好动的心理，提高他们的学习兴趣。课堂上的演示实验，除了老师操作外，也可以有目的地请一些同学上台来试一试。英语教学中的替代练习，实际上也是一种操作强化方式。比如英语教师在课堂上进行组句游戏，所组的句子是"He is a student. I am a student."教师让6个学生分别手持写有上面几个单词的卡片列队组句。关键的词是"is"和"am"，有意识的进行变换练习活动，不断强化"is"和"am"的用法，学生在操作中不知不觉地就学会了。又如，一位高中数学教师在上"反函数"一课时，为同学演示了一个小魔术。他手拿一副不含大、小王牌的扑克牌，请几个同学任意各抽取一张。然后把牌的点数乘以2加上3，再乘以5减去25，将所得的结果告诉他，他能在一秒钟内就能说出同学手中牌的点数，并且屡试不爽。同学们很惊奇地看着他,他乘势告诉大家:"不是老师聪明,而是我们所学的反函数知识帮了老师的忙!"接着他在黑板上揭示了谜底:设牌的点数为 x,同学们报给他的数为 y,则 $y=(2x+3)\times 5-25 \to x = 1/10y+1 \to f^{-1}(y)=1/10y+1$。若同学报给他的数为 120,则 $x=120/10+1=13$,他就知道同学手中拿的牌是一张老 K。同学们被深深地吸引到数学的学习中来。"反函数"的概念也进一步地被强化接受了。

(3) 做"小老师"

请学生当"小老师",年龄越小,踊跃的程度越高。"小老师"非常愿意向老师和同学们展示自己的才能,这是现代意识在他们身上的表现。能在课堂上提供自我表现的机会,可以有效地调动这些学生的潜能。比如,在作文教学中组织学生讲解作文,选出典型的作文,让作者上台朗读,其余同学认真听,听后请有一定见解的学生当"小老师",对文章进行评议:谁写得好?好在哪里?谁写得不好?哪里不好?怎样修改?这样做同学们积极性高,课堂活跃,强化学习的效果也好。

3. 符号强化

符号强化又称标志强化。教师用一些醒目的符号、色彩的对比等来强化教学活动。例如,学生在黑板上演算、书写后,教师用彩色粉笔在黑板上打钩,或者再写上评语"好!";在讲解重点、关键的地方加彩色圆点,彩色曲线等进行板书,以引起学生的注意;在演示实验中,在观察的重点处加标志,加说明等,强化实验的目的。

(1) 着色法

教师如果能适当地应用彩色粉笔,便能使单调的白字空间骤然生动起来。这是因为色彩不但能调动学生的情感因素,可以唤起学生的情感倾向,而且揭示了教学的重点,起到强化作用。

例如语文教师在上"改造我们的学习"一文时,一开始就用白色和蓝色写二次题目:

改造我们的学习(白色)
改造我们的学习(蓝色)

然后,教师启发学生:请大家注意黑板上的两个题目,哪个更醒目?是白色。因为黑与白是一组对比色,把它们放在一起,以白衬黑,使白更醒目,这便是对比的效果。今天我们上"改造我们的学习"这篇课文,其主要论证方法也是对比,请大家注意体会这种论证方法的特点。这样,教师便运用课题色彩的对比很自然地引出了讲课的重点。

(2) 符号法

任何符号都表示一定的意义。教师要运用符号的这种表义性来帮助学生理解,强化教学效果。根据符号的不同可以分为指向符号、语法符号、标点符号等类型。

例如,教"过秦论"的教师板书时用一个逆向箭头:

过秦论

这里的箭头指向就是表示读的顺序,即"论秦过",这就是题目的意思。"邹忌讽齐王纳谏"教师板书时用一些语法符号：

邹忌讽齐王纳谏

这样醒目的强化能使学生理解课题的意思，领会课文的构思与顺序，即课文先叙述"邹忌讽齐王"，再叙述"齐王纳谏"。在讲鲁迅小说"药"时，教师的板书是这样的：

药　？　。！　？

这"药"后面的标点符号，表示了我们对小说的标题含义的几次理解。

(3) 显示法

显示法不是一下子就完全显示，而是随着讲课的进行，逐步"显示"强化的一种方法。

例如：在讲"同角三角函数的基本关系式"时，得到三组关系：

倒数关系　$\sin\alpha \cdot \csc\alpha = 1$，$\cos\alpha \cdot \sec\alpha = 1$，$\tan\alpha \cdot \cot\alpha = 1$

商数关系　$\tan\alpha = \sin\alpha/\cos\alpha$，$\cot\alpha = \cos\alpha/\sin\alpha$

平方关系　$\sin^2\alpha + \cos^2\alpha = 1$，$1 + \tan^2\alpha = \sec^2\alpha$，$1 + \cot^2\alpha = \csc^2\alpha$

为了便于记忆，可画一个正六边形，在六个顶点上逐步"显示"$\sin\alpha$、$\cos\alpha$、$\tan\alpha$、$\cot\alpha$、$\sec\alpha$、$\csc\alpha$，在对角线的交点处标上1。然后"显示"倒数关系：三条对角线的两端所标注的函数，具有倒数关系；平方关系：三个倒三角形的顶点所标注的函数，具有平方关系；商数关系：上面四个函数与1，形成两个平行四边形，它们具有商数关系：$\sin\alpha = \tan\alpha \cdot \cos\alpha$，$\cos\alpha = \cot\alpha \cdot \sin\alpha$，即 $\sin\alpha/\cos\alpha = \tan\alpha/1$，$\cos\alpha/\sin\alpha = \cot\alpha/1$。

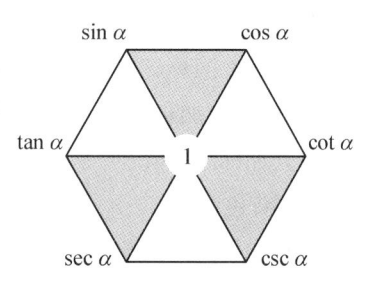

强化的类型除了上面讲的三种外，还有许多。像情景强化，在教学中，教师有意创设一定的情境，来强化教学。赞许、认可、微笑、手势、注视，以及各种物质奖励等，都可以作为强化物。这里要说明的是，强化物不一定始终由教师来支配，有时可以让小组、同伴或其他人来给予，学生自己也可以给自己强化。此外，强化的效用也是因人而异的，有些学生把强化作为唯一的学习动力，有些学生则把强化看作外来之物；有些学生强化越多学习劲头越大，有些学生强化多了反而不再努力了，如此等等。因此，不同学生在教学过程中的不同阶段需要不同类型的强化，甚至不同数量的强化。不管怎么说，强化在教与学过程中起的作用，是一致公认的，关键看教师所使用的强化类型，频率是否恰当和必要。

【案例】

数学课"对数函数的图像与性质"的强化记忆

题目："把图中三条曲线 A、B、C 与三个函数 $y = \log_{60} x$，$y = \log_{32} x$，$y = \log_{18} x$ 一一对应起来。"最终的结果是曲线 A 对应 $y = \log_{18} x$，曲线 B 对应 $y = \log_{32} x$，曲线 C 对应 $y = \log_{60} x$。

老师趁此机会用一个形象的比喻强化了这个知识点:"是否人的年龄越大,背就驼得越弯、越厉害?"同学们哈哈大笑。这样就很轻松地把结论留在了脑海里。

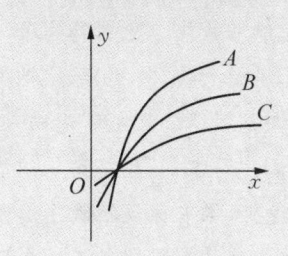

三、强化技能的应用原则

教师在课堂教学中运用强化技能时,应注意以下几点要求:

1. 多样性　单调会引起学生乏味,故强化的方式要经常变化,强化的类型要根据所授课内容的特点经常变化,使用的语言也要变化,要幽默有趣。

2. 个性化　强化时要顾及强化对象的个性及行为程度,强化的方法要符合学生的年龄特征和学生的表现,注意以内部强化为主,促进学生主动学习,多用正面强化,不用或少用反面强化。

3. 针对性　给学生的强化应明确、具体。不同性格特点的学生用不同的强化方法,不同的行为用不同的方法。要特别注意鼓励较差学生的微小进步。

4. 时效性　对学生的反应要及时给予强化。强化的时间对于强化效果有很大的影响,过早易使学生慌乱,阻碍探究活动的进行;过晚易使学生失去帮助的良机,甚至可能接受不到正确信息。

应用强化技能是一门艺术,恰到好处的应用强化技能一般应遵循下列原则:

1. 目的性原则　运用强化技能时,一定要将学生的注意力引到学习上来,提高学生参与教学活动的意识,帮助学生采取正确的学习行为,并以表扬为主,促进学生的学习。

2. 恰当性原则　要注意运用强化技能应合适、自然、恰到好处。如采用动作强化时,过分频繁的走动和接触学生会引起学生的反感。要适合班级、年龄和学生能力及特点。强化只有做到恰当才能起到应有的作用。

3. 情感性原则　教师要热情真诚,对学生充满希望、关怀和信任,这样才能对学生的情感产生积极的影响,"亲其师,信其道,乐其学。"

4. 及时性原则　当所期望的行为一经出现,教师就应抓住时机给予奖赏,力求得到强化。对于学习行为或纪律行为较差的学生,要注意强化他们微小的进步。

5. 间隙性原则　当期望的某种行为已经相当巩固了,要逐渐减少强化的次数,直至最终在每间隔一段时间后,偶尔给予强化。这种间隙性的强化对于保持已养成的行为,比经常强化更有效。

【案例】

中学教师高立和应邀到市工读学校讲一堂人生道德课。尽管高老师从教多年,但给少年犯们讲课还是第一次,心里不免有些紧张。上课铃响了,高老师推开门,正要踏上讲台,一不小心"扑通"摔了一跤,惹得学生哄堂大笑,口哨声、尖叫声四起。在教室后面听课的教师们吃惊之余,忙站起来,准备维持课堂纪律。只见高老师从地上站起来,轻轻地拂去自己身上的灰尘,扶正眼镜,不慌不忙地说:"同学们,请安静。这也是我给大家上的第一课。"一句话,把大家都愣住了。"人生的旅途上,谁能保证不跌几次呢?我刚才就跌倒过,你们也曾经跌倒过。跌倒了我们不怕,哪里跌倒就从哪里爬起来!"高老师的几句话,字字震动了这些失过足,饱受过世俗白眼和讥讽的少年们。在热烈的掌声中,高老师在黑板上从容地写下了将要讲课的标题:人生的路应该这样走。

【评议】

课堂教学过程中难免会发生、出现一些出乎意料之事或情境,当这些事件或情境不利于课堂教学正常进行时,需要教师冷静、宽容、机智、坦诚地去面对。虽说高老师的课前跌跤和去给"跌跤者"讲课是一种巧合,但他在自己当众"失足"后能够沉着冷静,迅速调整自己的情绪,巧妙地为自己解除了窘境,应该说,高老师充满了教学智慧,这一跤起到了比讲课更强化的效应。

实习活动

以强化技能应用训练为主,编制一段教案,注意不同强化技能类型的恰当使用,进行教学录像并作评价。

第三节 课堂组织管理技能

迄今为止,课堂教学仍是教学活动中最基本的一种组织形式。课堂教学有两种活动,一种是教学活动,一种是管理活动。教学活动是指教师按照一定的教学思路传授知识、培养能力、发展智力、陶冶情操的活动。管理活动是指教师指挥、组织学生参与到教学活动中来,为实现教学目标而作出种种努力的活动,即教师经常说的"驾驭课堂"。教师不断地组织学生注意,管理纪律,引导学习,建立和谐的教学环境,帮助学生达到预定教学目标的行为方式,称为教师的课堂组织管理技能。这个技能是课堂教学的"支点",是使课堂教学得以顺利进行的重要保证。它不仅影响到整个课堂教学的效果,而且与学生思想、情感、智力的发展有着密切的关系。以往人们习惯于把课堂教学仅仅作为一种传递知识、技能的认知活动形式来加以组织,但实际上学生在课堂上的学习不仅是通过思考和阅读,而且也是通过经验和情感来获得知识、获得感情和价值的。这就是说课堂如果缺少温暖的师生关系和多向信息沟通,如果教师不具备移情、积极关注和真诚等条件,就难以引导学生进行真正有效的学习。而任何教学内容和方式只有能够激发学生生动活泼的思想,唤起他们真挚而深刻的感情,才能真正发挥教育作用。因此课堂应该有积极的、丰富的、多方面的精神生活,来使课堂生活在学习为主的前提下成为有血有肉的社会生活中的一部分。

基于上述认识,不少学者都在积极探索课堂教学的组织工作。如罗森塔尔与雅各布松研究了教师期望对学生智力与成绩的影响,发现了"皮格马利翁效应",林格伦等依赖信息沟通理论提出了最佳的多向沟通模式,苏霍姆林斯基等都十分重视课堂上的精神生活,强调情感的教育作用。因此如何从知、情、意统一的角度去组织好一堂课已成为各国教学工作者所十分关注的一个课题。如果组织得好,就可以大大提高教学活动在学校教育中的作用,从这个意义上说,"课的组织是整个教学活动中的一个纽带"。

【案例】

小学数学"圆与直线的位置关系"

师:圆与直线的位置关系到底如何呢?关于这个问题,我想通过大家自己努力,互相帮助是一定会解决的。下面前排的两位同学与后排的两位同学自然地组织成一个学习小组,老师给每个小组一根直线,一个圆的模型。请你们小组中的四个同学互相研究、讨论一下两者的位置关系。同时思考黑板上的几个问题。时间是7分钟。开始!

生:(摆弄直线与圆)

师:(在教室中走动,时而停下来看一看某个小组活动情况)好!时间到!首先我们来看第一个问题:直线与圆有几种位置关系?1小组,几种?

生(1小组):3种。

师:3小组,几种?

生(3小组):2种。

师:6小组,几种?

生(6小组):3种。

师:到底几种?

生:3种。

生:2种。

师:那好,主张3种的小组派一个代表到黑板上给大家演示一下。

生:(在黑板上演示)

师:到底几种?

生:3种。

师:主张2种的小组看看自己小组少了哪一种。那么,哪个小组能用简图把直线与圆的位置关系画在黑板上?好,2小组。

生:(2小组)(在黑板上画)

| (1) | (2) | (3) |

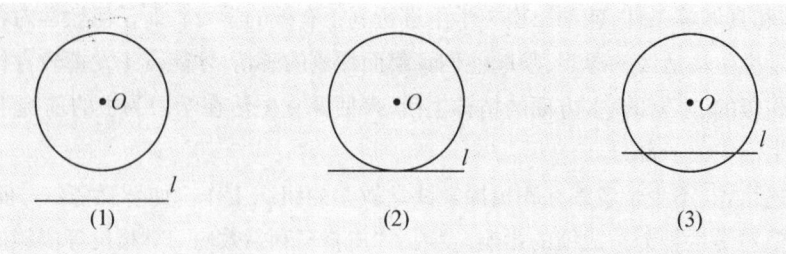

师：画得对不对？

生：对！

师：习惯上我们把第一种情况称为相离，第二种情况叫相切，第三种情况是相交（板书）。接下来每个小组还要思考一个问题：假设这个圆的圆心 o 到直线 l 的距离为 m，而圆的半径为 r，那么直线与圆的位置关系决定了 m 与 r 之间又有什么样的关系呢？请每个小组讨论一下。

生：（认真地讨论）

师：请第 4 小组同学派一个代表，把你们讨论的结果写在黑板上老师板书的旁边。

生：相离：$m > r$

相切：$m = r$

相交：$m < r$

师：对不对？

生：对。

【评议】

上述的教学片断就是组织教学技能的一个缩影。这位教师充分运用了"以学生发展为本"的教学理念，通过同学的互相实践，互相讨论，互相研究，而不是一言堂，填鸭式的灌输，最终得出了问题的答案。这种做法一方面使学生学习的知识牢固掌握，另一方面，也会使学生在与别的同学讨论研究的过程中学会与别人合作的方法，发展与别人合作的能力；而且长期的锻炼还会使学生意识到学习不只是一种个体的行为，同时还是一种共同合作的行为，学生通过互助，可以达到共同提高的目的；整个课堂教学也变得生动活泼，从而使学生的主体作用得到充分的发挥。这种教学方式符合联合国教科文组织提出的"学会学习，学会合作，学会做事，学会生存"的教育行动口号，值得大力提倡。

一、如何驾驭课堂

就一节课而言，课堂管理主要体现在课堂组织、时间分割、教学内容组织和师生交往方式四个方面。

1. 课堂教学的组织

课堂教学的组织可以分为几个阶段：

（1）预备阶段的组织教学

上课预备铃响后，教师开始一堂课预备阶段的组织教学。教师应当站在教室门口，目视教室内学生,示意大家安静,作好上课前的准备。例如,看一看教科书、听课笔记本、文具盒等是否摆放在课桌上,与本节课无关的书本资料等是否收起。如少数学生尚未作好准备,教师可适当提醒,督促这些学生准备上课。上课铃响后,教师走进教室,学生起立,教师环视,待全体学生站好安定后,还礼示意学生坐下。这个阶段是上课组织教学的前奏,也是组织教学的基础,前奏的成效将直接影响着一堂课的成败。

(2) 开讲阶段的组织教学

这个阶段的主要任务是激发学习兴趣,阐明本节课的教学目的,动员学生集中注意力,师生团结合作为完成本节课的教学任务而努力。"良好的开端,成功的一半"。这个阶段是最有力的组织教学阶段,是教师带领学生对教学目标进攻的开始,是学生迎战情绪的动员,它能产生教学的向心力和凝聚力,教师必须要言不烦,有声有色,抓住教学的主要矛盾,运用导入技能的各种类型,很快把学生带入教学情境中去。

【案例】

化学课"元素周期律的发现"

教师一开始就用多媒体课件出示一张精致的彩色邮票,票面正中是门捷列夫的头像。并问:"这位大胡子学者是谁呢?"部分学生认出这是俄国化学家门捷列夫。通过强烈的光、色和生动的问话刺激学生。接着,多媒体课件又打出三个思考题,引出本课所要解决的主要问题,达到向学生渗透本节课教学目的的作用。

1. 元素周期律是科学史上的偶然发现,还是科学发展的必然结果?
2. 元素周期律是门捷列夫的个人发现,还是科学家们前赴后继的探索结晶?
3. 为什么称门捷列夫元素周期律,而不是以其他人的名字命名?

课就沿着这三个环环相扣的问题展开。

(3) 授课阶段的组织教学

这个阶段是组织教学的关键,也是一节课教学的主要环节。课堂教学管理的主要功能作用就体现在这一阶段。教师要依据学生的年龄特征、教材实际,周密设计以学生为主体的教学过程,要交替运用多种教学方法或教学手段来组织教学,激励学生积极参与新知识的学习过程。同时还要做到有张有弛,调节学生的心理活动。教师要因势利导,因材施教,对随时可能影响教学的意外之事,要灵活机动地处理,保证课堂教学顺利进行。例如:一位年轻的语文女教师在上"从百草园到三味书屋"一课,讲到"美女蛇"一段时,一个男生突然举手发问:"老师,世界上有没有美男蛇?"说完他还得意地看了看同学们,引起了哄堂大笑。这位女教师沉思片刻,说道:"这个同学天真好奇,问的有趣;但他问的思路不对,照此下去,还可问,有没有丑女蛇和丑男蛇?要知道,作者的思路是在'美女'和'蛇'的对比上,'美女'是指她迷人的外表,'蛇'是指其害人的本质,'美女蛇'比喻披着画皮的坏人……"这位年轻的女教师没有因为学生的哄笑而影响自己的情绪,更没有因为那位男生的提问对自己不尊重而反感,而是循循善诱,从现实到本质引导学生去思考，把学生的思路拉回正轨，既稳定了课堂教学秩序，又指导学生理解了"美女蛇"的寓意。这样处理十分得体，体现了教师机敏而灵活的管理艺术。

(4) 总结巩固阶段的组织教学

这一阶段的任务是：师生一起总结本节课的教学内容，引导学生由博返约，把知识条理化，系统化，便于学生记忆存储。同时，还要布置适量的作业，指导学生正迁移，把知识变成能力。这个阶段在时间上应留有余地，或让学生看书，或令学生复习巩固，要求学生质疑。下课铃响，应立即下课，千万不要拖堂，学生最讨厌教师拖堂。

【案例】

语文课"像山那样思考"的结尾阶段

作者阐述了猎人与狼、狼与鹿、鹿与丛林的关系，而作者的真实意图在于告诉人们，由于我们贪图一时的安全，而带来了长远的危险。如果我们不能像山那样思考，正确处理好人与自然的关系，总有一天，我们将付出沉重的代价。学完这篇课文，你有何感受呢？你认为我们应该如何对待大自然呢？先与你周边的同学讨论，然后各自谈谈想法。由于学生理解了课文，因此讨论十分热烈。有的认为人类一直把自己看成是万物的灵长，但离开了自然也就离开了参照物，那么人就变得什么都不是；有的说人类对动物的捕杀已经造成了草原和高山植被无可挽回的退化，导致了严重的生态危机；还有的说人类缺乏理性，缺乏眼光，自私而自大，在追求物质享受之时，也走上了自我毁灭之路；更有的说人类对自然应心存敬畏之心，"人定胜天"不能用于处理人与自然的关系。一个简单的结尾，却让学生收获良多，激起了思维的火花，特别是在学生意犹未尽之时，下课铃响了，讨论戛然而止，可令学生保持旺盛的探究欲望，并能将这种热情延续到下一课时。

2. 课堂教学的时间分割

一堂课40分钟，如何取得"大密度，高效率"的教学效果？特级教师魏书生认为课堂教学管理应当体现"科学与民主"的精神，即教学应当是"科学"的，师生关系应当是"民主"的，发挥课堂管理的积极作用。在"科学和民主"精神的指导下，他只用两个月时间教完了整个学期的课程，然后给学生上补充内容，学生的能力提高很快，教学效果很好。课堂教学的潜力很大，时间的节省就是教学的优化，"利用时间是一个极其高明的策略"，要想达到教学的优化管理，最根本的就是要节省时间。因此课堂教学在时间的分割上，必须树立时间的价值原则。加强教学的计划性，注意教学的针对性，不面面俱到，平均使用时间，要着重解决教学的重点、难点，根据学生的实际，尽可能地提高教学效率。

如何利用课堂教学时间，马卡连柯曾说："教育需要的不是很多时间，而是如何合理利用很少的时间。"一堂课的时间结构可按课的进行顺序作科学的分割。同时，根据学生上课注意力的强弱程度，呈现为倒三角形的规律，即30分钟左右为传授主要教学内容时间，10分钟左右为组织学生练习或复习巩固时间，预备阶段组织教学时间不计在内。一堂课40分钟的时间分

割,大体是:

> 开讲阶段激发兴趣的时间:约 5 分钟
> 学生感知尝试学习阶段的时间:约 10 分钟
> 师生合作授课阶段时间:约 20 分钟(突出教学重点、难点,设置教学高潮)
> 总结巩固反馈回授阶段时间:约 5 分钟

以上分割并不是金科玉律,教师应根据不同内容,不同学生,从教学实际出发,合理安排教学时间。

有的老师在一节课中,总能恰到好处地形成一个或若干个高潮来吸引学生,使学生欲罢不能,非要听出个所以然才肯罢休。要有效地形成高潮,教师除了要具有较高的讲课水平和雄厚的业务基础以及驾驭整堂课教学活动的能力外,还应根据教学目的,围绕教材的重点和难点,结合学生的年龄特征和心理活动的规律组织教学。讲课时的感情和语调,也要随着所讲述的内容而起伏变化,抑扬顿挫。一堂课高潮的最佳时间在何处?不妨参考下列优先法的公式进行计算:

(最大点-最小点)×0.618+最小点=可能存在的高潮时间。

如一堂课 40 分钟,教师准备组织一个高潮,那么:$(40-1)×0.618+1=25.102$,即一堂课的第 25 分钟开始组织高潮最佳。如果教师一堂课准备分两个阶段,每个阶段分别组织一个高潮,第一阶段为 30 分钟,第二阶段为 10 分钟。那么第一阶段组织高潮的时间为:$(30-1)×0.618+1=18.922$,即第 19 分钟形成第一个高潮为佳;第二阶段组织高潮的时间为:$(40-30)×0.618+30=36.18$,即第 36 分钟形成第二个高潮为佳。如这堂课特别精彩,需多个高潮迭起来形容才能达到最佳效果,那也不妨一试。

【案例】

初中生物课"生物的特征"

……

各实验小组汇报结束后,我针对板书进行阶段总结。在第 25 分钟时,我从讲台下面拿出一个娃娃。拍拍它,它发出"妈妈,妈妈"的呼唤声,再拍,则发出笑声。学生们一下子兴奋起来,露出迷惑却又很感兴趣的表情:老师要用这个娃娃干什么?我环视同学一遍后问:"同学们,我抱着一个娃娃,它能对我的拍击发出婴儿般的声音,它是不是生物呢?"同学们开始热烈的讨论了,形成了这一课的一个高潮。

……

经过 5 分钟的讨论,我组织学生发言。
学生甲:"它不是生物,它没有细胞结构。"
学生乙:"它没有生长现象,它不是生物。"
学生丙:"它不能繁殖。"

学生丁："它没有呼吸。"
学生戊："它不会吃东西。"
……

我说："非常好，同学们能用生物的基本特征来判断它是否是生物。大家已经学以致用了，我真高兴。同时，我还听到有的同学提出了新的观点：它没有呼吸，它不会吃东西。大家想想：呼吸，吃东西是不是生物的特征呢？"

"植物不要吃东西。"一位同学说。

"不，植物也需要浇水，施肥。""植物需要营养。"两位同学反驳说。

我解释道："很不错，所有生物的生存都需要从外界吸取营养物质。有了摄取过程，相对就有了排出过程，生物也都会将产生的废物排出体外。在物质进出生物体时也伴随着呼吸过程。这是所有生物都具有的最基本的生命特征。没有这些特征，生命就不存在了，或者说死亡了。"

……

最后，我做了课堂总结："同学们，我们今天通过了观察，讨论，研究了生物应该具有哪些特征。那么除了咱们讨论出来的这些特征外，生物是否还有其他共同特征呢？这就作为我们今天的第一道课外研究题，希望大家能够查找有关资料，或者通过观察多种生物寻找共同点，发现新的结论。今天第二道课外研究题是课后练习阅读题2，通过阅读所给的信息资料进行分析：珊瑚是生物吗？为什么？"

3. 教学内容的组织

教学内容的组织是实现课堂教学科学管理的根本。教学内容如果组织得不好，课堂教学管理则是一句空话。教学内容组织，要求做到五定：定向、定量、定度、定序、定势。

定向 人类任何有意识的活动都要达到一定的目的。教师有意识地控制课堂教学，必然是有目的、有方向的运动，因此人们把这种控制叫作定向控制。每堂课都应该有明确而扎实的教学目标，实现"目标管理"，决不能"脚踩西瓜皮，滑到哪里算哪里"。

定量 课堂教学在教学信息的传递和智能训练中，都应该有合适的量的控制。例如，教学中的阅读量，生字量，词汇量，概念量，公式量，例题量等，甚至每堂课的教学信息量，教师都应该做到心中有数，从而在一定的幅度或范围内进行合理的调控。

定度 指课堂教学中教学所要达到的程度、水平，教师应有明确而恰当的分寸。程度过浅，学生"吃不饱"，学得不够劲；程度过深，学生不理解，失掉了学习的信心。另外，教学还应该有一定的速度和强度(也叫力度)。该快不快，就成了"休息课"、"橡皮课"；该慢不慢，学生学习跟不上，没有学懂弄通，做成"夹生饭"，再快也白搭。教学力度超出了学生的接受能力，学生接受不了；教学没有一定的力度，学生也会感觉到学习没有味道。教学必须定度，以适应学生学习需要，从学生实际出发，扎扎实实地提高教学质量。

定序 指课堂教学有一定的程序。教师先讲什么，再讲什么，最后讲什么；先指导练什么，接着练什么，继而又练什么，教师必须有切实具体的打算和安排，段段相连，环环相扣，层次分明,循序渐进。但是定序必须以学生的认识活动为前提,如果教学的序与学生认识活动的序相矛盾,教师必须随时调控。

定势 又叫心向、思维定势。它是由一定心理活动所形成的准备状态,决定同类后继心理活动的趋势。教师在课堂上对学生进行定势控制,让学生能够获得"一种动力准备状态",在一定条件下迅速转化为高效的学习功能。例如,可先复习旧知,以引起对新知的准备,"先入为主",发挥定势的积极作用。

4. 师生交往方式的组织

课堂教学的组织形式,一般来说,主要有全班教学的组织形式,小组教学的组织形式和个别教学的组织形式三种。

全班教学的组织形式最常见、最普遍。教师把全班学生组织到教学中来,进度一致,便于管理。师生交往是以一个教师面向全班所有学生的方式进行的。这种交往方式,教师可以给学生讲述、朗读、演示、解释,直接用自己的思想感情、知识修养去影响学生集体,使学生能在思想、知识、情感体验和行动等方面产生相应的反应。教师可以单向传授知识,也可以同学生双向交流,充分体现了班级授课制的各种优点。但如果只使用单向传授知识,则应防止"满堂灌"和"注入式"。

小组教学形式,指把一个班从教学需要出发暂时分成几个小组进行教学。既可按不同程度的学生分组,也可按学生的兴趣分组,还可混合编组。小组人数的确定,根据教学任务不同而有差异。一般的做法是,邻近座位的 2—4 人组成一组。分组教学便于对教学中的重点难点问题进行讨论和研究,使学生思维活跃,互相得到启发和帮助。每个学生都有机会发表自己的见解、看法,培养和锻炼学生的说话能力,发挥学生学习的主动性、积极性。师生之间的交往是多向式的网状结构,在一定程度上扩大了教学信息的交流。但教师必须巡回检查,否则容易"放羊",失去控制。

个别教学,指教师因材施教,针对个别学生的不同情况给予指导、辅导。特别是在学生自学时,教师在教室中来回轻轻走动,学生中谁有问题就及时同谁作个别交谈,立即帮助、指点、解决问题。它能使每个学生都有机会接受教师的及时指导,也便于教师了解每个学生的学习情况,增进师生的相互了解和友谊。个别辅导运用得好,可提高教学效果。但在实践中,如教师对某一学生或某几个学生过分集中辅导,就会影响"大面积"学生的学习。

运用课堂教学组织形式要灵活,做到"管而不死,活而不乱"。既尊重、爱护学生,又严格要求,严格管理;既热烈紧张,又井然有序;既"动中有静,静中有动",又"放中有收,收中有放",使课堂教学富于变化,充满生机。

【案例】

初中英语课 Module 4 Unit 3 "Sea water and rain water"

一位年青的女教师在(2)班上课时,学生状态不好,心态浮躁,精神涣散,注意力不集中,做小动作,讲话的大有人在。面对这样的课堂,学习大段的英语课文是很困难的。

于是她停了下来,在黑板上写下课文中的一句 They share the seas and oceans as well. 并在 share 下划线,注明是动词,然后让同学们猜测是什么意思。同学们的注意力开始集中,她就告诉他们,这个词是"分享"的意思。

接着她说:"Fish share the oceans with us.(鱼和我们人类共享着海洋)Plants and animals share the forests and land with us.(动植物和我们人类共享着森林和土地)And Ms Wang share your studying time with you.(而老师和你们共享着这段时光)。"

"这是你们一生中唯一的一次初中时光,充满幻想和无尽的希望。这也是老师最宝贵的年轻时光。你们是我生活的一部分。有时你们的表现会让我生气失望,这时我有两个选择,一个是选择快乐地面对你们,并解决问题;另一个是选择冷漠逃避,放弃你们。你们猜老师会选择哪一个?"同学们都说她会选择第一个。

她接着说:"确实如你们想的,我一直选择快乐地面对你们,因为我知道,爱你们就等于爱自己。你们就是我的生活。我们共享着这段时光。既然老师这样选择,那么你们呢?你们应该用怎样的态度和老师 share 你们这段初中时光呢?"

班级里静了下来,他们开始思考。过了一会儿,她带领学生齐读黑板上的句子,教学又安静而有序地展开了。

课后,她布置了名为《分享》的英语作文,有学生写道:We share the time with our teachers. We love each other. We share the happiness and sadness with our friends. We mustn't waste our time. We should study hard. We can be better.(我们和老师一起共享这段时光。我们互相关爱。我们共享欢乐和分担烦恼。我们不应浪费时间。我们应该努力学习。我们可以做得更好)

二、课堂组织管理技能的类型

课堂组织管理技能决定着课堂教学进行的方向和和谐的教学环境的建立。这一技能可以组织和维持学生的注意,引起学生学习的兴趣和动机,增强学生的自信心和进取心,帮助学生建立良好的行为标准,创造良好的课堂气氛。课堂组织从其基本特征出发,可以归纳为十个行为方面,即行为作用、方法、活动、题目、认知过程、参加人、时间、陈述、教学辅助和规则确定。在实际运用中,每个行为方面又有各自的构成要素。教师课堂组织管理的基本形式有如下几个类型:

1. 管理性组织

管理性组织的目的是进行课堂纪律的管理,其作用是使教学在一种有序的环境中进行。

课堂是由教师面对几十名学生进行教学活动的场所。一方面,每节课教学的任务、内容、进度是规定的。另一方面,学生又呈现出复杂的个别差异性,他们各有自己的兴趣、需要、爱好和能力,在课堂活动中的表现是"五光十色"的。这种教学的统一性与学生的个别差异性之间的矛盾,必然导致大量的纪律问题,如交头接耳,东张西望,打瞌睡,吃零食,看课外书籍,做其他功课等等。这就要求教师认真备课,精心设计,选择学生喜闻乐见的教学形式,使学生想学,乐学,自觉排除影响课堂纪律的干扰因素。学生对教学活动的目的、要求认识越清楚,理解越深刻,就越能"忘情"地投入学习,自觉地遵守课堂纪律。这种由教学任务促进的纪律是建立在学生积极的学习动机基础上的。对学习动机不端正的学生,还必须由教师促成其遵守纪律。促成纪律的形成是教师领导的问题,这些领导活动包括结构的创始和结构的体贴。所谓结构的创始活动有:指导、监督、惩罚、规定、阻止、奖励、操纵、组织、安排日程、维护标准等。所谓结构体贴活动有:同情、理解、协调、协助、支持、征求和采纳学生的意见等。教师要促成纪律形成,这两种活动都是需要的,不应该重视一方面而排斥另一方面,两者都应该结合到教师的课堂活动中去。目前,多数教师在促成学生课堂纪律形成的过程中常犯的错误是过多提供结构创始,而缺少足够的结构体贴。如果教师既不为学生提供结构的创始又不为学生提供结构的体贴,其结果将会导致最坏的课堂学习环境,学生无法正常学习。这个时候,需要有集体促成的纪律。因为学生都具有社会归属感,班级集体具有群体内聚力,它会给每个成员造成无形的压力,使他们"随大流走"——从众。所以,创建优秀的班级集体,形成良好的班级风气显得尤为重要。这方面,班主任及班干部是责无旁贷的。作为班干部,不但应遵守教师和集体促成的纪律,而且还应为发展集体的行为准则作出自己的贡献,不断地由"他律"状态向"自律"状态转化。对课堂上出现的一些"偶发现象",教师可采用不予理睬,行为替换,教育与惩罚相结合等方法来合理解决。教师解决问题时最重要的一点是公正。做到公正首先要及时处理问题,不要拖延。教师可适当地模棱两可(俗称为"留有回旋余地"),以便有问题出现时能作出改变。

【案例】

有一个小学的班主任,听任课老师说前面一节课他们班纪律很乱,就到班上说:"刚才上课谁不遵守纪律了?"全班鸦雀无声。"谁承认,谁就是好孩子,老师保证不批评他。"许久,一个孩子站了起来,不料老师立刻翻脸,劈头盖脸地大骂他,还发动全班攻击他,使那个孩子精神受到很大刺激。这位班主任用引蛇出洞的办法对付小孩子,这种管理方法是不可取的。

1987年,75位诺贝尔奖获得者在巴黎聚会。有人问其中的一位:"您在哪所大学学到您认为最重要的东西?"那位老人平静地说:"是在幼儿园。""在幼儿园学到什么?""学到把自己的东西分一半给小伙伴;不是自己的东西不要拿;东西要放整齐;吃饭前要洗手;做错事要表示歉意;午饭后要休息;要仔细观察大自然。从根本上说,我学到的最重要的东西就是这些。"我们现在最重要的,就是幼儿园老师对我们说的一句话"不要说谎"。

2. 指导性组织

指导性组织管理是指教师对某些具体教学活动进行的组织,如组织阅读、观察、实验、课堂讨论等。其目的是指导学生学习课程的方向。

组织阅读,一是阅读前必须提出阅读提纲或提出问题,使学生能抓住重点迅速投入阅读,集中注意力快速阅读。二是阅读中,指导学生加圈加点,抓住重点,边读边记,并组织好语言,回答阅读前提出的问题。三是阅读后及时检查,看学生是否按要求完成,效果如何。通过指导,使学生会读,读有所得,逐步提高学生的阅读兴趣和能力。

组织观察,指导学生带着问题对观察对象的各个方面进行一番研究。观察前首先要给学生明确为什么要观察,观察什么和如何观察,然后才让学生进行观察。为了使学生明确观察的目的和观察什么,一般教师采取提出问题的方式,让学生通过观察去解决。

组织实验,教师必须预先布置预习,使学生明确实验目的、实验步骤、需要注意的问题。让学生写出实验的预习报告,做到心中有数才动手。对于实验现象的观察、分析,可能出现的异常情况,教师要给予充分的指导。

课堂讨论是一种有计划、有组织,学生积极参与的独特的教学方式。讨论的特点是使班上的每一个人都有机会参与学习活动,促使他们积极地思考问题,真正成为学习的主体。根据讨论的目的、班级的大小、学生的能力,可采用全班讨论,分组讨论,专题讨论,辩论式讨论等多种形式。教师必须对论题进行深入的研究,论题必须引起学生的兴趣,并事先给学生适当的准备时间。在讨论中教师要善于点拨和诱导,使所有人参与讨论。要制订应该遵守的规则,以防讨论变为争吵或变为个人冲突。一个聪明的教师要有足够的耐心去了解在任何情况下让事情自行发展而不去干预。讨论的价值很大程度上来自于让学生自己探索学习方法,尽管这样做可能会比教师直接告诉他们的方法费时。随着经验的增长,教师将学会区分好的混乱和不好的混乱。在一开始的时候,所有的混乱看上去似乎都是不好的,教师需要用睿智的眼光进行分析,使之逐步走上正确的轨道。教师要帮助学生从混乱中吸取经验和教训,注意学习的进程,逐步把握规律,使自己适应这些规律。我们应该接受这样一个观点,即好的混乱是学习过程中一个具有重要意义的积极部分。

3. 诱导性组织

诱导性组织是在教学过程中,教师用充满感情、亲切、热情的语言引导、鼓励学生参与教学过程,用生动有趣、富有启发性的语言引导学生积极思维的一种课堂组织形式。其目的是充分调动学生的主观能动性,顺利完成教学任务。

美国布卢姆的掌握学习策略之所以在试验中收到显著的效果,其成功的关键就在于巧妙地采取了对每个面临学习困难的学生都给以足够的关心和帮助,使教学系统的控制性得到极大地改善;同时还体现在对每个学生的学业成功都抱有真诚的期待,这增加了学生的学习信心。掌握学习策略,充分重视学习兴趣、态度、自信心等非智力因素对学生课堂学习的作用。教人尽其才,教人展其才,这是教育力量的源泉。

只要我们了解学生,尊重学生,不急不躁,因势利导,搞好课堂组织,就一定能建立和谐的课堂气氛,培养学生良好的行为规范,真正做到既教书,又育人。

讨 论 题

就下面一篇文章说说你对课堂组织管理技能的理解。

两 只 鸟

1973年,美国加利福尼亚州某班级,一个调皮的小男孩托马斯在课间休息时逮了一只鸟儿握在手心里,他并非恶作剧,他只是对鸟儿的啁啾声和生活习惯充满了兴趣。语言老师上课了,但小鸟的鸣叫声突然间响起,语言老师直皱眉。但语言老师并没有责怪他。他郑重地告诉大家:我想讲一下鸟儿的生活习性问题,鸟儿不喜欢被圈养着,它们喜欢自由飞翔,大自然才是它们的暖巢,下面,继续上课。小男孩托马斯受宠若惊,他下课后就将那只鸟儿放回了大自然。

同一时间,中国某城市的某所学校,一名小男孩也将一只不知名的小鸟握在手心里,他也对它的鸣叫充满了兴趣。小鸟不知疲倦地在课堂上发出了怪声,语文老师怒气冲冲走过去,毫不客气地将小男孩拽了起来,打开窗户放飞了小鸟。小男孩受了批评,他不得不抄写了近一百遍的某唐诗。

2010年,美国加利福尼亚州某大学的演讲台上,一位鸟类专家在生动地讲他小时候的故事。他说十分感谢当初语言老师的仁慈,没有扼杀他对鸟儿的憧憬和兴趣,兴趣是决定人初始开发的一个重要因素,我们需要沿着兴趣走而不是改变它。

同样的时间,在中国某大学的讲台上,一位语文博士也在讲他小时候的故事,他说道:语文老师将自己引入了正途,他现在已经成为一位优秀的语文博士。

他们同样都是优秀的人才,只是有些遗憾罢了,传统意识与创新习惯的不同,改变了一个人甚至一个民族的兴趣和方向。童年有两只鸟,现实有两种教育,世上有两种人。

第四节 试 误 技 能

试误技能一词源于美国心理学家桑代克(E. L. Thorndike)(1874—1949)的"尝试错误说"(Trial and Error)。

桑代克曾经做过这样一个实验:把一只饥饿的猫放进迷箱内,迷箱外放着一盘食物,箱内设有一种打开门闩的装置,绳子的一端连着门闩,另一端装有一块踏板,猫只要按下踏板,门就会开启。猫第一次被放入迷箱时,拼命挣扎或咬或抓,试图逃出迷箱,最终,它偶然碰到踏板,逃出箱外,吃到了食物。桑代克记下猫逃出迷箱所需时间后,再把猫放回迷箱内,进行下一轮尝试。猫仍然会经过乱抓乱咬的过程,不过所需的时间可能会少一些。经过如此多次的连续尝试,猫逃出迷箱所需的时间越来越少,无效动作逐渐被排除,以致到了最后,猫一进迷箱内,即去按动踏板,跑出迷箱,获得食物。桑代克问道:"动物在这种情境里学到的是什么?"桑代克认为:猫的学习是由刺激情境与正确反应之间形成的联结构成的,也就是说,猫学到的不是观念之间的联结,而是刺激与反应之间的直接联结。加涅对这一结论这样解释:当动物遇到一个新情境时,它就进行各种"尝试"以求满足其动机。不久,在很大程度上是由于偶然的机会,它做了一套满足其动机的反应。立即满足动机的这个特定的反应,比如吃到了食物,变得比其他的一些反应更强了。这样,当这只猫被再次关进这个木箱不久,打开门闩的反应就发生了,而花在其他反应,如抓这个木箱四周板条上的时间则越来越短,或者几乎不用什么时间。猫在这个木箱内的以后各次尝试中,这些错误就不断地减少,以致消失。

人类的学习方式当然不能完全等同于动物的学习,但最基本的要素还是极其相似的。学习者在学习时,必然会出现一些错误,因此必须重复练习,不断尝试,使错误一一得到修正,直到学习成功。教师修正学习者的错误,推动尝试的行为方式即为试误技能。在课堂教学中,教师创设情景,推动学生不断尝试,使学生在尝试过程中错误出现的频率逐渐减少,错误的性质不断地向有利于学生学习的方向变化,直至避免和杜绝错误。

【案例】

数学老师的粗心?

一位经验丰富的数学老师正在黑板上熟练地边讲解边演算一道代数题。突然一位同学叫了起来:"不对,老师,不是这样的!"老师停下笔来一看,确实演算错了。

老师遂请那位同学到黑板前把正确的运算写出来,并热情地表扬了他,继而以一副诚恳而幽默的神情,用手指敲着自己的脑门,煞有介事、语重心长地说:"今天是我粗心,粗心是要不得的,你们可不能像老师这样粗心哪!"一时,同学们面面相觑,也不知是真是假,以致有人在下面低声说:"老师这是存心出错来考考我们的。"

一、试误技能的功能

"不打不成材",这是旧时代塾师的一种教学信条,然而现在依然有人信奉它。当学习者在学习过程中出现错误时,做教师的若只能施之以教鞭,这将严重地挫伤学生的探索精神,束缚学生的创新欲望。运用试误技能的目的,主要有如下几点:

1. 改变"教鞭作风",鼓励学生不怕错误,大胆探索创新。

联合国教科文组织国际教育发展委员会的报告书《学会生存》(1972年)指出:"人的创造力,是最容易受文化影响的能力,是最能发展并超越人类自身成就的能力,也是最容易受到压抑和挫伤的能力。"这里提出了培养人的创造性工作的可能性、必要性及艰巨性。"教育具有开发创造精神和窒息创造精神这样双重的力量。"如果施行"棍棒教育",无疑将窒息学生的创造精神;如果鼓励学生不怕错误,大胆创新,教育将造就一大批创新型人才。据杨振宁说,美国氢弹之父泰勒几乎每天都有10个新想法,其中9个半是错的,但他不在乎,因为每天有半个对的新想法,积累起来就使得他获得了巨大的成功。过分求全责备、求同去异、扼长补短,就使得每个人的个性、特长得不到充分发展,极大地限制或压抑了学生的聪明才智,会使一些有才华的学生被扼杀在摇篮里,难以脱颖而出。

2. 及时修正错误,使学生对所学知识和技能有更准确、更深刻的理解和掌握。

学生在学习过程中,发生错误是不可避免的。正是由于一个个错误被纠正才会取得学习上的进步,因此,教师需要对学生在学习过程中暴露出来的错误进行及时纠正、及时地反馈。即使某些发问是可笑的,某些探索是失败的,某些做法是错误的,教师也要从积极的方面加以鼓励,并帮助学生分析错误和失败的原因,变错误为正确,变失败为成功,不挫伤学生求异思维的积极性。十年浩劫,斯霞老师被打成"牛鬼蛇神",在学生勒令她看批判她的大字报时,她逐字逐句认真地看,碰到错别字、病句都一一记下来,耐心地向学生指出,及时地修正大字报中的病句和错别字。批判她的学生被斯霞老师这一举动深深地感动了。有人很不理解斯霞老师的做法,斯霞老师解释说:"我得对学生负责!"

3. 顺应时代要求,培养学生健康的心理、良好的适应社会能力和敏捷的应变能力。

21世纪将是知识经济的时代。发展知识经济,人的素质必须上升到与此相适应的层面。学习需要合作,学习也需要竞争,学生的学习可以达到既合作又竞争的境界。这种合作与竞争协同的教学,不仅是智能培养,也是一种健康的人格培养。对独生子女的教育,增加一点抗挫折能力的培养显得尤为重要。时代的飞速发展,对每个学生来说,不但是机遇和挑战同在,而且往往成功与挫折并存,为使学生能适应社会的现实,必须培养他们具有较强的心理适应性和心理承受力。试误技能对学生这种能力的培养是有益的。

二、试误技能的类型

1. 提供反馈

反馈这个术语,原系电子系统中电力回转对于输入与输出所起的一种调节作用。心理学方面借用以解释关于学生学习结果的通知,作为学习进步的一种激励方法。课堂教学中,反馈包含两个方面:一方面,教师从学生那里寻求反馈,来诊断和调整自己的教学,为加强教学的目的性和科学性,减少盲目性和随机性提供可靠的依据;另一方面,教师向学生提供反馈,可以强化正确,修正错误,确定主攻方向,最大限度地减少失误。提供反馈时应注意以下几点:

(1) 反馈的内容　学生在学习过程中会有各种各样的、许许多多的表现。教师如果试图在所有的方面都向学生提供反馈,无疑会顾此失彼,也会使学生无所适从。因此,教师的反馈应有所侧重,应抓住学生学习过程中带有倾向性和具有重要性的方面。一般情况下,反馈的内容主要包括:a 有关知识的理解程度。在很多情况下,学生对某项知识的范畴、体系、结构,以及与其他知识的关联等是不十分明了的,他们很难像教师那样从一个较高的层面去理解和把握知识。b 技能的掌握情况。在现代课堂里,操作的内容越来越多,如实验、电脑、劳技等,教师需要演示、引导、点拨,甚至手把手地教。c 学习态度的正确程度。态度是影响个人选择行动的内部心理状态,其外在的表现形式就是学习兴趣和热情。d 学习方法的适合程度。学习方法和适合与否往往决定学习的效率,因而人们越来越重视对学习方法的研究,对学生进行学法方面的指导也就成为教师不可推卸的职责。

【案例】

小学数学"除数是整数的小数除法"

教师展示例题:小明、小聪、小军和小胖四个人一起做中国结。现在共有10.4米彩带,如果四人平分,每人能分到多少米彩带?小组内讨论并交流后,教师展示了学生的成果:

方法(一) 转换长度单位

10.4 m = 1040 cm, 1040 ÷ 4 = 260 cm, 260 cm = 2.6 m

方法(二) 利用乘除法的知识

(10.4×10)÷(4×10) = 10.4×10÷4÷10 = 2.6 m

方法(三) 转化计数单位

10.4 就是 104 个 0.1，104÷4 = 26，26 个 0.1 就是 2.6 m

方法(四) 列竖式计算

$$
\begin{array}{r}
2.6 \\
4\overline{)10.4} \\
8 \\
\hline
2\,4 \\
2\,4 \\
\hline
0
\end{array}
$$
 其过程是
$$
4\overline{)10.4} \atop \underline{8} \atop 2
$$
 →
$$
4\overline{)10.4} \atop \underline{8} \atop 2.4
$$
 →
$$
\begin{array}{r}
2.6 \\
4\overline{)10.4} \\
8 \\
\hline
2.4 \\
2.4 \\
\hline
0
\end{array}
$$

师：对比方法(四)的左边与右边的过程，有什么相同的地方？有什么不同的地方？

生：相同的地方是 10.4 商 2，完成了点上小数点，说明整数除完了。

生：不同的地方是左边的竖式余下 24，而右边过程中余下的是 2.4。

师：这两种写法表示什么意思呢？

生：2.4 表示余下 2.4，而 24 则表示余下 24 个 0.1。

师：讲得真好，那么这两种写法究竟哪个合理呢？

生：我认为余下 24 个 0.1 合理，因为商在十分位上，就表示几个 0.1。

【评议】

计算对许多小学生来说是一件枯燥、乏味的事。究其原因，恐怕是与学习中缺少计算情景、学生不明白为什么去计算、怎样去计算有关。一位小学高级教师在上"除数是整数的小数除法"时，创设了问题情景，收到了很好的效果。这位教师开始通过自主尝试、相互交流和讨论，引导学生从旧知探新知，让学生体会到自我成功的乐趣，然后及时引导、点拨，抓住教学中的难点，通过讨论、反馈，让学生自然而然地形成了对新知的认识。

(2) 反馈的方式　反馈的方式应该是多种多样的。比如，每天及时批改学生的作业，及时发给学生；也可以将每天的学习结果、作业情况在墙报之类的专栏里公布，好的表扬，差的纠错，不断提高学生的学习热情，激励他们更加努力地去学习。教师评语的反馈对学生的学习影响也很大。佩奇(E. B. Page)的实验就很能说明这个问题。他将 74 个班级的中学生(共 2000 多人)每班分为三组，并分别对平时测试成绩给出不同的评语。第一组只评甲、乙、丙、丁一类的等级，而不给别的评语；第二组除标明等级外，还给以顺应的评语，即按照学生答案的特点，给予适当的矫正，或相称的好评；第三组则给予特殊的评语，甲等则评以"优异，保持下去！"乙等则评以"良好，继续努力！"丙等则评以"试试看，提高点吧！"丁等则评以"让我们把这等级改进一步吧！"学期终了时，发现评语不同，影响大有差异。无评语的第一组没有进步，特殊评语的第三组有进步，但比第二组进步幅度小，有顺应评语的第二组进步最大。因此，教师应对学生的作业或试卷多作顺应评语,这对学生的学习帮助是很明显的。

(3) 反馈的时机　把握反馈时机是提供反馈过程中必须考虑的一个问题。但究竟何时反馈,很难作硬性的规定,需要教师在实践中不断总结。对新教师来说,对学生在学习过程中所取得的成绩及时给予确认和表扬是最重要的,同时创造情境让学生获取间接反馈对学生的进步也很有益,如对学生进行测试,提供参与活动的机会等来使学生及时体验到自己的成功。

【案例】

给学生留有改正错误的时间与空间

一位体育老师在一次偶然的教学中,在发现学生违反行为规范时,对其进行批评教育后,给学生留有改正错误的时间与空间,收到了很好的效果,使一个原本很自私、固执、不合群的孩子发生了变化。

离下课还有2分钟时间,体育老师吹起了集合哨,嘟嘟嘟……,立正,向左看齐、向前看。

师:沈同学,老师的集合哨你没听到吗?快过来集合。

场景1:听到"嘟"的一声,沈同学用脚把跑道上的可乐瓶踢向操场中央。

师:沈同学,同学们在集合,你却在那儿踢可乐瓶,你知道吗?上课是不能带饮料来上课的!你看我们的操场多么干净,你把可乐瓶丢在操场上,应该吗?

沈:老师!这个可乐瓶不是我带来的,我看到别的班级的同学在踢它,我才去踢的。

师:我明明看到你最后一脚踢到了场地中央。既然不是你带的,请你把它拾回来,扔到垃圾桶里去。

沈:干吗我去捡?瓶子又不是我的,他们踢,我也踢,你让他们去捡好啦。

师:很抱歉!我没看到其他同学踢瓶子,只看到你踢了,请你去把瓶子捡回来。

沈:我不去。

师:你太不像话了,同学们都看到了吧,好,其他同学解散,沈同学你留下来。

场景2:同学们陆续散去,老师也走了。

第二天上午,又是该班的体育课,"老师!老师!昨天我把瓶子捡起来扔到了小卖部垃圾桶里了"。"沈同学,你很好,你终于能认识到自己的错误,并勇于改正错误,你是个好同学"。

结果:全班同学集合完后,老师又一次当着全班同学的面,表扬了沈同学。通过这件事情以后老师发现沈同学变得亲近了许多,课堂练习也积极参加,还很乐意帮助其他同学,也不再调皮捣蛋了。

【评议】

假如老师在处理这件事情时,不是用教师的威严去命令沈同学捡回可乐瓶,而是以鼓励的、协商的语气与他沟通,结果会不会不一样呢?也许沈同学会很乐意地把瓶子捡起来,送回垃圾桶里,也许会睬都不睬老师就离去。

好在教师没有当着全班同学的面,要沈同学立即改正错误。假如沈同学与教师"顶起牛来",双方都会很尴尬,也就不会发生故事里第二天课前的那一幕了。

2. 推动尝试

推动尝试即初次尝试不成功时,在教师的帮助下,进一步尝试,从而掌握正确的知识与技能。孩子在学骑车时,几乎没有不摔跤的,但在摔跤的同时,他们都会从父母或伙伴那里得到鼓励或技术指导。于是,摔跤的孩子会拍一拍身上的土,顽强地学下去,直到上下自如,行车如风。学生在学习中也经常碰到类似的情况。例如,化学课上学生初次做滴定实验时,往往过于紧张,结果因心慌而手拙,滴过头了。这时教师不应该就学生的失误而横加指责,诸如:"手怎么这么笨!"等等,而应该鼓励学生,"不要慌,慢一点,一点一滴地加。"这样才不至于挫伤学生的积极性,才能鼓励他们进一步尝试,从而正确地掌握滴定操作技能。在课堂教学中,教师也要想办法推动学生不断尝试,为所有的学生,尤其是学习成绩比较差的学生提供尝试的机会。许多调查结果都显示:课堂内存在着不公正现象,这种现象首先表现在一部分学生,特别是学习成绩比较差的学生,不能平等地参与课堂,他们在课堂上接受老师提问,完成学习任务等方面不能拥有与好学生同样多的机会。大多数教师对此种事实的解释是给差生提供机会可能会影响教学效率。在一般情况下,学生的智力和潜能其实是基本相同的,不同的只是后天的环境影响及对智力和潜能的激发方式的适应程度。教师应想办法了解个体学生的学习特性,为每一个学生都提供发展智力的机会。对学生学习过程中的进展要及时给予确认和表扬,对学生的尝试努力要及时给予鼓励和支持。

学生在课堂内进行某项学习活动时常常由于对知识掌握不全面或心理紧张,以致影响到能力的发挥。因此在学生尝试开始,或尝试过程中遇到困难时,教师要及时鼓励。如,在学生准备回答问题时,教师可以说:"这个问题不难,你肯定能回答。""别紧张,仔细思考一下再回答。""咱们看李同学如何做这道题,她肯定能做好。"之类的话。

3. 利用错误

学习就是不断地尝试,有尝试就会有错误,有错误并不可怕,可怕的是不去尝试。错误分两种,一种是结构性错误,即掌握某项知识和技能过程中几乎所有的人都可能出现的错误;另一种是非结构性错误,即纯属由于粗心大意或不了解而出现的错误。对非结构性错误,教师主要是采取提醒、指正的办法处理;对于结构性错误教师则主要是利用学生的错误来帮助学生逐步形成知识结构,直至学生完全掌握知识。

有这样一件事,一位化学教师在讲磷的性质时,值日生把演示实验用品端到教室,出于好奇,此学生从罐中夹出了一小块白磷用纸包好放到自己的课桌上。上课不一会儿,他的桌上冒起了白烟。他一把抓起小纸包冲出了教室,用手刨开了教室前花池中的土,埋掉了小纸包。他的手被轻度灼伤,教室里乱作一团。教师了解了事情的起因后,首先处理了他的灼伤,又表扬了他处变不惊的勇敢和处理方法的正确。紧接着请他重述了事情的始末,让大家讨论为什么白磷会在他的课桌上冒烟?从而得出结论:白磷在空气中极易被氧化而自燃,必须保存在水或煤油中;易燃物一旦燃烧,可用土或砂埋掉灭火;必须遵守实验纪律。教师的这种做法要比简单的训斥一顿收效好得多。大量的调查表明,让学生自己去纠正自己的错误远比别人代为纠正效果好。最好的做法是教师帮助学生明白错误的原因,但正确的答案最好以利用的形式进行,即利用学生的错误达到让学生明白错误所在,并在以后的学习中避免错误。

4. 设计迷惑

学生在学习一些非常重要的概念、原理、定律时,有经验的教师很清楚学生学习这些知识时易出现什么样的问题。教师可以在讲授过程中不妨设计一些具有迷惑性的问题,有针对性地在学习前巧设一些"陷阱",最后让学生自己走出"陷阱",或在教师的帮助下爬出"陷阱"。走出"陷阱"的过程实际上是一个思维激活过程,这比被动地接受教师平铺直叙地讲解要好得多。教师在设计迷惑时一定要把握好难易度,既不要太容易,以致于学生一看就明白;也不要太难,使学生无法理解。最好是学生一经教师点拨和揭示,就能恍然大悟。除了迷惑本身能留在学生的记忆中外,从迷惑走向明白的过程也能给学生一种比较强烈和深刻的印象,强化了学习。

在课堂教学过程中,教师出现笔误、口误等在所难免。优秀的教师非常善于抓住契机,沉着应变,利用错误,造成迷惑来教育学生。比如,数学课上,经验丰富的教师正在黑板上熟练地边讲解边演算一道数学题:$2/9+2/9+2/9+2/9=2/9×2$,此处出现了笔误,教师没有急忙擦掉,而是停下来,问大家:"这里的 2 对不对?为什么?"学生举手回答:"不对,应该是 4。因为这里要乘以相同分数的个数,而不是分子。"这位老师在出现板书错误时让同学认真思考对错,使同学们在这个知识点上得到了巩固。这种应变的技巧,对提高教师的课堂教学技能大有裨益。

有一年的高考语文题中有这样一道判断题:"这部精彩的电视剧播出时,几乎是万人空巷,人们在家里守着荧屏,街上显得静悄悄的。"相当多的考生几乎不假思索,就作出了肯定的判断,结果统统为此丢失了 3 分。关于"万人空巷"成语的最早例证,一般都引自苏东坡的《八月十七复登望海楼自和前篇是日榜出余与试官两人复留五首》之四:"天台桂子为谁香,倦听空阶夜点凉。赖有明朝看潮在,万人空巷斗新妆。"从东坡诗来看,"万人空巷"指的是为了看钱塘大潮,当时的杭州城内各个巷内的人,全都走空的盛况,即"倾城而出"的意思。学生们把这样一个形容词理解为人人都在家里呆着,南辕北辙,该扣分。成语"万人空巷"保留了"巷"的"住宅"古义,偏偏这一古义不仅不被权威的辞典所揭示,反而一直误读为今义。这歧中有歧,恰恰是造成许多学生失分的原因。用这样的中国人最易误读的文史常识来设计迷惑,组织教学,相信对学生必定大有帮助。

三、试误技能应用的原则及要点

1. **鼓励及时** 当学生受挫时,要及时予以鼓励,使学生获得继续尝试的勇气,增加探索的兴趣。

2. **纠正错误准确适时** 无论采取哪种方法纠正错误,都应力求准确适时。如果教师的纠正模棱两可,学生便会无所适从,更加模糊,纠正不及时,便会造成对"正确"印象不深,或对"错误"念念不忘,变成了对知识的负迁移。

3. **"陷阱"、"迷惑"设置要恰当** 巧设"陷阱"能强化学生的学习,过多过滥则适得其反,如果设置不当,就有可能使学生陷入而不能自拔,久而久之,学生对你的教学就会兴趣大减。

4. **评语要确切、生动,使学生能因之而受到鼓励,知错改错,切不可使用讽刺挖苦的评语** 学生在心理上有一种荣誉需求,教师对这种需求的满足会使学生产生一种学习的内驱力,推动学生更加努力地学习。表扬要及时,批评要中肯,要和风细雨,做到"润物细无声"。

> 讨 论 题

就以下的教学片断,请分析该化学教师应用了试误技能中的哪种类型。

公开课上,化学老师在演示实验前讲道:"当我们把燃烧着的金属钠伸到装满氯气的集气瓶中时,将会看到钠剧烈燃烧,并产生大量白烟。"

同学们的目光凝聚于集气瓶中,等待着上述现象的发生。然而,集气瓶中出现的不是白烟而是黑烟,全班大惊。

老师皱了皱眉头,思索片刻,带着微笑问学生A:"你看到什么?"

学生A不语。他是化学课代表,他为自己所尊敬的老师在公开课上出现的课堂失误而担心。

然而,老师仍在为学生鼓气:"实事求是,看到什么说什么!这才是科学的态度!"

"老师,我没看到白烟,而是黑烟!"学生A鼓起勇气回答。

"你的观察很准确。"老师在勉励学生,并进一步启发:"这样看来,刚才燃烧的东西就不是金属钠了!可是,这的确是块金属钠。那么,刚才为什么冒黑烟呢?请同学们回忆一下金属钠的物理性质与其储存方法。"

全班活跃了,学生B抢着发言:"金属钠化学性质活泼,不能裸在空气中,而是要储存在煤油中。"

"你说对了!"老师怀着歉疚的心情向大家介绍:"由于我的疏忽,实验前没有将粘在金属钠上的煤油处理干净,结果发生了刚才的一幕。为了揭示钠的化学性质,我不打算回头处理煤油,而是将粘有煤油的金属钠继续燃烧下去。请大家想想,在燃烧的过程中,烟的颜色将发生什么变化?"

"黑烟之后,将出现白烟!"大家提出了这种预言。

老师重新点燃了金属钠,集气瓶里开始还冒着黑烟,只不过比刚才的黑烟要淡,老师将燃烧着的金属钠再移到第三个氯气瓶中,这时燃烧变剧烈了,似乎还听到了"嘶啪"的声响,集气瓶中的白烟在翻滚。

"同学们,你们的预言实现了!"老师高兴地向大家宣布。这时全班响起了掌声——不仅是学生的,还有听课老师的。

第五节　结 束 技 能

一堂生动活泼的具有教学艺术魅力的好课犹如一支婉转悠扬的乐曲,"起调"扣人心弦,"主旋律"引人入胜,"终曲"余音绕梁。导入是"起调",结束是"终曲",完美的教学必须做到善始善终,故结束技能与导入技能一样,是衡量教师教学艺术水平的重要标志之一。结束技能是教师在完成课堂教学活动时,对教过的知识进行归纳总结,使学生对所学过的知识形成系统,并转化、升华而采取的行为方式。结束技能不仅广泛地应用于一节新课讲完、一章学完,也经常应用于讲授新概念、新知识的结尾。课堂教学的结尾,要依据本节课的教学内容,将学生所学的分散的知识集中起来,进行系统的教学总结,帮助学生完成由感性认识到理性认识的飞跃。课堂教学的结尾，如同聚光灯一样，收拢学生纷繁的思绪，帮助他们理清思路，梳成"辫子"，使学生对所学知识了然于胸，变瞬时记忆为长时记忆，永志不忘；课堂教学的结尾，又好像推进器，它指引学生在旧知的基础上向新知进军，激励学生不断向新的高度攀登。人们常用"虎头蛇尾"来批评课的结尾不好，或不重视课的结尾。在许多教师的日常教学中，"虎头蛇尾"是一种十分普遍存在的现象。有的教师要么是漫不经心地，在学生还没有任何心理准备的情况下结束讲授，匆忙下课；要么是在下课铃已经响过，学生已经无心听课的情况下，才慌慌张张地结束讲解，因为拖堂而占用了学生的课间休息时间。因此课堂结束不好，或不重视课堂的结束，都会大大地降低课堂教学的效果。所以，结束技能是课堂教学必不可少的一个环节，也是教师展现智慧的环节。

一、结束技能的作用

课堂教学的基本结构，一般由三个部分组成，即导入、中心和结束。精要完整的"结束"一般有以下四方面的作用：

1. 巩固知识

每节课的知识内容都包含了一定的信息量。这些信息不是孤立的，而是有一定的联系，是按照一定的逻辑组合而成的。运用结束技能对一节课或一单元课所学的知识信息进行及时的系统化总结、巩固和应用，使学生对新的知识更加清晰，能理顺一条逻辑结构主线，经过这种及时地小结、复习，可以将知识信息从原来的瞬时性记忆转化为短时记忆或长时记忆，起到复习巩固的作用。

2. 及时反馈

运用结束技能可以及时反馈教与学的各种信息。当教师按原先准备好的教学计划完成了教学任务后，可以利用最后一段时间，通过完成各种类型的作业、练习、问答、小结、判断评价等活动方式，检查教的效果及学生掌握知识的程度，为下一步的调整改进及时提供了反馈信息。

3. 承前启后

知识往往是前后连贯的，既有纵向的联系，又有横向的关系。好的结束有利于为以后的知识学习作好准备，为讲授以后的新知识提前创设教学情景，起到课与课之间，知识与知识之间的承前启后作用。

4. 促进思维

教师通过课的结束，可以留下悬念，埋下伏笔，促进学生的思维活动深入开展，进一步诱发学生继续学习的积极性，也便于学生在课后有针对性地复习。

【案例】

语文课"关于应用文"总结

应用文的教学由于缺乏文学性，讲起来比较枯燥。这位语文教师别出心裁，在让同学热

烈讨论和分组发言后,这样来结束这堂课:

应用文的性质和特点,可以用三个字来概括:"实"、"用"、"简"。

应用文姓"实",它不同于文学作品,允许虚构,允许任意想象,天马行空,自由往来。它以忠实于现实,忠实于对象而见长。

应用文重"用",由于它"实用",所以备受大家的青睐。倘若失去了这一特性,应用文的生命也就完结了。

应用文尚"简",简明扼要,一语中的,才能带来高效率。啰嗦拉杂,语缛词繁,花枝招展是应用文的禁忌。

应用文是"立交桥",它联结着四面八方,沟通着五湖四海。它总是有条有理地用其简洁的语言述说着人们最关注的事情。指点迷津,牵线搭桥,一派长者之风。

好了,应用文的魅力是在实践中显示的。那么,就让我们关心应用文,实践应用文,热爱应用文吧!

【评议】

一则结语,精当多趣,如撞钟清音不绝,进一步加深了学生对应用文体的理解,可谓匠心独运。

二、结束技能的类型

结束技能的类型主要有两种形式,即认知型结束和开放型结束。认知型结束又称为封闭型结束,其目的是巩固学生所学的知识,把学生的注意力集中到课堂的要点上。开放型结束是把所学的知识向其他方向延伸,以拓宽学生的知识面,引起更浓厚的研究兴趣,或把前后知识联系起来,使学生的知识系统化。在实际教学中具体采用什么方法,要根据教学内容的性质和要求来决定。一般的结束过程大体经过简单回忆,提示要点,巩固应用,拓展延伸等阶段。下面介绍几种常用的结束方法:

1. 总结归纳法

即用准确简练的语言,提纲挈领地把整节课的主要内容加以总结概括,给学生以系统、完整的印象,促使学生加深对所学知识的理解和记忆,培养其综合概括能力。总结可以由教师做,也可以先启发学生做,教师再加以补充、修正,这样可以及时强化重点,明确问题的关键,做到眉目清晰,记忆牢固。

【案例】

化学课"复分解反应的条件"总结

复分解反应的条件可总结如下:

反应物是电解质	复分解反应的条件	
	反应物条件	生成物条件
酸＋碱	均可溶或有一种可溶	有水或气体或沉淀生成
酸＋盐		
盐＋碱	都必须可溶	有沉淀生成
盐＋盐		

【评议】

以表格的形式总结归纳较清晰，易记忆。

【案例】

数学课"带分数乘法与加减法比较"的总结

数学课中的带分数乘法一节，由于学生会受到带分数加减法的干扰，往往将带分数的整数部分与分数部分分别相乘或把带分数分数部分先通分再约分。为了帮助学生弄清两者之间的异同点，结尾时教师引导学生列表归纳总结。

算式	计算过程		计算结果
加减法	通分	不化成假分数	不约分	能约分的要约分。是假分数的要化成带分数或整数。
乘法	不通分	化成假分数	化后约分	

2. 拓展延伸法

即在新课结束时，教师把学过的知识向其他方面延伸，以拓宽学生的知识面，引起学生更浓厚的学习、研究兴趣，使学生形成知识网络。这种结束给学生留下"言有尽而意无穷"的含蓄结尾，使学生展开丰富的想象，以进入知识的新天地。

【案例】

语文课"最后一课"结尾

师：屋顶上鸽子"咕咕咕咕"地低声叫着，我心里想："他们该不会强迫这些鸽子也用德国话唱歌吧！"请问，这一句有什么深刻的含义？

生：(学生纷纷举手，一位平时像小弗朗士一样调皮的男孩站起来)这是对德国侵略者的控诉和讽刺，因为柏林已经来了命令，阿尔萨斯和洛林的学校明天开始只许教德语。可是，阿尔萨斯和洛林是法国的土地。

师:(热情地表扬了这位学生)对!你讲得太好了!(朗读)忽然教堂的钟声敲了十二下。祈祷的钟声也响了。窗外又传来普鲁士兵的号声——他们已经收操了。韩麦尔先生站起来,脸色惨白,我觉得他从来没有这么高大。

"我的朋友啊",他说,"我——我——"但是他哽住了,他说不下去了。

(沉默。教师哽住了,读不下去了。教室里鸦雀无声。教师仿佛就是韩麦尔先生,进入了角色,拿起一支红粉笔,转身朝向黑板,使出全身力量,奋笔疾书:法兰西万岁!)

正在这时,下课铃响了。同学们深情地望着教师,教师做了个手势,于是班长喊道:"起立!"同学们"刷"地站了起来,向教师表示了前所未有的敬意……

【评议】

教师觉得学生已经很好地理解了"最后一课"的主题,再去总结全文,概括中心思想,已经没有必要。课在高潮中结束,紧扣了学生的心弦。毫无疑义,这种结尾留给学生的印象是深远的。

3. 新旧对比法

新旧对比法是将传授的新知识与相关的旧知识联系起来,进行分析比较。这种前瞻后顾,对关键之处,妙手点拨,找出其异同的结束方法能使学生更准确、更深刻地理解知识。

【案例】

物理课"牛顿第三定律"结尾

作用力和反作用力与二力平衡的比较

	不同点			相同点
	力涉及的物体	力的存在条件	力的性质	
作用力和反作用力	作用在不同物体上的两个力	两力同时产生同时消失	必须是同种性质	两个力大小相等、方向相反,作用在同一直线上
二力平衡	作用在同一物体上的两个力	任何一力不依赖于另一个力而存在	可非同种性质	

【评议】

学生在学习中,由于知识负迁移的作用,常将二力平衡与牛顿第三定律中的作用力和反作用力相混淆。若等学生出现问题时再强调这两者的差异,则不如预先告知异同点。这样在刚接受新知识后,比较与旧知识的异同点,由于新知识印象深刻,故有省时且收效好的教学效果。

用类似的方法,还可比较电容与电阻串并联的特点、重量与质量、功和能、左手定则和右手定则、万有引力定律和库仑定律等。如此结尾,同中求异,使和谐的物理规律显示出奇异;异中求同,使奇异的物理现象达到更高层次上的和谐。学生们在掌握知识的同时得到了美的享受。

【案例】

语文课"西湖漫笔"结尾

我们来比较一下宗璞的"西湖漫笔"与峻青的"雄关赋"这两个文本。这两篇文章的语言风格是不同的,同学们回去还可以进一步深入比较,这里仅作一个简单的提示。如果把西湖比作婀娜多姿、温柔秀美的少女,那山海关就是威武雄壮、高大勇猛的武士;如果把"西湖漫笔"比作一支柔美清新的小夜曲,那么"雄关赋"则是一声声激越昂扬的战鼓。

【评议】

结尾集中在语言风格上,加之优美的比喻构成的对偶,使这个结尾显得生动而深入。经过这样一比,学生既回忆了已学文本,又对新学文本的理解也更深一层了。

4. 练习评估法

即教师在课堂结束时通过提问或小测验等练习形式对学过的知识技能进行检测,并给予相应的评价。检测的目的一方面是使教学内容在学生大脑中形成记忆,另一方面是帮助学生进一步理解所学的知识和技能,并能应用之。同时,在检测之后教师进行适时适当的评价,可以使学生产生一种成就感,学生会感觉到他们每堂课都获得了新知识,掌握了新技能,并感觉自己每天都有收获,每时都有进步。课堂练习结束时的练习不宜太复杂,所涉及内容也不宜太多,同时也不宜太长。练习的内容应该是绝大部分学生都感到适应,所有的学生都应该接受,并已经有所感受的内容,而且也是课堂所涉及的核心内容。应该使所有的学生都形成这样一种感觉:即知识是有趣的,有用的,理解和接受知识并不是一件十分困难的事情。

【案例】

高中物理课"匀速直线运动位移图像"结尾

教师用电脑显示几幅图像,让学生讨论物体的运动情况:

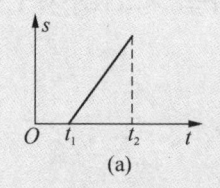

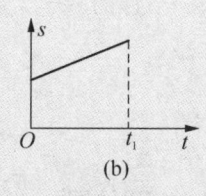

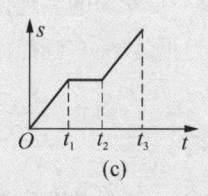

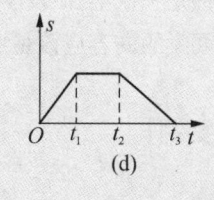

(a) (b) (c) (d)

学生讨论之后,教师可作如下的评价:图(a)表示初始位移为零($S_0 = 0$)的匀速直线运动;图(b)表示初始位移不为零($S_0 \neq 0$)的匀速直线运动;图(c)表示三种运动状态,其中从 t_0 到 t_1 表示速度为 v_1 的匀速直线运动,t_1 到 t_2 表示静止状态,t_2 到 t_3 表示速度为 v_2 的匀速直线运动;图(d)也表示三种运动状态,其中从 t_0 到 t_1 表示速度为 v_1 的匀速直线运动,t_1 到 t_2 表示静止状态,t_2 到 t_3 表示速度为 v_2 的匀速直线运动,物体回到了起点。

【评议】

让学生当堂练习,巩固了学习内容、知识点,教师也可以及时得到反馈信息。

【案例】

语文课"十八岁和其他"结尾

同学们,杨子在"十八岁和其他"一文中所说的"十八岁使我想起初长彩羽、引吭试啼的小公鸡,使我想起翅膀甫健,开始翱翔于天空的幼鹰,整个世界填满不了十八岁男孩子的雄心和梦",留给了我们深深地思索。小公鸡和幼鹰在这里分别指什么?它们与十八岁男孩有着怎样的联系?这样的句子为什么能打动我们?我们能否根据自己对青春的理解试着仿照这个句子写一段话?明天我等着你们都能拿出满意的答案。

【评议】

理科学科一般每堂课后都有练习题,文科学科如何布置作业呢?课堂结束时,教师可以根据教材内容和实现教学目标的需要,精心设计一些口头或书面思考题,并提出相应要求。这个结尾向学生提出了四个任务,表面看起来很多,其实都是围绕着对一个句子及对文章的中心的理解,其中也包括对此句特点的把握。教师将教材的练习题作了改造,显得生动活泼,匠心独用。

让学生课后思考,这种方式比较灵活,可以是对一堂课所讲内容的检测,也可以是一堂课知识的拓展。这种结尾使用的教师较多,但真正出彩的较少,原因是教师所设计的练习题型、内容或练习呈现的方式有问题。其实,教师应多对课后思考练习进行加工改造,激发学生思维的积极性,开发学生的学习潜能。

5. 承前启后法

承前,是指与教学的起始阶段相呼应,导入阶段的悬念,预习中的疑问,到结束阶段应该得到回应,化问号为句号或感叹号,并给予强调;启后,是指教师选择本节课的知识作为下一节课的铺垫和伏笔,激发学生进一步学习的兴趣便于下一节课的教学。启发性结束过程中对下一课要学的内容应该是点到为止,以免有画蛇添足之感。

【案例】

生物课"叶的光合作用"结尾

教师归纳总结了本节课的主要内容后,给学生讲了一个故事:从前有一个人去菜窖里取白菜,一下去就没有上来。后来又下去一个人,同样也没有上来。第三个人拿着点着的蜡烛顺着梯子下窖,才下到一半时,蜡烛就灭了,他大喊大叫:"有鬼"!请同学们想一想,这究竟是怎么回事?如果要想知道答案,我们下节课来讨论"叶的呼吸作用"大家就会明白了。

【评议】

　　这一悬念激发了学生的求知欲,为下一节课打下了伏笔,使此节课的结束变为下一节课的导入,与下节课有机地衔接了起来,起到了承前启后的作用。

【案例】

数学课"圆面积计算"结尾

　　教师拿出一张正方形纸片,用剪刀剪成一个圆,问同学们:"怎样求圆的面积?"(复习 $S_{圆} = \pi r^2$ 公式)。随即教师拿起剪去的部分,问:"怎样求它的面积?"($S_{剪去部分} = S_{正} - S_{圆}$)。再用剪刀在圆纸片中任意剪去一个三角形,问:"现在谁能求出它的面积?"($S_{剩余部分} = S_{圆} - S_{三角形}$)。然后再拿一张圆纸片,把它对折后问学生:"会不会求它的面积?"再对折后,问:"现在呢?"再对折后,问:"还会吗?"

【评议】

　　运用这种方式结束,学生感到兴奋、欢乐、有趣,从而激发起学生的求知欲,同时为以后学习扇形面积、组合图形的面积的计算打下了伏笔。

三、结束技能的应用原则

　　明代文学家谢榛谈及文章的开头和结尾时说:"起句当如爆竹,骤响易彻,结句当为撞钟,清音有余。"讲课也应是这样,一节课的暂停,一堂课的结尾,也应如撞钟,留下不绝于耳的清音,不绝于脑的思索。在具体实践中,必须注意如下原则:

　　1. 目的性原则。必须以教学目的为依据来确定"结束"内容的实施方式方法。课堂结束小结要紧扣教学内容目的、重点和知识结构,针对学生的知识掌握情况以及课堂教学情境等采取恰当方式,把所学知识及时归纳到学生已有的认知结构中,有助于学生对有关知识的消化、理解和巩固,有助于教学内容的系统化。结束要简洁明快,干净利落,语言不要拖泥带水,有利于学生回忆、检索和运用。

　　2. 趣味性原则。兴趣是学习之母,是推动学习的动力,又是发展思维的催化剂。在结束课堂教学时,有意识地设置一些悬念,鼓励学生运用发散性思维,展开丰富的想象力,促进学生对问题的思考和探索。因为任何教学效果都是以学生是否积极、自觉参与的状况来决定的,课堂结束的教学只有让学生积极参与,学生才会感到快乐,效果才会显著。

　　3. 及时性原则。学生的记忆是一个不断巩固的过程。由瞬间记忆到短时记忆再到长时记忆,有一个转化过程。实现这个转化过程的基本手段是及时小结,周期性的复习。作为课堂教学在讲授新知识接近尾声时,及时小结可以起到转化知识的作用。教师要严格掌握时间,及时下课。学生对教师的拖堂是十分反感的。下课铃响了,学生的心思已不在课堂,教师再讲也无益。所以,结束必须有时间观念,否则,再好的结尾也是毫无用处的。

4. 多样性原则。结束的形式多样,方法多种,多种多样的结束方式可以提高学生的学习兴趣,收到好的教学效果。如果形式单一,方法简单,容易使学生感到枯燥无味。因此,不同学科,不同课型要选择不同的结束方式,尽量避免雷同。要防止狗尾续貂,画蛇添足,应该追求自然的"水到渠成"式的结束,这是教学设计"一连串巧妙地导向结局的匠心的组合",是课堂教学艺术的完美体现。结束应尽量与导入相呼应,使之脉络贯通,一脉相承。通过多种形式的结束,既巩固了学生所学习的知识,又让学生余味无穷。

5. 巩固性原则。结束不是知识或讲解的简单重复,应概括本节课和本段知识的结构,深化重要事实、情节、规律和概念,经过精心加工而得出的系统化、简约化和有效化的知识网络,能帮助学生把零散孤立的知识"串联"和"并联"起来,了解概念、规律的来龙去脉。因此好的结束,要求教师能够提纲挈领,抓住知识的要点和精髓,语言要准确、简洁,展示图表要简单明了,有些内容要拓展延伸,能进一步启发学生思维。

教学既可以看成是"一个涉及教师和学生在理性与情绪两方面的动态人际过程,"也可以看成是"与个性及社会心理现象相联系的情感力量和认知力量相互作用的动力过程"。在设计结束时,教师必须把握:以情激情,促发学生积极学习的动力;以情融知,强化学生的学习理解力;以情明理,增强学生的体验力与感悟力。知趣、情趣、理趣三趣合一,必能形成优质的结束,但三者又都是建立在教师拥有丰富的资源之上的。资源越多,教师的教学设计就越能左右逢源,得心应手。我们可以看到,有的教师一开口就显得眼界开阔、学养深厚、举一反三、触类旁通;而有的教师只能机械刻板、就事论事、捉襟见肘、枯燥无味。所以,在进行结束技能训练时,要努力使课堂生成转化为课堂资源,内化为教学经验,细化为教学方法,使课堂的结束变得更为精彩。

实习活动

设计一则某单元或某节课的结束。写好教案,准备"角色扮演",时间5分钟左右。在设计时请注意以下几点:

1. 你设计的结束是否概括了本单元或本节课的知识结构与重点。

2. 你设计的结束活动,是否都有明确的目的,并强化学生对所学内容的兴趣。

3. 进行总结与实践活动,是否遵循"以学生为本"的理念,能促进学生在知识、智力和能力上都有所提高。

第六节 教学媒体选用技能

选择什么样的教学媒体、怎样运用教学媒体才能使教学更为有效,这是教学设计工作的重点和难点。随着科学技术的发展,教学媒体的种类不断增加,要想从众多的媒体中,科学、准确、迅速地选择出最适合于某一教学情境的媒体并非易事。究竟应该如何选用教学媒体,目前还没有一个现成的公式或表格可供参考。因此,我们只能从了解媒体的特性入手,对教学媒体的选择原则、方法与使用要点作简要探讨,在介绍媒体选择的过程中,也涉及了一定的运用原则。

一、教学媒体的概念

媒体一词来源于拉丁语"Medium",音译为媒介,意为两者之间。媒体是信息在传递过程中,从信息源到受信者之间承载并传递信息的载体或工具,也有人把媒体看作是实现信息从信息源传递到受信者的一切技术手段。因此,媒体既指承载信息的载体,又可指存储和传递信息的实体。媒体有两层含义,一是指承载信息所使用的符号系统,如语言、文字、声音、符号、图形、图像等,媒体呈现时所采用的符号系统决定了媒体的信息表达功能;二是指存贮和加工、传递信息的实体,如书刊、挂图、画册、报纸、图影片、计算机磁盘、录影带、录像带以及相关的播放、处理设备等。

通常,我们把媒体分为硬件和软件两大类。硬件是指储存、传递信息的机器和设备,如照相机、录音机、电视机、投影仪、光盘机和计算机等。软件是指那些能存储与传递信息的物体,如教科书、光学投影片、录音带、录像带、计算机光盘和软件等。硬件和软件不可分割,只有配套使用,才能发挥其储存和传递信息的功能。

以教学信息的承载和传递为最终目的的媒体或工具称为教学媒体。教学媒体用于教学信息从信息源到学习者之间的传递,具有明确的教学目的、教学内容和教学对象。教学媒体包括现代化教学手段、传统教学工具和教学资料等,是教学资源的重要组成部分。

二、教学媒体的分类

随着科学技术的发展,教学媒体的种类越来越多,性能也越来越好。由于分类标准不同,形成了多种媒体分类方法。例如,按时代特点或科学技术手段,可以分为传统教学媒体(教科书、黑板、粉笔、标本、模型、图表、实物和教具等)和现代教学媒体(幻灯、投影、录音、录像和计算机多媒体等);按信息传播过程中信息流动的方向,可以分为单向传播媒体(影视、广播、幻灯、投影等)和双向传播媒体(计算机等);按印刷与否,可以分为印刷媒体与非印刷媒体。顾明远先生主编的《教育技术》一书中依据媒体对受信者感官刺激的类型,将教学媒体分为视觉媒体、听觉媒体、视听觉媒体、交互媒体以及多媒体系统等。

1. 视觉媒体又分为非投影视觉媒体和投影视觉媒体两类。非投影视觉媒体有教学板书、印刷的文字材料、图片、图表、模型与实物教具等;投影视觉媒体有幻灯机、投影器和视频展台等。

2. 听觉媒体有传声机、扬声器、录音机、收音机、语言实验室、磁带、唱片、CD等;

3. 视听觉媒体有电影、电视、录像、激光视盘等。

4. 交互媒体有教学模拟机、教学游戏机、双向有线电视、计算机辅助教学系统等。

5. 多媒体系统是指多种媒体的组合教学系统,它包括多媒体教室、多媒体学习包以及计算机多媒体网络学习系统。

运用现代化教学手段在增加课堂教学的知识总量,提高课堂教学效率等方面发挥了重要作用。需要强调的是,教学媒体并不仅仅是现代技术媒体,它还包括传统教学媒体以及教学资料等。传统的教学媒体,例如黑板与粉笔、印刷材料、图片与图示材料、模型与实物教具等,由于它们具有使用灵活、方便、经济等诸多优点,即使在现代化教学手段普遍应用的今天,在日常的教学中仍被广泛采用,发挥着不可替代的重要作用。

三、教学媒体的功能

1. 有利于提高教学质量和教学效率

教学媒体可以提高课堂教学的知识传授质量。使用教学媒体能提高教育信息传递的准确性和精确性,降低教学难度,使学生学得更快、更容易。另外,大部分教学媒体都能节省既定知识的教学时间,即增加课堂教学的知识容量,并调动学习者的各种感官积极参与,使教学效率得以提高。教学媒体还能在课堂教学中补充与课程相关的大量知识,扩大课堂信息量。

2. 有利于形成生动、有趣的教学

教学媒体能有效地吸引学生的注意力,具有容易引起注意的诸多优势。例如,生动的静态画面、形象的特技与音效、意境深远的多媒体信息等,能激发学生的学习兴趣与学习动机,促使学生积极思考,主动参与,使学习成为一件愉快的事情。

3. 有利于实施个别化学习

在课堂上,利用语言实验设备、程序教学机器、电子计算机辅助教学系统、多媒体网络教学系统等现代媒体设备可以实现教学过程的个性化,真正做到因材施教。个别化学习软件为学生的个别化学习提供了方便条件,学生可以根据自己的情况决定学习的进度、时间和地点。

4. 有利于开展特殊教育

教学媒体为特殊教育的实施与质量的提高提供了巨大的便利。只要选用适当的现代教学媒体,并根据实际需要将教学调整和设计到最佳状态,就可以收到良好的教学效果。例如,对视力残疾的学生加强他们的听力训练,提高其听力技能以便今后更好地学习与生活。再如,使用专门设计的教学幻灯、投影教材来训练聋哑儿童说话,充分利用他们的视觉感官进行教学,可取得良好的效果。

5. 有利于探索和实现不同学习模式的教学

教学媒体能够促进师生角色的转变,有利于探索和实现不同学习模式的教学。此外,现代教学媒体还可以将优秀教师的教学成果和经验变为共享的教学资源,对教师提高教学艺术,保证课堂教学质量无疑是大有裨益的。

四、教学媒体的选用原则

根据教学媒体的特性及其教学功能来选择和利用媒体,是选择教学媒体的基本原则。影响教学媒体选择的因素有很多,进行选择时,要在坚持基本原则的前提下,兼顾其他因素。选用教学媒体还应注意以下原则:

1. 发展性原则

发展性原则就是要求选用教学媒体时应考虑它能在多大程度上发挥教育作用,促进学生多方面的发展。首先,应遵循教学目标的要求,从学生身心发展需要的角度出发,科学地选用教学媒体;其次,采取正确的方式使用某一媒体。如果使用不当,就有可能影响学生身心的健康发展。比如,当前在一些中小学,就有不少学生因沉迷于计算机网络上的一些不健康的交友和游戏等活动,影响了正常的学习和身心发展。这种现象反映了某些现代化的媒体存在不利于学生的身心发展的方面。因而,选用教学媒体时,应从利于学生身心发展的角度慎重考虑。

2. 综合性原则

综合性原则要求在选用教学媒体时,综合考虑教学的各种因素,协调教学媒体与教学的其他方面的关系,使教学媒体的功效服从于整体教学设计,以取得最佳教学效果。选择教学媒体要考虑教学目标、教学内容、教学对象以及教学策略的需要,注意到教学媒体与其他因素之间相互联系、相互制约的关系。例如,如果已经决定采用集体授课方式,那就应该选择能够向全班学生展示的媒体,如挂图、幻灯机、投影仪或大屏幕电视机等。理想的教学过程有多方面的需求,既希望学生能始终保持积极的学习态度和高度集中的注意力,又希望教师能从知识、技能、思想等方面给学生以积极影响,还希望教学氛围融洽,教学过程轻松愉悦,等等。选择教学媒体要充分考虑教学过程的这些需要。

每一种教学媒体在传递范围、表现力、重现力、参与性和受控性等都有所不同,各有长处和短处,综合使用多种教学媒体可以取长补短,充分发挥它们各自的优势,尽量满足教学的多种需要。选用媒体时要注意认真分析各种媒体的特性,并充分考虑学生的接受能力及具体的教学环境,把多种教学媒体优化组合到一起。这样做不仅能够发挥出各种教学媒体的优势,提高教学效果,还能调动学生的多种感官共同参与教学活动,提高教学效率。

3. 经济性原则

经济性原则要求选用教学媒体时应考虑教学媒体的投资效益,本着少花钱多办事的原则,选用那些能在合理的时间内,达到所期望的教学目标的廉价媒体。如果有两种教学媒体所带来的效益基本相同,那么就应该选择成本较低的那一种;如果一种媒体比另一种媒体的教学效果好一些,却要付出相当大的代价,那么还是应该选择代价小的那种媒体。总之,选择教学媒体应在不影响教学效率和效果的前提下,尽量降低成本,选用最便于使用且经济实惠的媒体。

4. 条件性原则

只有具备一定的教学条件,才能发挥出教学媒体的作用,也就是说,不论我们所选择的媒体多么符合需要,如果条件不允许也只得放弃。在使用一种新的教学媒体时,如果教师和学生都不熟悉它的使用方法,就有可能发挥不出它的功能。对于比较昂贵的教学媒体设备,如果学校的教育经费不足,就不能购买,当然也谈不上使用。有的媒体设备,还要求配备相应的教学软件。有些媒体对使用环境有一些特殊要求,例如幻灯和电影要求放映地点的光线比较暗,这就需要遮挡光线。选择媒体时,还会受到学校管理媒体的水平的限制,因为只有保证媒体处于良好的工作状态,才能供教师选择和使用。可见,师生对媒体的熟悉程度、教育经费、教学软件的质量及数量、对环境的特殊要求以及学校管理水平等等,都会对媒体的选择和使用产生影响。

教学媒体必须在满足其使用条件的情况下,才能发挥出它应有的作用,而且这种作用也是有限度的,所以我们只能利用媒体,而不能过分依赖媒体,更不能认为媒体能够取代教师。教师选择和使用教学媒体的目的是为了更好地实现教学目标。使用教学媒体并不是目的,使用之后到底能取得什么样的教学效果才应是教师们关心的,所以选择教学媒体必须注重媒体的实际效果,不能盲目地求新求全,把媒体当成"现代化教学"的标志。

五、教学媒体的选择方法

根据选择媒体的原则,选用教学媒体一般分为以下四个步骤:

1. 描述选择教学媒体的设想

正如前面所讲的那样,教学设计过程中的各个要素对于选择媒体都有直接影响。因此,在分析学习内容和学习者特征、阐明学习目标以及制定教学策略的同时,教师的头脑中多少会形成一些关于如何选择和使用教学媒体的初步设想,接下来要做的事情,就是把这些比较模糊的想法整理一下,并把它们详细描述出来。例如,数学教师向小学生讲解"圆的周长"的推导公式,教师感觉到仅仅用语言很难描述清楚,所以希望借助某种教学媒体来解决这个问题。那么,选用什么样的媒体比较合适呢?此时教师应该将其头脑中的想法描述出来。如果教学的组织形式是集体教学,那么教师可能会选择挂图、投影片或计算机教学软件这些适合于集体观看的媒体。

2. 运用选择媒体的模型

在选择和运用教学媒体的大量实践中,人们根据选择媒体的原则总结出了一些方法、程式和模型,它们被统称为选择教学媒体的模型。利用这些模型,可以使媒体选择更为客观和准确。模型的种类有很多,在这里只介绍两种。

(1) 问题表

教师把选择教学媒体的设想描述出来后,就应该根据媒体选择的原则,逐一考虑其中的哪些设想是可行的,然后加以整理,从中发现最适合某一特定教学情境的媒体。这就是问题表模型,其中的所有问题可以列成表格的形式,也可以不列,关键在于用这种方法找出合适的媒体。

① 所需的教学媒体是用于集体教学还是小组教学或个别教学?(集体教学)

② 需要真实经验吗?(需要)

③ 媒体仅需视觉形式还是听觉形式或二者结合形式?(视听结合形式)

④ 需要静止画面还是活动图像?(活动图像)

⑤ 有没有相应的教学软件?(有)

⑥ 有无运行条件?(有)

在每个问题后面有一个括号,要求教师填写答案。归纳这些问题的答案,就能发现应该选择何种教学媒体。

问题表的优点是方便灵活,所列问题可多可少,而且还可以不按照逻辑顺序排列。它的缺点是列表时全凭教师的认识与经验,所以容易造成遗漏。

（2）流程图

流程图是在问题表模型的基础上发展起来的。它把选择媒体的过程分解成一系列步骤，每个步骤都设有一个问题，在问题的下面又有一个个的分支。教师从第一个问题开始回答，然后根据答案进入相应的分支，再依次回答每一个问题，直到问题结束，这样就得到了一种或一组合适的媒体。流程图的种类很多，例如，集体教学、小组教学和个别教学这几种教学形式，都有各自的流程图；对于不同的媒体分类或不同的教学策略也都有相应的流程图。教师既可以参考这些已有的流程图，也可以自行设计符合自己需要的流程图。

流程图的优点在于它有许多现成的模型供人们参考。除此之外，当教师回答了全部问题以后，所需要的媒体也就确定出来了，而不必像问题表那样还需进一步综合分析每个问题的答案才能得出结论。

3．做出最佳选择

从问题表或流程图得出的结果有时是多种媒体，所以还需要根据使用条件等限制因素，从中选择出一种最佳媒体。最佳媒体就是那些实际条件允许、成本低且运用起来比较方便的媒体。选择最佳媒体的方法是：把上一个步骤得到的几种备选媒体与需要考虑的实际因素列成一个矩阵表，然后针对每一个实际因素衡量每种媒体的优选顺序，如用"4、3、2、1"分别表示"优先选择"、"其次选择"、"再次选择"及"最后选择"，当所有的实际因素都衡量过后，整个矩阵表就填满了，最后考虑权重因素，根据总分的积累情况确定最佳媒体。表7-6-1中所列的备选媒体是用问题表得到的结果，其中的实际因素仅供教师参考，在列表时可根据具体情况适当增减。

表7-6-1 选择媒体需要考虑的实际因素

被选媒体	实际因素							
	能否得到	成本因素	使用条件	准备时间	使用方法	维护要求	学生偏爱	教师偏爱
计算机多媒体								
录像								

教学媒体材料一般有三种来源：直接选用现成的，改造原有的和创作新的。如果现成的教学媒体中已经有比较合适的，就应该尽可能地选择和利用，这样可以节省时间、经费和精力；如果已有的教学媒体材料不太适用，就应该根据教学需要进行适当地修改；如果经过修改仍然不能满足教学需要，就需要设计和编制新的符合教学要求的媒体了。

4．阐明运用媒体的设想

经过以上步骤，就可以选出符合需要的最佳媒体。但是选择媒体不是最终目的，在教学实践中运用媒体以促进教学才是最终目的。所以在选择了最佳媒体之后，应该立即阐明运用媒体的设想，使精心选择的媒体能够真正发挥其应有的作用。

阐明运用媒体的设想，就是把教师在选择媒体的过程中考虑到的有关媒体与知识点、学习水平之间的关系，以及对媒体运用方式的设想表达出来，作为运用媒体时的参考。具体做法是填写"教学媒体运用说明一览表"，如表7-6-2所示。表中最后两项："媒体在教学中的作用"包括创设情境、引发动机、反映事实、显示过程、示范演示、验证原理、提供练习、训练技能等等;"媒体运用方式"包括设疑——演示——讲解,讲解——演示——概括,演示——练习——总结,边播放边讲解等等。教师在填写这两项时,可以从中选出或者设计出适合自己教学需要的类型。当教师按照表中的各个项目填好以后,拟定的媒体在某一课程中各个知识点的运用情况也就一目了然了。

表7-6-2 教学媒体运用说明一览表

课程名称	知识点	目标水平	拟选用的媒体	内容要点	使用时间	媒体在教学中的作用	媒体运用方式
	1						
	2						
	3						

六、教学媒体的使用

现代教学条件下,学会使用各种现代教学媒体是教师适应教学工作的基本要求,也是教师必须具备的基本素质。因此,我们以投影器、视频展台,录音机、摄像机、录像机、VCD和DVD、交互式电子白板,多媒体教室为例来分别说明视觉媒体、听觉媒体、视听觉媒体和系统集成媒体的使用,以期提高教师教学媒体的使用技能。

(一) 投影媒体的使用

光学投影媒体是指利用光学放大器,将记录在软件上的各种视觉符号以及实物图像投影放大到银幕上的视觉媒体,主要有幻灯机、投影器、视频展台等。光学投影媒体具有图像清晰、形象逼真、教学运用形式灵活多样等特点,并且媒体设备结构简单、软件制作方便、价格低廉、易于普及,在课堂教学中被广泛使用。

1. 投影器

投影器是在幻灯机的基础上发展而成的一种光学放大仪器,投影器因其结构简单、操作简便、用途广泛等优点,成为一种利用率很高的现代教学媒体。常用的投影器按其结构可分为台式投影器(如图7-6-1所示)和便携式投影器,各种投影器的操作方法基本相同。投影器的使用和调整方法如下:

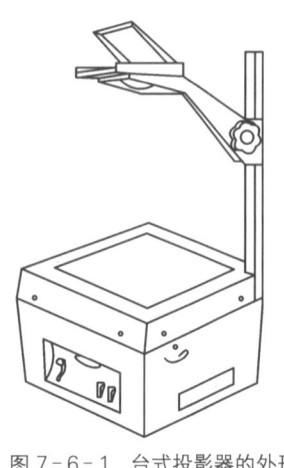

图7-6-1 台式投影器的外形及各开关示意图

(1) 将电源插头插入电源插口,打开投影器的反光镜,开启电源开关,此时风扇正常工作,光源点亮。若使用的投影器有电源开关和光源开关的话,应先开电源开关,听到风扇正常运转的声音后再打开光源开关。若风扇运转不正常或风扇不工作,应停机检查,待修理好再使用。

高亮度投影器使用镝灯作光源。这种投影器使用时,应先开启电源开关,听到风扇正常运转的声音后,按动触发启动按钮。投影器发出瞬间蓝光,且光源的光由暗到亮逐渐变化,等1—3分钟光色正常(白光)时即可使用。

(2) 安放好投影器,调节好放映距离及焦距

使用投影器时,首先应根据放映场地的大小、学生座位位置及人数的多少、对成像质量的要求以及室内的光线情况,调整好放映距离。因为放映距离直接决定放映出画面的大小和成像质量,所以为了取得满意的放映效果,应注意调整放映距离。

放映距离调整合适后,若银幕图像不清楚,应转动升降调节旋钮,直到调节图像清晰为止。同时,注意调节好光程。所谓光程,就是光线从光源出发经过光学元件到达银幕所经历的路程。在放映时,要求到达画面上各对称位置处光线的光程相等。否则,画面会出现上宽下窄、左宽右窄等畸变现象,影响图像的质量。要避免这种畸变现象产生,就要注意调节好光程。在放映时,投影器的位置一般较低,而映出的画面较高。画面上、下部分光程不等,就会出现上宽下窄的现象。为此,一般将银幕前倾,使光线从光源到达画面上、下部分的光程差别尽量小,就可以减小图像的畸变。

映出画面位置的高低,可以通过调节反光镜的角度来改变。但调节时,注意不要使画面产生梯形失真。

(3) 将投影片平放于投影台上进行放映,对映出的画面可随时进行微调,以保证画面的最佳清晰度。

(4) 使用完毕后,先关光源开关,待风扇工作一段时间后再关电源开关,这样有利于将机器内的热量排出,对延长灯泡及机器的使用寿命有利。

(5) 合上反光镜,拔掉电源插头,将机器妥善收藏。

(6) 投影器的日常维护。

① 放映镜头、反光镜、螺纹透镜、反射镜等光学元件,若有污秽、尘埃,可用皮老虎吹去或用镜头纸、软质绒布、鹿皮等揩擦,切勿用手指摸或用硬纸、粗布等擦拭。

② 溴钨灯的灯丝受热时,如遇震动易损坏。当投影器工作时,应尽量避免搬动和震动,若要搬动,应先关机,待灯丝冷却后再搬动。

③ 散热风扇如有故障,必须修好然后才能使用,否则会因箱体内温度过高而损坏螺纹透镜等光学元件。风扇电机应每半年擦洗加油一次。

④ 清洁和更换灯泡时,不能用手直接接触灯泡,必须用布包着或戴手套。

2. 视频展台

视频展台又称实物展示仪、实物展台、文字显示台。视频展台除了具备幻灯机、投影器的功能外,还具有摄像机功能,它成像清晰、使用简便且具有多路输入输出接口,通过投影机等输出设备,可将文字、图片、透明投影胶片、幻灯片、彩色图片及实物等放大显示出来,因此被广泛应用于教学。视频展台一般由摄像头、光源、实物放置台和控制面板等部分组成,其基本结构

如图7-6-2所示。视频展台的使用方法如下：

(1) 视频展台需和电视机或投影机等配合使用，同时把电视机(投影机)切换为视频。

(2) 被投影对象放置于展台上，要根据不同的投影物，选择不同的光源。同时利用控制面板调节图片和实物影像，以达到最佳效果。

(3) 如果使用时需把外接信号转换到电视机(投影机)上，只要把外接信号接到展台的输入端口，按下输入键，选择相应的A/V端子(与其对应的灯亮)即可。

图7-6-2 视频展台的基本结构

(4) 计算机通过视频捕捉卡连接展台，可通过相关程序软件将视频展台输出的视频信号输入计算机进行各种处理。

(5) 有些视频展台具有画面定格(也叫帧存储)功能，即视频展台使用过程中，移去被投物，画面仍可保持而不消失，使展示内容从一个画面到另一个画面平滑过渡；有的展台有存储功能，即展台设备中内置存储器，一般可存储20幅以内的图片(一般为JPEG格式)。

(二) 听觉媒体的使用

利用物理手段对声音进行各种各样处理的设备，通常称为现代听觉媒体。教育中引入听觉媒体，使得教学过程变得更为生动有趣、规范标准，尤其是进行语言、语音和音乐等方面教学时，具有其他教学媒体无法取代的优势。现代听觉媒体有传声器、扬声器、录音机、CD、语言实验室等。下面以录音机为例介绍听觉媒体的使用。

录音机是根据"电磁转换"原理制造的听觉教学媒体。录音机主要有盘式和盒式两种类型。盒式录音机体积小、重量轻、携带方便、磁带不易弄脏和损坏，同时外形美观、结构紧凑、操作简便、价格低廉，在目前教学中是使用最广泛的一类录音机。

1. 录音机的按钮

录音机的按钮可分为磁带驱动机构控制键、工作状态控制键、指示按钮等三大类，大多数功能都可以通过这些按钮的选择操作来完成，其中特别要注意的是录音时，需将录音键(REC)和放音键(PLAY)同时按下，录音机才能进入录音工作状态。

2. 外接插座

(1) 外接话筒插座(MIC或EXT MIC)：将外接话筒插入该孔，机内话筒会自动断开。

(2) 耳机插座(EAR)：将耳机插入该孔，机内喇叭会自动断开，用于耳机听音。

(3) 外接喇叭插座(EXT SPEAKER)：可接插外接喇叭。

(4) 线路输入插座(LINE IN)：连接其他的音响设备(收音机、录音机等)以线路传送标准输入信号。

(5) 线路输出插座(LINE OUT)：录音机作为信号源，以线路传送标准输出信号，供其他的音响设备转录和放大。

(三) 视听觉媒体的使用

视听觉是人们感知世界的主要方式，将视、听结合形成的媒体，称之为视听觉媒体。现代教育中引入了视听觉媒体，使得教学过程变得更为形象具体、直观生动、富有情趣。常用的视听觉教学媒体设备主要有电视机、摄像机、录像机、VCD 和无线电视系统、闭路电视系统等。下面简要介绍摄像机、录像机和 VCD、DVD 的使用。

1. 摄像机

摄像机的功能是将景物转变为电信号,常用的有三管式、二管式和单管式,后两种摄像机质量不及前者,但是价格较低,广泛应用于教育领域。

在摄像机使用时一般要进行以下的调整:黑白平衡调整、彩色重合调整、聚焦调整、光圈调整、增益调整等,当然这些调整并不是所有的摄像机都必须进行的。

(1) 黑白平衡调整:"黑白平衡"是指摄像机在拍摄黑色或白色物体时,在彩色监视器上所显示的图像应当是纯黑色或纯白色,摄像机使用前的这种调整是必须的,通常先调黑平衡,后调白平衡。黑白平衡的调整可以采用自动或手动调整。自动调整只要对准黑色或白色物体按下自动黑白平衡开关几秒钟即可,人工方法进行黑白平衡调整则稍显麻烦一些。

(2) 彩色重合调整:可以采用自动或手动方法进行调整。自动调整时将摄像机对准具有红、绿、蓝色彩鲜艳的被摄物,图像应约占屏幕高度的 70% 左右,接通自动彩色重合调整开关几秒钟,即可实现正确套色。拍摄时,自动彩色重合调整不必每次进行。而家用摄像机是由同一摄像器件信号解调而获得三基色画面的,一般不需进行彩色重合调整。

(3) 聚焦调整:摄像机聚焦调整是为了获得清晰的图像,可采用自动或手动方式进行。摄像机采用自动聚焦拍摄,工作过程中镜头能对被拍摄目标自动对焦,十分方便。手动聚焦调整的基本方法是:先将镜头调到长焦位置,取得景物的特写画面,然后调整聚焦环使图像清晰。

(4) 光圈调整:光圈调整控制进光量的多少,以保证向摄像器件输入适宜强度的景物光。光圈调整一般采用自动方式,在拍摄景物亮度不均匀、场景明暗反差过大时,可采用手动光圈调控,以保证主体的亮度。

(5) 增益调整:增益调整是改变摄像机图像输出信号电平的大小,每提升 6 dB,灵敏度或输出信号电平提高一倍。正常情况下应放在 0 dB,此时图像信噪比高、清晰度好。在低照度环境下,如果尽量开大光圈还不能拍摄清楚,可提高输出增益,但信噪比将随之降低。

使用摄像机拍摄的基本要求是做到稳、准、平、匀:稳是要求所拍摄的画面要稳定,最好采用支撑拍摄;准是要求所拍摄的画面形象准确无误;平是指所拍摄的画面要保持水平,以免破坏画面的稳定性;匀是指摄像机在运动拍摄时,速度和节奏要均匀,一般在起幅和落幅时,速度应慢一些,中间的运动拍摄速度要均匀。

拍摄还应注意留有足够的余量,以利后期编辑。每一个镜头的开始要留有 5 秒以上的时间用于电子编辑,如果是运动镜头要留有 8—9 秒的余量。另外每一个镜头的结尾也要多拍 3—4 秒,掌握"宁长勿短"的原则。

2. 录像机

记录、储存视频信号的录像机和摄像机、电视机、特技信号发生器等组合使用,可以很方便地对各种教育电视节目进行编辑组合与记录重放。

(1) 设备连接

录像机一般必须与电视机或另外录像机连接起来才能观看录像节目或对所录内容进行

操作。

录像机和电视机如何连接见图7-6-3所示:将电视天线的引入线连接到录像机的射频(RF)输入插口;录像机的射频(RF)输出端用射频线连接到电视机的天线插口;录像机的视频输出(VIDEO OUT)和音频输出(AUDIO OUT)分别用视音频线连接到电视机对应的视频输入(VIDEO IN)和音频输入(AUDIO IN)插口上。

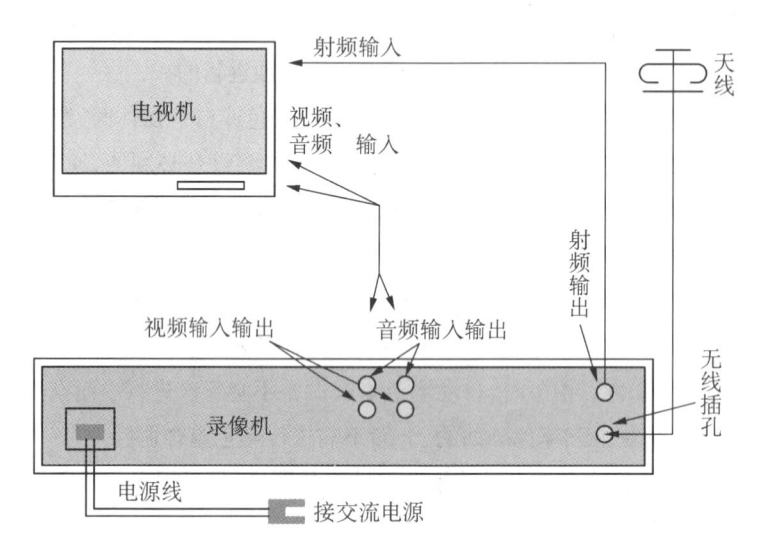

图7-6-3 录像机与电视机的连接

利用两台录像机复制节目,一台放像,一台录像,用视音频线将放像机的视、音频输出和录像机的视、音频输入连接好,同时分别放置好节目带和空白带。

(2) 录像机的操作按钮

录像机面板上的功能操作按钮除了常用的放像、停止、快进、快倒、暂停/静止、录像(通常为红色)、停止、出带控制等键外,还有磁迹跟踪、频道切换、定时录像等功能键,可参照机器使用说明书操作。

(3) 使用注意

录像机与电视机、电视接收天线等连接好以后,无论是播放录像,还是接收电视节目,线路连接不必每次去改变,因为录像机内部有天线自动转换装置。

为保护视频磁头和延长磁带使用寿命,录像机的快速检索(前进、倒后)和暂停状态时间都不能太长,而且要尽量少用。

录像机的机械传动装置精密度要求非常高,平时要注意远离高温、高热,以免机械变形。视频磁头则要保持干净,不能在灰尘多的场所使用。

3. VCD和DVD播放器

VCD是采用激光和数字信号压缩等技术记录图像与声音的设备。

VCD播放机的主要控制按键、旋钮和插孔有:电源控制按键(POWER);CD盒门出/进按键(OPEN/CLOSE)或(EJECT);播放按键(PLAY);暂停按键(PAUSE);停止按键(STOP);跳曲按键(SKIP);编程按键(PROGRAM);卡拉OK按键(KARAOKE);麦克风插孔(MIC);麦克风音量旋钮(MIC VOL);回声控制旋钮(ECHO);选曲数字键(1、2……)。

VCD机后面板上的主要插孔有:视频输出插孔(VIDEO OUT 黄色);音频输出插孔(AUDIO OUT):右(R 红色),左(L 白色);射频输出插孔(RF OUT)。

同录像机一样,要使用VCD播放节目时,必须要配上电视机(或监视器)及音响放大器,才能组成一个视听播放系统。进行系统连接时,应将连接导线插入各设备上的相应插孔中。连接时,一定要使其接触可靠,以防出现交流声或噪声。

DVD是新一代数字影视光盘记录设备,其结构与VCD十分类似,只是其数据刻录激光和读取的激光波长要比VCD的波长短、聚焦点小,故信号坑比VCD更小,盘片上轨迹间距也更小,所以存储容量要比VCD大得多,单面容量约为VCD的7.7倍,是VCD播放机的替代产品。

4. 交互式电子白板

电子白板由办公室白板发展而来,最早出现的电子白板为复印式电子白板,随着技术的发展及市场的需要,出现了交互式的电子白板。所谓复印式电子白板即通过用户的简单操作便可将白板上书写的内容通过一定的方式扫描并打印出来。交互式是指与电脑的信息通讯,即用户可以在白板上实现对电脑的操作,实现诸如打开关闭应用程序、编辑图形及文档等操作。

(1) 电子笔的使用功能(如图7-6-4)

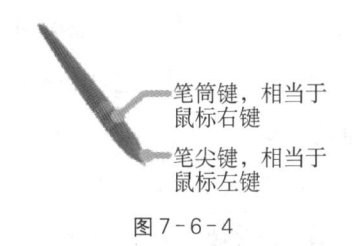

图7-6-4

(2) 工具箱图标简介(如图7-6-5)

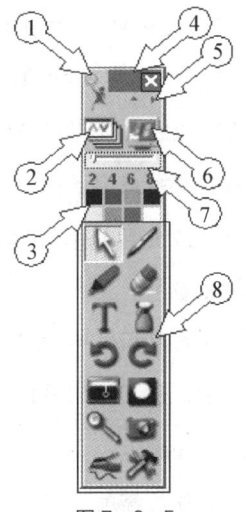

图7-6-5

在绝大多数场合下(放大、聚光和揭幕等状态下除外)，无论在计算机工作界面还是活动挂图工作界面，软件工具箱图标总是悬浮在页面的最上层，以便于用户使用。

① [图标] 菜单按钮：点击可以进入软件的主功能界面(进入高级设定和保存打开活动挂图)。

② [图标] 活动挂图按钮：点击可以显示或隐藏移动挂图界面，同时切换电脑界面和活动挂图界面。

③ [图标] 笔色按钮：单击左键可选择不同颜色作注释。单击右键可选择更多颜色。

④ [图标] 标题栏：按住笔尖在标题栏上可以拖动工具箱到屏幕上的任何位置。

⑤ [图标] 滚动按钮：可以显示和隐藏快捷栏。

⑥ [图标] 桌面标记：在计算机界面上做标记。

⑦ [图标] 笔宽控制按钮：滑轨滑动可选择笔画粗细。

[图标] 2 4 6 8 固定笔宽按钮：可提供四种不同的固定笔宽。单击右键有更多笔宽选择。

⑧ 工具栏：软件工具箱由许多工具组成，每个工具都有各自不同的功能。每一次操作之前必须按笔尖(相当于单击鼠标左键)选择对应的工具按钮，使其突出或凹陷。

工具栏有如下按钮：

[图标] 对象选择按钮：选择要操作的对象。

[图标] 书写笔按钮：可用来书写、绘画等，书写时笔尖触及(不可脱离)白板稍微用力即可。

[图标] 高亮度笔按钮：提供不同粗细透明色来标注选定的对象。

[图标] 板擦按钮：擦除器，可擦除注释。

板擦控制按钮：滑轨滑动可选择板擦大小。

[图标] 文本按钮：在活动挂图界面添加标题，标签或文本。

[图标] 清除注释层按钮：可将注释层所有注释一次性清除。

[图标] 撤消按钮：每左击一下，可取消上一次操作，直至取消完毕。

[图标] 恢复按钮：每左击一下，可还原上一次操作，直至还原完毕。

[图标] 快照按钮：可全屏或对选择的区域进行快照。

[图标] 聚光灯按钮：可拖动显示计算机屏幕或电子白板任何页面上的部分聚光内容。

[图标] 放大镜按钮：可放大页面内容。放大后单击右键可取消放大，也可改变放大倍率，还可对放大内容进行全屏或选择区域快照。

[图标] 揭幕按钮：可以上下或左右拉屏的方式显示页面内容。

[图标] 识别工具：把手写文字变成电脑识别文字，并可识别简单图形。

[图标] 涂层工具：给页面或指定目标添加颜色。

[图标] 强力工具按钮：点击进入特殊工具选择项。

(3) 交互式电子白板在多媒体教学中具有以下突出优势。

第一,使用交互白板容易对材料展示过程进行控制,教师不必到主控台前操作,就可控制演示材料的播放,这使得课堂中教师的身体语言得以充分发挥,也避免了课堂上由于教师往返于黑板与主控台间分散注意力的问题。

第二,使用交互白板技术能即时方便灵活地引入多种类型的数字化信息资源,并可对多媒体材料进行灵活地编辑组织、展示和控制,它使得数字化资源的呈示更灵活,也解决了过去多媒体投影系统环境下,使用课件和幻灯讲稿教学材料结构高度固化的问题。

第三,板书内容可以被存储下来。写画在白板上的任何文字、图形或插入的任何图片都可以被保存至硬盘或移动存储设备,供下节课、下学年或在其他班级使用,或与其他教师共享;也可以电子格式或打印出来以印刷品方式分发给学生,供课后温习或作为复习资料。

第四,交互白板技术使得以前色彩单调,呈示材料类型仅止于手写文字和手绘图形的黑板变得五彩缤纷,既可如以往一样自由板书,又可展示、编辑数字化的图片、视频,这将有利于提高学生学习兴趣,保持其注意力。

第五,交互白板使教师对计算机的操作透明化。它使学生可以清楚地看到教师是如何对软件操作的,如点击了哪个按钮或哪个菜单。这对计算机软件应用的学习十分有意义。可以在计算机机房里安装交互白板系统,辅助计算机课的教学。

第六,随着交互白板使得教学过程中对计算机的访问更加方便,白板系统与网络、与其他计算机应用程序互补,促使师生共同运用计算机作为认知和探索发现的工具,这必将构建学生新的认识和解决问题的思维方式。如果教师借助交互白板系统,用虚拟仿真软件配合真实试验讲授物理课、化学课中的实验,效果良好,会受到学生的欢迎。

第七,由于使用交互白板仍然可以像传统黑板一样自由板书,部分年龄较大、计算机技能稍差的老教师稍加尝试就可应用白板的基本功能进行教学,易于克服畏难心理。交互白板作为一项新技术,自然是亲近教师的。

当教师可以熟练使用交互式电子白板的各种功能之后,就能开始有意识地将白板所带有的交互能力融入自己的教学设计理念中,并能够将已有资源和自主设计的白板资源整合进自己的课堂教学中了。此时,教师已很少需要技术支持,更多的支持将来自资源的开发、利用和教学设计上。进入这个层次后,课堂教学效果主要取决于教师是否使用了良好的教学策略,关注学生对教学过程的参与成为制定教学策略时主要考虑的内容。

(四) 系统集成媒体的使用

各种现代媒体有其各自不同的作用和优势,不能相互取代。因此,在教学工作中,为了更好地实现教学目标,往往将各种现代教学媒体进行优化组合,形成"系统集成媒体",以加强和扩充现代教学媒体的教学功能。多媒体教室就是集中央控制系统、计算机、投影仪、视频展台、录像机、VCD或DVD等于一体的一种系统集成媒体,它能够将文本、图像、声音、视频等各种教学媒体进行有序组合和随机再现,提供一个富于变化和多样性的教学环境,目前,多媒体教室已经成为应用最广泛的多媒体教学系统之一。

多媒体教室的使用相对于传统电化教室的使用稍复杂,多媒体教室通常由多媒体中央控制系统、多媒体计算机、录像机、DVD、视频展台、投影仪、电动屏幕、功放、音箱等设备构成,如图7-6-6所示将各种设备连接好后,即可使用多媒体教室。

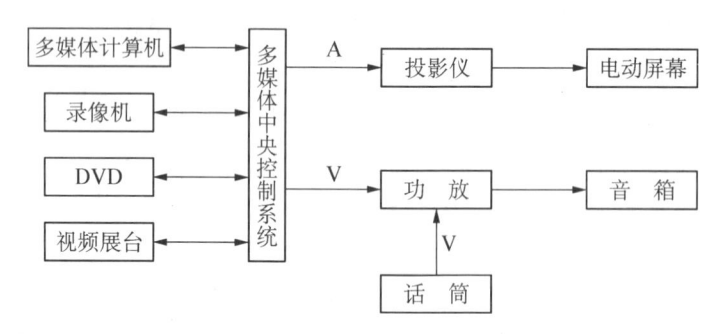

图7-6-6 多媒体教室设备组成及连接示意图

首先,打开整个多媒体教学系统的电源开关。利用多媒体中央控制系统打开投影仪(也可用遥控器),放下电动屏幕,并打开功放电源。

多媒体教室的使用主要从视频信号和音频信号两个方面来把握。

视频信号:从图7-6-6中可知,所有的视频信号是从多媒体计算机、录像机、视频展台或DVD通过多媒体中央控制系统经由投影仪到达电动屏幕的,在开机时,首先显示的是计算机的视频信号,在选择录像机、DVD等视频信号时,可以利用视频展示台的切换开关或者投影机的遥控器上的相关按钮来选择,当然不同型号的设备使用略有不同。

音频信号:从图7-6-6可知,计算机、DVD、录像机等的音频信号经过多媒体中央控制系统输出送到功率放大器后面板的输入端口,选择这些设备的音频信号时,通过多媒体中央控制系统的切换开关进行;而话筒的音频信号直接到达功率放大器,如需要话筒的信号,直接按下功率放大器的前面板上的相应按钮即可,整个声音最终通过音箱扩音并行输出。

多媒体教学系统使用完毕后,先用多媒体中央控制系统关掉投影仪并收起电动屏幕,再关闭计算机、DVD等设备的电源,待两分钟后关掉讲台总电源。

另外,多媒体教室设备应定期进行维修和除尘处理,及时排除设备隐患,延长设备使用寿命,节约资金。定期维护的内容包括:(1)电源插座、线路、各种开关、按键、扩音机、多媒体设备桌等因频繁操作而容易出现问题的地方。(2)消耗材料,如视频展示台灯管、话筒电池、接插部位等。(3)计算机操作系统,及时打系统补丁,更新杀毒软件,删除不用文件等。多媒体教室的管理与维护是一项繁杂的工作,只有处理好每一个工作环节,才能使多媒体教室安全、高效地运转,真正发挥出多媒体技术在教学中的作用。

七、教学媒体选用技能

在20世纪中叶,随着电子计算机的出现,人类社会开始走向信息社会。教育技术也由此出现了革命性的飞跃,硬件、软件和潜件更为丰富,并融为一体,给教育观念、教学方法和教学组织等方面带来了深远的影响,极大地促进教育教学的深入展开,同时,教育技术本身也逐渐成为一门独立的综合性的学科。

通常认为现代教育技术以硬件运用为标志大体经历了三个阶段:①20世纪60年代的初

创时期,以教育广播、教育录音和教育电视的研究和应用为主;②20世纪70年代进入奠基时代,其主要发展成果使计算机化教育(CRE)、计算机辅助教学(CAI)和卫星电视教育,英国开放大学及其研制计算机辅助学习(CAL)系统是这一时期的"教育之花";③20世纪80年代以后,教育技术进入"微机时代",以计算机为中心的多媒体教育系统、计算机教育传播网络、智能型CBE系统的研制和运用,标志着现代教育技术逐步趋向成熟,对教育体制、模式、教育思想和教育目标的影响也更加深刻。

选用现代教学媒体所必需的主要教学技能如下:

(一)幻灯投影教学技能

1. 幻灯投影媒体的特点

(1)能使学生观察静止状态下扩大了的图像。

(2)能将某些实物、标本、实验放大显示。

(3)幻灯、投影片可排列成许多不同的序列,数量也可以根据需要增减,比电影、电视和其他固定序列材料要灵活一些。

(4)放映时间可长可短,不受限制。

(5)教学软件的制作比较简单。

(6)需要有一定的放映和遮光设备,室内太亮会影响画面的清晰度。

2. 幻灯投影教学法

(1)图示讲授法

幻灯投影能提供难以看到或难以看清的一些事物的结构、形态、发展过程、现象、史料等。上课时,在映示幻灯投影的同时,教师针对画面进行讲解,引导学生思考,帮助学生进行分析特征、寻找规律,加深理解,促进对原理和概念的掌握,这种方法机动灵活,画面放映时间由教师根据教学实际情况加以控制,与讲解紧密配合,融为一体。

图示讲授法是一种在教学中常用的、有效的教学方法,但在运用这种方法时,要充分利用画面为讲清原理和概念服务。教师使用教鞭在画面上指点,让学生的注意点和思路与教师同步。一张画面讲解结束,及时变换或移去、避免分散注意力,影响新内容的讲授。

(2)创设情境法

创设情境教学时,在放映幻灯投影的同时播放解说词、效果声或师生的朗读,使学生如闻其声,如见其人,如临其境,在一种意境情深的气氛中进行学习,有助于培养感情,启迪思维,发展想象力。运用创设情境法时,使用的画面要清晰、优美、动人,富有感情色彩,要与教学内容贴切,决不能搞形式或花架子。

(3)导引教学法

导引教学法是课堂上放映事先制好的幻灯片或投影片,用来代替板书、挂图、实验演示的一种教学方法。它具有许多优点:讲授提纲在备课时写好,考虑问题从容仔细,可避免讲课内容的颠倒和遗漏;教师按投影或幻灯的提纲逐步讲解,不必死记硬背;节约大量板书,板画和记背讲稿时间;投影片可反复使用,避免重复劳动;每节课讲完后,重放投影片进行强化、复习和小结。

(4)实物实验演示投影法

① 实物放大投影。把小件实物放置在投影器工作台面上,直接投影,从而观察实物及其结构、变化、使用等情况,如生物切片、电表结构、光圈孔径的变化等,或使用实物投影器放映不透明的图片、书本、薄形实物,也能在银幕上看到清晰放大的图像。

② 实验演示投影。用透明的实验器材,放置在投影工作台面上做实验,在银幕上可直接观察到实验的过程、现象、变化、结果,这种方法在物理、化学教学中应用较多。例如可在投影器上演示物体在液体中的沉浮随液体密度变化而变化的过程,物质的扩散、模拟磁感线的形成、气体的制取、沉淀物的生成、物质颜色的变化等等。

实物实验演示投影法的特点是:真实性强、可见度大、无需制片,但对演示物的厚度有一定的需求。

运用这种方法应注意:课前一定要亲自动手、充分准备、做好预演。确保课堂演示万无一失;演示实验器材在实验前应妥善放置,不要堆放在讲台上,以免分散学生注意力;对学生引导观察实验,注意实验关键,归纳实验结果。

(二)录音教学技能

1. 录音媒体的特点

(1)能够录取语言和声音,然后根据需要重放。

(2)能将声音放大,扩大教育面。

(3)教学灵活方便,不受时间、地点、对象等条件的限制。

(4)因失明或文盲没有阅读能力的人,可通过录音媒体来学习。

(5)操作简单,易于掌握,便于携带。

(6)录音媒体的表达顺序基本上是固定的。要改变原来的顺序,必须重新录制,这需耗费一定的时间和经费。

2. 录音教学中应注意的问题

录音教学在扩大教育的规模和范围,帮助教师讲授某些课程中的难点、提供标准的典型示范、帮助学生反馈、自我矫正、自我强化等方面具有很好的教学效果,根据录音教学本身的特点和规律,在教学中应注意以下问题。

(1)针对录音教学特点,注意课前的准备

录音教学依靠听觉器官一听而过,因此在内容上应由易到难,跨度要小,在语言速度上应由慢渐快,并在听前作必要的启发引导。

(2)正确处理听觉和视觉的关系

录音教材有与文字教材配套的听说型和声画同步型。听说型教材主要是听说训练,应以听促进说,以听促练,提高听说的水平,决不能在看懂了文字教材后再听,这就失去了听说训练的意义了。在有些声画同步的教材中,仍以语言教学为主,画面的呈现,仅是为了给语言提供生动的形象,说话的情境,深刻的理解,必要的补充和主题的深化,不应以观察、分析画面为重点。

(3)以听为主,思练并举

在录音教学中,要设法引导学生听后思考,动手动口,促进对知识的理解和记忆,提高对知识的应用能力。

(三) 影视教学技能

1. 影视媒体的特点

(1) 能给学生视觉、听觉两方面的信息。

(2) 能调节事物和视觉所包含的时间要素,将缓慢的变化与快速的动作清楚地表现出来。

(3) 能以活动的图像,逼真、系统地呈现事物及其变化发展过程。

(4) 能将实物扩大或缩小。

(5) 能重新构成现实,去掉非本质因素,将事物的本质,用明白易懂的形式呈现出来。

2. 影视教学法

(1) 主体式教学

主体式教学指在一门课程或课堂教学中以电视教学为主的教学方法,采取使用电视教材,利用广播电视和闭路电视系统,按照时间表组织播放和收视教学活动的主要形式,而教师参与辅导答疑,指导实验,批改作业等。

在广播电视教学中要充分考虑远距离教学的特点,即以电视授课为主,缺乏教学信息的双向交流,为了搞好远距离教学必须抓住编制高质量的教材和认真搞好辅助教学活动这两个环节。

(2) 互补式教学

互补式教学是指在一门课程或课堂教学中,电视教学与传统教学及其他媒体教学方式互为补充,各展所长的教学方法。

目前运用较多的是在课堂教学中插播电视教材。教师在课堂教学中,对于语言难以讲清的重点和难点可以发挥电视的功能予以表现,而对电视手段难以表达的内容又可以用讲授给予补充。这样使两者的优势和不足得以互补和克服,从而大大提高课堂教学质量。

插播电视教材可以是不完整的电视片断,但应该是适合于电视表现的教学中的重点和难点。互补式教学要求教师进行多媒体组合教学设计,优化组合各种教学媒体共同参与教学的全过程。

(3) 示范教学

示范教学是一种用于技能学习的教学方法。即运用电视手段示范标准行为的模式,供学生观摩效仿。如实验、生产教学中的操作示范,体育、艺术教学中的动作示范以及师范教育中的教学技能示范。

(4) 个别教学

个别教学指使用电视手段进行自学的教学方式。电视教材不仅提供了形象的学习材料,同时也提供了具体的学习指导。可供学生自由借阅,自行使用。十分适合于因材施教的个别教育和继续教育,有利于发挥不同层次受教育者的学习的积极性和优势。自学教学方式要求社会能够提供大量各种门类课程的电视教材和资料,如国外的音像书店和音像图书馆,同时能够提供可供学生自行使用的视听设备和场所。

(5) 第二课堂教学

影视片题材广泛,内容生动活泼,寓意深刻,教育性和思想性较强并富有极大的吸引力和感染力,易为学生所接受,能起到潜移默化的教育作用。因此,通过影视第二课堂教育是对学生进行课外科技活动的好形式,可开拓视野、扩大知识面、弥补课堂教学的不足,对开发学生智力有着重要的意义。

总之,影视教学是为了提高教育、教学质量。影视教学不限于以上介绍的几种形式,教师可根据具体情况采用不同形式的影视教学方法来满足教学的不同需要,并在教学实践中不断进行总结、探索、创新以达到教学效果的最优化。

(四) 多媒体组合教学设计技能

现代教学媒体的应用,并不是对传统教学媒体和教学方法的绝对取代,而是对传统的教学媒体和教学方法的补充和改善,即根据教学目标和教学内容的需要,选择、设计、评价和组合现代教学媒体和传统教学媒体,形成多种媒体组合教学的模式,力求达到优化的教学效果。

多媒体组合教学,就是指在班级授课形式的课堂教学过程中,根据教学目标和教学内容的需要,合理地选择和应用现代教学媒体,继承传统教学媒体的有效成分,使两者有机结合,各展所长,互为补充,构成教学信息传递及反馈调节的优化教学媒体群,共同参与课堂教学过程,达到教学过程的优化。

多媒体的组合包括两种以上传统教学媒体的组合,两种以上现代教学媒体的组合,以及若干传统教学媒体与现代教学媒体的组合。现代教学媒体和传统教学媒体各有长处和短处,只有取长补短、扬长避短,才能实现媒体教学的整体优化,使学生通过多种感官进行学习,让学生的学习活动处于积极的状态,激发学生的学习动机,促进学生对知识的理解和记忆,从而提高学习的质量和效率。因此,多媒体组合教学已引起越来越多的人的重视,在课堂教学过程中也发挥着越来越重要的作用。

多媒体组合并非是各种媒体的随意凑合,它是根据教学需要而进行的科学的有机组合,媒体组合系统应能保证各种媒体都能发挥最佳效能,应该使组合系统的整体功能比各种媒体功能的总和更丰富、更有效。

1. 多媒体组合的特点

(1) 集传统媒体和幻灯投影、录音、影视、计算机等多种媒体的功能于一身,能在较短时间内放出大量信息,提高教学效率。

(2) 能同时在多屏幕或同一屏幕上对事物或物体进行对比。

(3) 能从不同的角度或距离显示物体,或多层次表现同一物体。

(4) 能显示实物与模型或图表的关系。

(5) 多种媒体的有机组合有一定的难度。

2. 多媒体组合教学的原则

在进行多种媒体组合时,必须遵循以下几条原则:

(1) 目标性原则

进行多媒体的组合应用,要根据教学目标需要,为实现教学目标服务,为取得最佳的教学效果服务,不能为了形式上的多样化而滥用多种媒体,摆花架子。

(2) 多感官配合原则

多种媒体的组合必须更加符合学生的学习认识规律,能够充分调动学生多种感官进行学习,做到视听结合,促进学生对知识的理解和记忆。

(3) 大信息量原则

大信息量是多媒体组合的基本原则。由于多种媒体的有机组合,在课堂教学中,比原来的单一媒体大大地增加了信息传输量。

(4) 相互作用性原则

在进行多媒体组合时,必须充分调动学生的学习积极性,活跃师生间的双边活动。例如:当学生观看了电视录像教材以后,为了加深学生对录像内容的理解,教师可围绕有关的内容设计一些问题,写在投影片上显示出来,供学生讨论分析,既有助于学生加深理解,又有利于活跃课堂气氛。

(5) 易实现性原则

进行媒体的组合要讲究经济性、易行性。首先,要看学校是否有这些媒体,或者是否容易租借;其次,要考虑在教学中是否易于操作使用,节省时间。

3. 多媒体组合教学的类型

根据多媒体组合教学的原则,特别是媒体的特点和功能,媒体的优化组合教学的基本类型有下列四种:

(1) 直观型与抽象型媒体的组合

直观型媒体主要是指幻灯、投影、录音、电影、电视和各种教具,以及学生亲自参与的实验、实习、参观、访问等。这些有利于向学生提供具体的或半具体的学习材料,获得直接或间接的经验,有助于使认识由具体上升为抽象。抽象型媒体主要指文字教科书和有关文字读物,包括视觉符号和语言符号。它有利于向学生提供高度抽象的经验,理解和把握事物的本质属性及内在联系。以上两种类型的教学媒体在教学中组合运用起来,可以把直观与抽象的两者有机结合起来,缩短教学进程,提高教学效果。这是媒体组合教学中的最基本的类型。

(2) 图像型与实物型媒体的组合

图像型媒体主要指幻灯、投影和教学挂图等,实物型媒体主要指实物、标本、模型、实验和其他教具等。他们都属于直观型媒体,但又有其特点和功能。这两种类型的媒体的组合,使所表现的事物更加形象化、直观化。例如:幻灯、投影善于表现客观事物的图像,可见度大,清晰度好,画面停留的时间、放映的速度可由教师灵活控制,便于教师指导学生观察和讲解,但与实物型媒体相比,真实感、空间感、立体感较差,如果把两者恰当结合起来,就可以收到扬长避短、相得益彰的效果。

(3) 图像型与音响型媒体的组合

音响型媒体主要是指录音、电唱、播音等。图像型媒体具有形神兼备的特点。"形"指图形、形象,"神"指图形、形象之中的思想、知识和艺术境界等。在教学中,学生是通过"形"来理解"神"的。音响型媒体具有声情并茂的特点。"声"指语音语调和音效,"情"指通过语音语调和音效表现出来的感情、情绪、气氛等。在教学中,学生是通过"声"来理解、感受"情"的。图像型媒体能使学生眼见其形,但不能闻其声。音响型媒体则相反,只能使学生闻其声,不能见其形。因此,根据教学需要把两者恰当的结合起来,不仅可以各显其能,而且能够收到形声结合和情境结合的综合效果。

(4) 静态型与动态型媒体的组合

静态型媒体是指表现事物静止状态的媒体,如幻灯、投影中的静止画面,教学挂图和实物、标本、部分教学模型等;动态型媒体是指表现事物运动变化状态的媒体,如投影中的活动画面、电视、电影、多媒体计算机、实验及部分教学模型等。前者善于表现事物的静态,便于学生观察和教学调控;后者善于表现事物的运动变化,便于学生了解事物发生、发展和变化的过程和状态,把两者组合应用,有利于学生通过静态观察和动态观察两个渠道,获得对事物的正确而全面的认识,更好地完成某一学习任务。

【案例】

小学语文课"荷花"

课文第四、五节是全文的难点,写的是作者想象了荷花的动态美,字里行间充满了赏花爱花的无限乐趣。一位老师在教学中通过利用学生的生活体验,创设了令人心驰神往的情境,使学生入境入情,达到了神化的境界。

老师播放有关荷花的录像资料片,对学生说:"面对一池荷花,我们产生了怎样的联想呢?"随着悦耳的水乡乐曲声,荧屏上出现了赏花人幻化为荷花的情景,微风吹拂,荷花摇曳如起舞,轻风稍停,荷花便悄然玉立。蜻蜓点水,小鱼遨游……多么令人陶醉的荷塘美景!学生们都看入迷了,爱花之情愈来愈浓。接着老师放音乐,在优美动听的轻音乐中,老师让学生微闭双眼,娓娓诱导:"我忽然觉得自己怎么啦? 一阵微风吹来,我怎么啦? 风过啦,我又怎么啦? 蜻蜓飞过来,告诉我昨夜做了什么好梦?"学生在老师充满柔情的点拨之下,张开想象的翅膀,生动地描述着:"我也成为荷花了,穿着洁白的衣裳,随风起舞;风过了,我在荷花丛中休息,和蜻蜓谈话。蜻蜓闻到荷花的清香,看到荷花的娇容,落在花瓣上不愿离开啦!""小鱼昨夜梦见下小雨了,荷叶微微抖动,为它遮挡雨滴……"

【评议】

选用教学媒体时要关注学生的体验和情感。新课程呼唤教师要打开学生的心门,走进学生的心灵,实际上就是要求我们不要只关注自己主观的认知,而要用孩子的眼睛来看待世界,体会学生对所学知识接受、理解的体验,帮助学生决定适当的学习目标及其达成的途径,努力使学生的体验和情感与教学内容和目标发生良性的互动,从而促进学生有效学习。

实习活动

准备一段以教学媒体选用技能为主的微格教学片断,小组内几位成员可以选同一课题分别准备。在指导教师指导下进行角色扮演,小组一起观看角色扮演的录像,并比较、讨论。

第八章　微格教学的评价

教学评价就是对教学系统的构成、作用、过程、效果等以及对各个有关的事物进行科学的价值判断。

教学评价的依据是预定的教学目标。在评价过程中要把学生在知识、技能及能力等方面所达到的实际水平同事先确定的教学目标进行对照比较。为此，首先是要在教学过程中为评价提供信息，信息包括知识信息和改进信息。其次，教师的各种综合能力，对本教学系统的控制起着决定性的作用。

第一节　微格教学评价的意义

微格教学的评价是微格教学的一个重要组成部分。评价的重点是在课堂教学的技能技巧方面，评价的目的就在于考查学员对各项课堂教学技能的掌握和提高程度。微格教学评价的意义有以下几方面。

一、反馈信息及时全面

从控制论的观点来看，反馈是很重要的。教育学上的传统反馈形式是执教老师上完课后通过回忆听取来自评课者的反馈和来自学生的反馈。但有时执教者很难理解这些评议，因为他想象不出自己教学行为的形象是如何的。微格教学则利用了现代化的设备，记录下了全面的现场资料，评价时小组成员包括执教者自己，这样，执教者可以反复观看自己的微格课录像。因而，评价者不仅可以得到上述来自评课者和学生的两种反馈，而且还得到了来自执教者自身的反馈，执教者可以自己发现教学行为中的优缺点。从心理学的观点出发，这一反馈无疑是一个强刺激，最能强化行为人的优点，并改变行为人的缺点，所以在微格教学的评价中所接受到的反馈信息是及时全面的。

微格教学又是一个受控制的实践系统。微格教学的评价使师生双方及时全面地获得反馈信息，因而使培训者在有控制的条件下进行教学实践。控制沿着有目标的、正确的方向进行。

二、理论实践科学结合

从信息论的观点来看，学员观看示范录像是对复杂的教学过程的一种形象化解释。学员从各种风格的教学示范中得到的是大量有声有像的信息,而这种信息是最易被接受的,因为视觉神经的信息接受能力要比听觉神经的信息接受能力大得多。

在微格教学的理论学习阶段,学员已经从理论上学习分析了各项课堂教学技能的作用、方法和要领;在角色扮演阶段又亲自运用了某项教学技能进行微格课的实践;在微格教学的评价过程中,通过讨论评议,将各项教学技能的理论和实践科学地结合起来,从观察、模仿到综合分析,形成了完整的课堂教学艺术。

三、相互交流、促进提高

微格教学通常采用定性或定量的评价方式。定性评价根据反馈信息,结合课堂教学技能的理论,由小组成员提出各种个人的观点和建议。微格教学的组织形式已使全组师生成了研究教学技能的知己。每位成员都可以直率地提出意见,互相取长补短。微格教学的评价也为执教者本人提供了充分的发言权。这与传统的评课是不同的,这种评价既不是简单地打分,也不是单看教学实践成绩的高低,而是在整个评价过程中发挥集体的智慧,对提高课堂教学质量起了重要作用。

对于师范生来说,微格教学评议的重点是能让学员对照课堂教学的基本技能要领,看到自己课堂教学的不足之处,从而加以改进,使之尽快掌握课堂教学基本技能。

对于有一定经验的教师来说,微格教学要求参加培训的教师能发挥个人教学特长。评议的重点是经验交流,同时在微格教学中暴露出来的不足之处也将在和谐的气氛中得以解决。通过评价使本来已具有一定教学经验的教师在课堂教学技能的掌握运用方面更上一个台阶。

四、改革发展现代课堂教学

随着时代的发展、科技的进步,在教育改革不断深化过程中,新教材、新思想、新观点、新方法、新技术会不断引入课堂教学中,教师会面临传统的教学观念与现代化课堂教学观点的矛盾。微格教学融进了国内外的许多现代教学理论观点、技能、方法。经过微格教学的理论研究、课堂教学技能分析示范、微格备课、实习记录等环节,学员对这些新的理论观点、技能方法已有了一定的认识。微格教学评价过程,充分运用了来自各方面的反馈信息,这种全新的评议方法能激发学员学习。在微格教学中应用新理论、新方法,钻研新教材,运用新的课堂教学技能,从而使每位受培训者的职业技能和素质在原有的基础上有所提高,有所发展,并使之适应教育改革的新形势,加快实现现代化课堂教学的进程。

第二节 建立评价指标体系

一、微格教学评价的性质

微格教学的全过程中既有诊断性评价,也有形成性评价。在微格教学活动中,指导教师和学员通过各种活动形式,如理论学习研究、技能观摩讨论、相互听课、角色扮演等,得到了来自多方面的反馈信息,从而对学员的课堂教学特点及基本技能运用程度有了一定认识,这就是诊断性评价。

所谓形成性评价即在微格教学的评价阶段,通过具体的系统性评议讨论,指导教师和全体成员努力开发对这个过程最为有用的各类证据,探寻并记录下形成这些证据的最为有用的方式。这是微格教学活动群体中每一成员都积极参与的结果。

信息反馈和改正提高是形成性评价的必要因素。微格教学的活动过程中,反馈信息是多方面的,有来自小组同伴的反馈,有来自指导教师的反馈,也有来自执教者自我的反馈,而且与其他教学活动所不同的是微格教学的反馈信息能做到因人而异,既有针对性又有比较性,并通过活动中的特有交流方式达到改正提高的目的。参加微格教学学习的个人能学会以前没有掌握的技能要领,能纠正过去尚未察觉的缺点和错误,并明确今后努力提高的方向。

微格教学的评价结果不是单纯看被评者的统计得分,而要强调从诊断性评价和形成性评价的比较中来判断价值。无论参与者是师范生还是有一定教学经验的教师,最重要的是提高和发展。

二、微格教学评价量表的制定

微格教学是以提高课堂教学技能为主要任务的教学研究活动,评价的重点应该以达到技能训练的目标要求为标准,经过比较,判断价值。因此,如何建立合理的课堂教学技能评价量表对于微格教学评价工作来说是十分重要的。

在第六、七章中已经对课堂教学各项技能的作用、方法类型及应用要领等逐一分析,并对应用各项教学技能提出具体要求。微格教学的评价指标就是根据每项技能的目标要求分解确定的。这些指标必须是具体的、可观察的、可比较的、易操作的,并尽量注意相互间的独立性。下面以教学语言技能的评价为例加以说明:

表 8-2-1 语言技能评价记录表

课题:　　　　　　　　　　　　　　　　执教:

评价项目	好	中	差	权重
1. 讲普通话,字音正确	□	□	□	0.10
2. 语言流畅,语速、节奏恰当	□	□	□	0.20
3. 语言准确,逻辑严密,条理清楚	□	□	□	0.15
4. 正确使用本学科名词术语	□	□	□	0.15
5. 语言简明、生动有趣	□	□	□	0.05
6. 遣词造句、通俗易懂	□	□	□	0.10
7. 语调抑扬顿挫	□	□	□	0.05
8. 语言富有启发性	□	□	□	0.10
9. 没有不恰当的口头语和废话	□	□	□	0.05
10. 体态语配合得当	□	□	□	0.05

根据教学语言技能的作用、方法和要领,确定了评价记录表中的10项具体指标体系。每一条指标在该体系中的重要程度,用权重系数表示,各项权重系数之和应该等于1。每一条指标的评价等级可分为好、中、差三等。

三、微格教学评价记录量表

表8-2-2 板书技能评价记录表

课题:　　　　　　　　　　　　　　　　　　　执教:

评价项目	好	中	差	权重
1. 板书设计与教学内容紧密联系,结构合理	□	□	□	0.20
2. 板书有条理、简洁	□	□	□	0.15
3. 文字书写规范	□	□	□	0.15
4. 板书大小适当,便于观看	□	□	□	0.15
5. 板书配合讲解,富有表达力	□	□	□	0.10
6. 能激发学生的思维和兴趣	□	□	□	0.15
7. 应用了强化手段,突出重点(如彩笔、加强符号等)	□	□	□	0.10

对整段微格教学片断的评价:

表8-2-3 讲解技能评价记录表

课题:　　　　　　　　　　　　　　　　　　　执教:

评价项目	好	中	差	权重
1. 讲解传授的知识信息与本课题内容密切联系	□	□	□	0.15
2. 描述、分析概念清楚	□	□	□	0.10
3. 能创设情境,激起学生兴趣	□	□	□	0.10
4. 能启发学生思考,培养思维能力	□	□	□	0.10
5. 采用相关的例子,类比等变化方法	□	□	□	0.10
6. 讲解内容、方法与学生认知水平相当	□	□	□	0.10
7. 声音清晰,语速适中,有感染力	□	□	□	0.10
8. 讲解用词语规范化、科学化	□	□	□	0.10
9. 与其他技能配合,能与学生呼应	□	□	□	0.10
10. 注意来自学生的反馈,并及时反应调整	□	□	□	0.05

对整段微格教学片断的评价:

表 8-2-4 提问技能评价记录表

课题：　　　　　　　　　　　　　　　执教：

评 价 项 目	好	中	差	权 重
1. 提问的主题明确，与课题内容联系密切	□	□	□	0.15
2. 问题的难易程度适合学生认知水平	□	□	□	0.15
3. 提问有利于学生发展思维	□	□	□	0.10
4. 提问有层次，循序渐进	□	□	□	0.10
5. 提问能复习旧知识，引出新课题	□	□	□	0.10
6. 提问能把握时机，促使学生思考	□	□	□	0.10
7. 提问后稍有停顿，给予思考时间	□	□	□	0.05
8. 对学生的回答善于应变及引导	□	□	□	0.10
9. 能适当启发提示，点拨思维	□	□	□	0.10
10. 提问能得到反馈信息，促进师生交流	□	□	□	0.05

对整段微格教学片断的评价：

表 8-2-5 变化技能评价记录表

课题：　　　　　　　　　　　　　　　执教：

评 价 项 目	好	中	差	权 重
1. 能引起注意，有导向性	□	□	□	0.10
2. 能强化教学信息传递	□	□	□	0.10
3. 能有效激发学生兴趣	□	□	□	0.10
4. 声音节奏、强弱变化适当	□	□	□	0.15
5. 手势、动作变化自然得体	□	□	□	0.15
6. 变化教学媒体	□	□	□	0.15
7. 师生相互作用变化	□	□	□	0.15
8. 面对突发情况能应变自如	□	□	□	0.10

对整段微格教学片断的评价：

表 8-2-6 演示技能评价记录表

课题：　　　　　　　　　　　　　　　执教：

评 价 项 目	好	中	差	权 重
1. 演示的目的性与本课题内容密切结合	□	□	□	0.10
2. 演示现象明显，能吸引全班学生的注意力	□	□	□	0.20
3. 演示能启发学生思维	□	□	□	0.15
4. 操作演示动作规范	□	□	□	0.15

续 表

评 价 项 目	好	中	差	权 重
5. 演示程序清楚,关键步骤能重复	☐	☐	☐	0.05
6. 演示与讲解等其他技能结合好	☐	☐	☐	0.10
7. 演示开始时能将仪器交待清楚	☐	☐	☐	0.05
8. 仪器装置较简单,易操作	☐	☐	☐	0.10
9. 演示能确保安全可靠	☐	☐	☐	0.05
10. 对演示结果能实事求是地解释	☐	☐	☐	0.05

对整段微格教学片断的评价:

表 8-2-7 导入技能评价记录表

课题:　　　　　　　　　　　　　　　　执教:

评 价 项 目	好	中	差	权 重
1. 目的明确,能将学生导入课题情景	☐	☐	☐	0.20
2. 导入吸引了全班学生的注意力	☐	☐	☐	0.15
3. 导入的方法很有趣	☐	☐	☐	0.15
4. 导入用的演示效果好	☐	☐	☐	0.10
5. 导入具有启发性	☐	☐	☐	0.10
6. 导入内容与要研究的概念联系紧密	☐	☐	☐	0.10
7. 教师的教态自然,语言清晰	☐	☐	☐	0.05
8. 导入的时间掌握好	☐	☐	☐	0.10
9. 导入能面向全班学生	☐	☐	☐	0.05

对整段微格教学片断的评价:

表 8-2-8 强化技能评价记录表

课题:　　　　　　　　　　　　　　　　执教:

评 价 项 目	好	中	差	权 重
1. 教师采用的强化目的明确	☐	☐	☐	0.10
2. 强化引起了学生的注意力	☐	☐	☐	0.15
3. 强化促进了学生参与教学活动	☐	☐	☐	0.20
4. 强化运用时机适当	☐	☐	☐	0.10
5. 教师运用强化时情感真诚	☐	☐	☐	0.15
6. 强化方式多样性	☐	☐	☐	0.10

续 表

评 价 项 目	好	中	差	权 重
7. 强化自然、恰当	☐	☐	☐	0.10
8. 正面强化为主,鼓励学生进步	☐	☐	☐	0.10

对整段微格教学片断的评价:

表 8-2-9 组织教学技能评价记录表

课题:　　　　　　　　　　　　　　执教:

评 价 项 目	好	中	差	权 重
1. 语言恰当,要求明确,控制教学效果好	☐	☐	☐	0.15
2. 组织引导方法得当	☐	☐	☐	0.15
3. 能使学生始终处于积极状态	☐	☐	☐	0.15
4. 及时运用反馈,调整教学好	☐	☐	☐	0.10
5. 控制教学进度,时间掌握好	☐	☐	☐	0.10
6. 组织管理中能体现尊重学生	☐	☐	☐	0.10
7. 组织教学的方式灵活多样	☐	☐	☐	0.10
8. 面对各种情况,善于应变	☐	☐	☐	0.05
9. 处理少数和多数、个别和一般学生的策略方法恰当	☐	☐	☐	0.05
10. 教学进程自然,师生相互合作好	☐	☐	☐	0.05

对整段微格教学片断的评价:

表 8-2-10 试误技能评价记录表

课题:　　　　　　　　　　　　　　执教:

评 价 项 目	好	中	差	权 重
1. 试误目的明确,与教学内容密切结合	☐	☐	☐	0.15
2. 能创设情景,将学生带入教学课题	☐	☐	☐	0.10
3. 课堂试误有利于培养学生思维能力	☐	☐	☐	0.10
4. 对错误诊断分析无误,应对策略恰当	☐	☐	☐	0.15
5. 运用试误方式多样	☐	☐	☐	0.15
6. 设计迷惑,难易适中	☐	☐	☐	0.10
7. 掌握时机,以正面反馈为主	☐	☐	☐	0.10
8. 课堂尝试的机会照顾到全体学生	☐	☐	☐	0.15

对整段微格教学片断的评价:

表 8-2-11 结束技能评价记录表

课题：　　　　　　　　　　　　　　　　　　执教：

评价项目	好 中 差	权 重
1. 结束环节目的明确，紧扣教材内容	□ □ □	0.15
2. 结束有利于巩固所学的内容	□ □ □	0.15
3. 结束环节及时反馈了教学信息	□ □ □	0.15
4. 结束有利于促进学生思维	□ □ □	0.10
5. 结束安排学生活动	□ □ □	0.10
6. 教师语言清晰、简练生动	□ □ □	0.05
7. 结束布置的作业及活动面向全体学生	□ □ □	0.10
8. 结束活动进一步激发学生兴趣，且余味无穷	□ □ □	0.10
9. 结束环节时间掌握好	□ □ □	0.10

对整段微格教学片断的评价：

表 8-2-12 教学媒体选用技能评价记录表

课题：　　　　　　　　　　　　　　　　　　执教：

评价项目	好 中 差	权 重
1. 具有直观和趣味性，能调动学生的学习积极性	□ □ □	0.10
2. 具有启发性，能启发学生的思考，利于学生理解	□ □ □	0.12
3. 具有针对性，知识密度合理，深入浅出，无干扰信息	□ □ □	0.12
4. 具有创新性，能支持自主、合作和探究式学习	□ □ □	0.10
5. 具有低成本性，运行稳定、可靠	□ □ □	0.08
6. 具有可适应性，操作简单，适合课堂演示使用	□ □ □	0.10
7. 具有可利用性，使用方便，调整控制容易	□ □ □	0.10
8. 具有合理性，媒体选择组合方式、呈现方式恰当	□ □ □	0.10
9. 具有交互性，信息结构的组织符合思维联想方式	□ □ □	0.10
10. 具有高效能性，图、文、声的美感和协调性好	□ □ □	0.08

对整段微格教学片断的评价：

第三节　微格教学评价的实施

一、分等评价

指导教师准备好小组角色扮演的录像资料和各项技能的评价记录表。在播放某一段微格教学的录像资料前可以先请执教者向小组全体成员介绍自己设计这一教学片断的意图，包括教学目标、教学技能、方法等。然后指导教师和全组成员一起观看录像。小组观摩完毕,开始讨论评议。执教者本人可以作观看后的自我评议,评述自己原来设想的教学目标哪些达到了,哪些没有达到。小组评议可以根据每一项课堂教学技能的评价量表来对照分析讨论。

指导教师要启发和鼓励每位学员积极参加小组评议,让学员懂得课堂教学技能的评价能力的提高,对于提高课堂教学质量是很有帮助的。通过讨论,大家一起定性地评述运用某项教学技能的情况,肯定优点,提出改进意见。

在定性评价的同时,也可以采用定量评价的方式。在观摩微格教学片段时,每位小组成员都是评价员。学员可以利用事先设计好的各种微格教学技能评价记录量表,在每一评价项目旁边的对应等级处划上"√"。然后,利用教学评价统计软件,将每份评价单的测量值逐一输入计算机,经过计算机运算处理后可以打出一定的分数值。这种分等评价法用了定性和定量结合的方式,比较客观。

最后,由指导教师根据小组评议情况和定量结果进行小结,书写评语。

在采用分等评价法时,应注意以下几点:

1. 每位学员在微格教学实习前要了解每项技能的要点。
2. 每位学员在观摩微格教学片断前要阅读有关技能的指标体系中的各项评价内容。
3. 在观摩评价过程中,对微格教学片断中没有涉及的项目以评中间等级为宜。
4. 不必将各个项目的等级相加,因为它们没有相加性。

必须强调的是微格教学的评价目的不是看最后得分多少,而是看学员在整个微格教学实施过程中对运用课堂教学技能的理解和掌握程度。

二、评价统计的方法

评价统计是在评价记录表完成后,由统计员完成以下步骤:

1. 填写统计表格

我们以教学语言技能为例,参阅本章表 8-2-1 的内容说明如下:

统计员先制定好统计用的表格,如表 8-3-1 所示,假如有 10 人参加评课,对第一项"讲普通话,字音正确",评差的有 2 人,占总人数 2/10;评中等的有 6 人,占总人数的 6/10;评好的有 2 人,占总人数的 2/10,在统计表格的第 1 项右边等级比率栏内,填入 0.2、0.6、0.2,依次将每个评价项目的等级比率分别填入统计表。

表 8-3-1 教学语言技能评价统计表

项目	权重	等级比率		
		差	中	好
1	0.10	2/10 = 0.2	6/10 = 0.6	2/10 = 0.2
2	0.20	3/10 = 0.3	7/10 = 0.7	0
3	0.15	1/10 = 0.1	7/10 = 0.7	2/10 = 0.2
4	0.15	5/10 = 0.5	5/10 = 0.5	0

续表

项目	权重	等级比率		
		差	中	好
5	0.05	0	5/10=0.5	5/10=0.5
6	0.10	2/10=0.2	6/10=0.6	2/10=0.2
7	0.05	4/10=0.4	5/10=0.5	1/10=0.1
8	0.10	1/10=0.1	6/10=0.6	3/10=0.3
9	0.05	1/10=0.1	8/10=0.8	1/10=0.1
10	0.05	2/10=0.2	5/10=0.5	3/10=0.3

2. 统计运算

根据表 8-3-1 中的数据,可以得到两个矩阵,其中矩阵 A 是由各项目的权重组成:

$$A = [0.10 \quad 0.20 \quad 0.15 \quad 0.15 \quad 0.05 \quad 0.10 \quad 0.05 \quad 0.10 \quad 0.05 \quad 0.05]$$

等级矩阵 R 由各评价项目的等级比率组成:

$$R = \begin{bmatrix} 0.2 & 0.6 & 0.2 \\ 0.3 & 0.7 & 0 \\ 0.1 & 0.7 & 0.2 \\ 0.5 & 0.5 & 0 \\ 0 & 0.5 & 0.5 \\ 0.2 & 0.6 & 0.2 \\ 0.4 & 0.5 & 0.1 \\ 0.1 & 0.6 & 0.3 \\ 0.1 & 0.8 & 0.1 \\ 0.2 & 0.5 & 0.3 \end{bmatrix}$$

矩阵 A 和矩阵 R 的乘积为矩阵 B,矩阵 B 是对教学语言技能的评价矩阵: $B = A \cdot R$

$$B = [0.1 \quad 0.2 \quad 0.15 \quad 0.15 \quad 0.05 \quad 0.1 \quad 0.05 \quad 0.1 \quad 0.05 \quad 0.05] \cdot \begin{bmatrix} 0.2 & 0.6 & 0.2 \\ 0.3 & 0.7 & 0 \\ 0.1 & 0.7 & 0.2 \\ 0.5 & 0.5 & 0 \\ 0 & 0.5 & 0.5 \\ 0.2 & 0.6 & 0.2 \\ 0.4 & 0.5 & 0.1 \\ 0.1 & 0.6 & 0.3 \\ 0.1 & 0.8 & 0.1 \\ 0.2 & 0.5 & 0.3 \end{bmatrix}$$

$$= [0.235 \quad 0.615 \quad 0.15]$$

矩阵 B 的结果显示,参加评价的 10 人中,对执教者的课堂教学语言技能各项指标全面评价后,有 23.5% 的人认为差,61.5% 的人认为中等,15% 的人认为好。

设每个等级与一百分制分数的对应关系为:差=55 分,中=75 分,好=95 分,则组成分数矩阵

$$C = \begin{bmatrix} 55 \\ 75 \\ 95 \end{bmatrix}$$

最终评价结果 $D = B \cdot C$

$$D = \begin{bmatrix} 0.235 & 0.615 & 0.15 \end{bmatrix} \cdot \begin{bmatrix} 55 \\ 75 \\ 95 \end{bmatrix} = 73.3$$

被培训者的教学语言技能为 73.3 分,属于中等水平。

三、统计程序设计

使用人工计算微格教学的评价统计比较繁琐,有条件的地方可以采用计算机数据处理的方法实现。根据上述原理使用数据库程序或计算机语言编制微格教学评价统计软件,其程序设计思想流程图如图 8-3-1 所示。

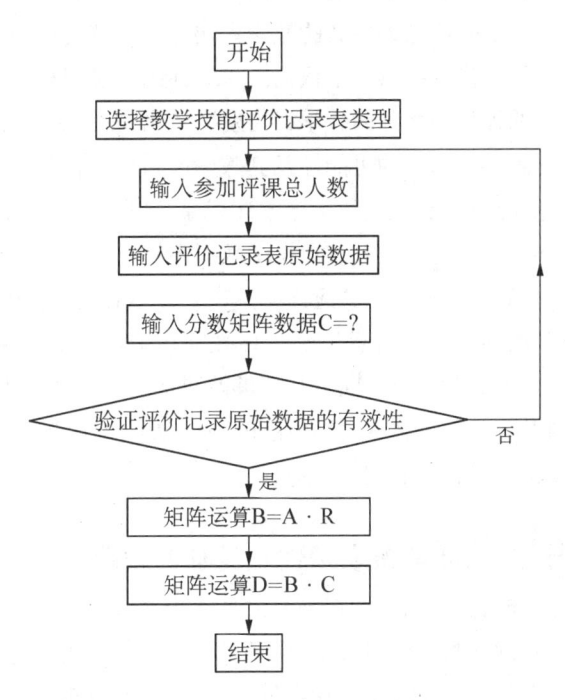

图 8-3-1 统计程序设计流程图

第四节 微格教学评价的发展

以上介绍的评价方法中,评价的项目和各项指标相当精细和严谨,并有一定的理论根据,很适合于师范生各项教学技能的系统培训,也适合于在职教师的各项教学技能竞赛、评比活动。本节要介绍的是一种较为简单实用、容易操作的定性评价方法。

一、"2+2"课堂教学评价指导的提出

"2+2"课堂教学评价指导是由美国的爱伦博士在20世纪90年代提出的。爱伦博士在世界各地推广应用微格教学过程中,针对各国不同的环境条件,不同的教育资源,意识到必须对较复杂、正规的早期微格教学模式进行改革。爱伦博士从1991年开始,曾先后多次来华讲学指导,这种"2+2"指导方法是他在华援教的几年中,帮助内地师范院校就师资培训模式研究和开展微格教学培训的过程中首先提出,并逐步加以完善。经过爱伦博士和众多中国教育工作者大量实践和研究,证明"2+2"确实是一种十分有效的课堂教学评价指导方法。1998年爱伦博士在昆明的全国微格教学年会上,作了精彩的介绍,"2+2"课堂教学评价指导模式被更多的教育工作者认同和接受。

二、指导的主要目标是帮助被指导者的教学有所改进

教学指导与教学评估经常被人视为两个可交叉使用、互为替代的概念。事实上两者的内涵是不同的,评估的目标主要是给被评估者的教学评出一个等级,即通过对教师教学全方位、全过程评价,为教师的升级评优等提供一个依据。指导性的评价目标则主要是为教师提供咨询和帮助,即通过指导性的评价使教师的教学行为发生变化,教学水平得到提高。作为一名指导者,首先要考虑被指导者接受指导的可能性及其教学改进的可能性。只有被指导者愿意接受指导,并能根据指导意见改进教学,教学指导才具有意义和效用。因此指导者应让被指导者接受自己:首先与被指导者建立合作关系。无论是教师还是教学研究人员,在指导他人教学的过程中都能有所获益。指导者在一开始就应声明这一点。这样,指导者就可与被指导者建立一种平等合作的关系;其次使被指导者意识到指导教师是来提供支持和帮助的,而非挑毛病的;还要确立任何人的教学都需要改进,而且都能够改进的观点。教学既是一门科学,也是一门艺术。无论是作为科学还是作为艺术,教学在任何时候都具有改进的可能,即使再好的教学也有改进的余地。教学上从来就没有唯一的选择。

三、"2+2"指导方法,即两条表扬性意见加两条改进性建议

心理学的研究成果表明,人类后天的行为习惯是逐步形成的。教师教学行为的改进也必然是一个渐进的过程。在观测教学的过程中,指导者经常会发现被指导者的教学存在许多不足。传统的做法是将观测的结果全部告诉被指导者,并根据所发现的弱点和不足提出相应的改进措施。然而结果是被指导者虽然对自己的弱点和不足认同,但当下一次教学时却仍然没有多大的改进,指导者往往会发现同样的不足。根据我们的实验,一个教师在进行指导后的教

学中,一般只能在一两个方面进行改进,如果对其提出的改进要求过多,则可能顾此失彼,甚至越改越乱,越改越糟。正确的做法是指导者不急于求成,不贪多求全。追求的目标是每一次练习都比上一次有所进步。爱伦在谈到有关微格教学的方法之一——逐步逼近的方法时所举的事例就充分说明了这一点。"2+2"教学指导就是根据行为改变渐进的原理创设的。

"2+2"教学指导的原则是突出重点,抓住关键。

1. 指导者需要做到善于发现被培训者在教学过程中所表现出的值得肯定和表扬的方面。

许多人认为指导教师的任务就是指出弱点和不足,然后提供改进的方案。因而在观测课堂教学的过程中总是注重发现被指导者的差错和不足。这种做法的恶果之一是在进行课堂教学观测时给被指导者很大的压力;其次是使被指导者产生这样一种想法,即无论怎样教,总不会得到很好的评价,因此就丧失信心,甚至对指导产生抵触情绪。"2+2"教学指导则规定指导者在提供指导意见时首先讲出被指导者在教学过程中所表现出的值得肯定和赞扬的两个方面,并提醒被指导者注意保持和发扬。事实上,教学中许多有价值的做法往往是在教师不经意的情况下表现出来的,授课教师本人有时对此并不十分敏感。指导者若能帮助教师发现自己的优势,对今后教学的改进是一件十分有利的事情。进行肯定和表扬也可帮助被指导者确立改进的信心。促进行为改进的主要因素除了批评之外,就是表扬,大量实验结果表明,表扬较之于批评更有利于改进。

2. 指导者要善于发现被指导者教学中最需要和最容易改进的方面。

指导者在课堂教学观测过程中可能会发现被指导者教学中的许多不足,甚至差错。传统的做法是将观察到的所有问题都要指出来,以期被指导者改正。"2+2"指导则不然,指导者只讲出那些对被指导者来说是最严重的或最容易改正的缺点。比如,一名教师的板书不太好,特别是字写得不漂亮;讲课时眼睛望着黑板或者是盯着课本,很少与学生进行目光接触。对这样一位教师,当务之急而且也是容易办到的事就是改变讲课不看学生这种习惯。而板书则不必,也不可能立刻纠正。再比如,一位教师组织课堂提问漫无目标;措词也不简练明确;而且在提出问题后不给学生一个思考的时间。给这样的教师提供指导意见,就是首先向其提出下次授课时提出问题后应有一个等待学生主动回答问题的时间,若无人主动回答再叫学生的名字。

四、教学指导的过程和步骤应简便实用

目前有人还倡导用计算机进行分析评估。在"2+2"教学指导这种模式里,指导者一般不需要在事先准备许多的表格,也无需设定详尽的评分标准。有时甚至无需指导者记录,因为指导意见一般较短。操作方便,过程简单是"2+2"教学指导最主要的特点,其指导思想是教学指导不应为过程所累,指导者和被指导者能集中主要的精力于教学改进。在某些情况下,如指导者准备记录和保存指导结果,或是由一组指导者对一位教师进行指导时也需要准备一种表格,但这种表格极其简单,如下所示:

A:值得肯定和表扬的方面: B:还需要改进的方面:

  1.   1.

  2.   2.

讨论题

1. 微格教学评价的意义有哪几方面?
2. 为什么要在小组内积极参与评议他人技能的活动?
3. 填写微格教学评价记录表要注意哪几点?

实习活动

在小组中选择某一微格教学片断,进行评价活动。可以选择分等评价法或"2+2"评价法。

第九章 微格教研

微格教研是微格教学的应用和发展。微格教学最重要的贡献是在教学理论与实践之间架起了一座桥梁,研究出一整套可具体描述,可示范操作,可训练培养,可定量评价的教学程序,在课堂教学要素、结构、功能三者关系上达到了最优化。涉及到微格教学的意义和作用,CEIR(联合国教育研究和改革中心)和CECD(联合国经济合作与发展组织)的报告指出:"微格教学程序是关于教师教育的国际化问题。"从1970年开始,微格教学日益被全世界教师教育改革所接受,从单纯地培训师范生的实习教学到引入在职教师的职后继续教育。作为具有一定教学经验的教师,在学习了基本的微格教学理论后,回到各自的工作岗位,在教研组内进行微格教研,与课堂教学相结合,不断地提高自己的和集体的教学能力和教学水平,来推动学校教育教学改革的深入发展,这是一件意义重大的事情。本章试图就微格教研与传统教研,微格教研的作用,微格教研的形式、内容、方法,微格教研的组织等问题作一基本介绍。

第一节 微格教研与传统教研

一、区别与联系

校内教研活动,是教师经常采用的学习方式。传统的教研活动,作为组织教师交流信息,进行学习的形式,学校从制度上和时间上都给予很大的支持,教师参加的频率较高,但效果不尽如人意。据一项专项抽样调查显示:只有8%的教师认为参加传统的教研活动"有效",而对参与面小得多的"观摩教育活动"认为"有效"的高达76%。这两种教研活动的效果存在着明显的差异,其花费的时间与实际效果也不成比例,那么,传统的教研活动效果差的主要原因是什么呢?

1. 内容缺乏新意、深意

一般地说,备课组活动由于教师使用相同的教材备课,活动时分析教材、练习等共同语言多,而教研组活动则不同,同组教师任教的年级跨度大,缺乏像备课组活动那样,对同一种教材共同讨论分析的基础,所以教研活动往往是读一点有关学科教学的文章,落实一下公开课,或对一堂公开课作评议。即使是对公开课的评议往往也流于主观感受式的,有不同意见,也只能公说公有理,婆说婆有理,因教学实况已不能再现无法回顾分析。由于内容缺乏新意,时间一长,教研组活动渐渐失去了教研本身的魅力,不少教师将参加教研活动作为一种负担。

2. 组织形式呆板、老套

教研组活动形式往往拘泥于单一的座谈形式。大家围坐在一起,读读报纸杂志上的文章,进而发表点评论。一位教研组长深有感叹,认为在教研活动和听课评课的时候,没有什么活动内容,评课也是凭印象而已,没有标准,往往流于形式。为了增加点内容,不少教研组长费尽心机进行组织,或到图书馆找有关资料,或布置专人发言,甚至动用一点有限的组内资金,买些水果、点心之类的东西,边吃边谈,创造一点热闹的气氛。但是,这种表面上的热闹却与教研活动的质量提高并无多大关系,有时还会有喧宾夺主的反作用,使大家的注意力不是集中在"研"上,而是集中在"吃"上。单一的座谈会、茶话会式的教研活动缺乏生机,受到许多老师的冷落。

微格教研则给教研活动带来了勃勃生机。"微"是指局部,"格"是指录像定格。这是用录像来记录教师的教学行为,以放录像再现及时反馈,供教师个人和教研组活动进行分析、评价的一种研究课堂教学的方法。

以摄像记录,再现研究,分解比较为特征的微格教研是有生命力的。首先它可以及时反馈,可以再现分析。它不同于人脑的回忆,回忆受心理因素的影响,而再现则具有相对的客观性。其次它可以使执教者从"当局者"地位,转移到"旁观者"地位。执教者可以将期望目标与实际处理相比照,作出自我评价。再次通过微格教研活动,教师可以从具体的比照、反思中酝酿出新的构思,有利于具体的修改。最后,由于微格教研是从具体到抽象的分析,所以切口小,容易深入。

提高40分钟课堂教学质量,已经喊了多年。20世纪80年代后期很热闹的教法探讨:三步法、五步法、七步法,包括黎世法教授的六因素教学法等等,都在将40分钟进行分解研究。从这个角度上说,微格教研也是一种以分解为手段的研究。可以这样说,研究的一大分支就是从分类、解析入手的,否则就会有"老虎吃天,无从下口"的感觉。

然而传统的教学研究往往更注重于对教材内容的认识,对教学过程的结构、方法、技巧却分析不多。微格教研则比较形而上,落点在传授的形式。通俗地说,同样传授新知识,传统的教研注重于讲什么,而微格教研还注重怎样讲。教学过程的本质,应该是教师"教"学生怎样学的过程,不应该是以教师的"教"代替学生的"学"。而传统的教学方法,"教"代替"学"的现象比较多,即所谓以嚼碎的馍来喂学生。要使教研的内容转移到研究怎样教的过程,就要以教师恰当的教法去引发学生的兴趣、思考,即调动学生的"内因"作用,去达到吸收知识,运用知识的目的。学生的求知欲是课堂教学的基础,引发学生的思考、参与,是学生主体作用发挥的前提。不承认或离开了这个基础和前提,再高明的教师也难以发挥好的教学作用。

微格教研在推进教法研究上,是有积极意义的。不仅如此,微格教研也是"格物致知"的治学态度和精神的一种表现,是对课堂教学内容和方法的一种细化分析和研究。微格教研不同于微格教学,它是在微格教学基础上发展变化而产生的:微格教学是用来教育师范生学习教学技能等上课的基本功,而微格教研是用来提高专职教师的教学艺术水平,对课堂教学进行精微的解剖,细致的分析研究——那"格"字也是一个动词,继承了中华民族"格物致知"的优秀文化传统,"格"就是格致,就是分析、整合、研究。微格教研不仅用在技能研究上,而且用在新教师培训上。除此之外,我们完全可以有"分层教学中的微格教研"、"激活课堂教学中的微格教研"、"创新思维训练中的微格教研"、"拓展型课程中的微格教研"、"研究型课程中的微格教研"、"社区教育中的微格教研"、"爱国主义教育中的微格教研"、"综合性学科中的微格教研"等等。所谓"运用之妙,存乎一心"。

微格教研既有合理性,又有局限性,这是需要注意的。首先,课堂教学研究中有分解研究的必要,也有综合研究的必要,综合的效应不等于所分解部分的机械相加;其次,"微格"本身有局限,有时"格"内的原因在"格"外,如果为"微格"而"微格"是学究式的,会造成牵强附会的结果;再次,微格用于研究有利于促进教学,如果因此而不加分析地对教师的某些教学方法作一武断的评价,则会以偏概全失之偏颇;最后,微格教研是为了促进教师教学水平的提高,不能舍本求末变成让教师来适应微格教研,这就需要处处注意联系学生和教材的实际进行微格教研。要发展微格教研必须注意分解后的综合,综合中的分解,注意"格"内和"格"外的关系,理论与实际的结合,以达到促进执教者教学水平提高的目的。

二、促进师资队伍向能力型发展

基础教育要从应试教育转向全面提高国民素质的轨道,课堂教学是主阵地,而教师是关键。如果把课堂教学比作树叶,那么教师就是树根。根深才能叶茂,只有全面提高教师的素质,课堂教学才能长出茂盛的枝叶,素质教育才能落到实处。没有好的老师,就不会有好的教育。而好的教师不是凭空产生的,需要用科学的方法,现代化的手段来加以培养。微格教研恰恰在方法和手段上可以促进师资队伍从经验型向能力型发展。

"微格教研"是"微格教学"的变化和发展。

"微格教学"诞生于美国斯坦福大学。20世纪60年代首先由爱伦博士用以培训师范生中的实习教师。其特点是提炼教学流程中的若干关键环节,采取摄录像进行局部的(微)定格的(格)研究。教学中既学习相关理论,获得理性认识,也从事定向实践操作,获得感性把握。从而对教学技能等有深入的认识和熟练的运用。

"微格教研"则是采用"微格教学"合理内核,供教研组用于教研活动的一种形式。它也是提取教学流程中的重要环节,采取摄录像手段提供教研活动时进行局部的、定格的研讨,既学习有关原理也探讨具体操作,从而获得完整的认识以提高课堂教学质量。

"微格教研"研究什么?研究教学技能及其相关的问题,大致有以下三类问题:

1. 基本教学技能(包括教学语言、板书、讲解、变化、演示、提问等技能);
2. 调控教学过程技能(包括导入、强化、组织教学、试误、结束、教学媒体选用等技能);
3. 与课堂教学相关的其他问题(包括现代化教育技术的应用、师生相互作用研究、组织合作、评价和反馈、教案编写等)。

怎样进行"微格教研"?原则是分析、综合、比较,结合理论学习,多层次的整理整合。具体操作可按以下内容进行:

1. 确定研究内容,由教研组共同研究决定近期需要重点解决的问题,指定专人准备;
2. 公开教学,由主讲人就准备的专题内容进行公开教学,可以是现场实录式,也可以是模拟训练式;
3. 课后及时反馈评价,教研组全体人员一起研讨,要求每位参加者都发表意见;
4. 自我观察反省,主讲人对教研组同仁的意见谈谈自己的看法,也可以讲讲自己对该内

容的设计思想;

    5. 重审相应的理论,将学到的微格教学理论及其他理论用于这一特定的研究内容;

    6. 修改创新再现,主讲人修改教案后就同一研究内容进行再教学。

    这是一个动态的过程,在一次又一次的循环中,主讲人,包括教研组的全体同仁,能不断地提高教学水平和教学能力。由于微格教研是要求集中研究某个特定的教学行为,并要求学习者"知其所以然",因此在学习中要结合相关理论进行探讨,提高理性认识。由此,微格教研在运行的过程中具有六个优点:

    1. 实践性强,由实践需要探求相应理论,从感性认识上升到理性认识;

    2. 目标集中,每次用力于1—2个教学技能,目标比较集中,因而易于把握;

    3. 切口较小,并且注重比较研究,可深入探讨,避免泛泛而谈,不着边际;

    4. 反馈及时,课一结束即可录像再现,有争议之处能重放,达到用事实说话,以理服人;

    5. 自我观察,可自己观察自己的教学,利于反省提高;

    6. 利于创新,在比较分析修改中丰富技能的应用。

    大凡一个教师的成熟,都经历过三个阶段:羡慕阶段,在校内外听了老教师或名教师的课,暗暗羡慕,朦胧地觉得获得了什么,而自己实践,却又感到把握不住。其次为模仿阶段,录音或照搬老教师、名教师的同类教案,分析步骤、做法,模仿着做了,其间有成功的喜悦,却也有不成功的迷茫。再次为把握阶段,听了老教师、名教师的课,或录音,或看了教案,能悟出其中的道理,并能根据自己的教学实际作灵活运用甚至适当修改,也明白修改的道理。这一成熟过程往往需要3—5年,甚至更长的时间。事实上,前二个阶段往往是缺乏理论联系实际的表现,这是由理论的抽象、普遍性同实际问题的具体特殊性之间构成的"障碍",所以此阶段的摸索带有一定的盲目性。在教学能力发展到一定程度会产生"高原期"现象,即自己无论如何努力,教学能力却没有显著的进步,难以取得突破性进展。运用微格教研,结合教与学中有关的理论来进行研究探讨,可以缩短成熟的进程,克服"高原反应",加速青年教师教学能力的提高。

    对于中老年教师,微格教研则可提炼特点,精化教学,加速形成自己的教学风格。有些老教师,课上得很好,教学效果也好,但是请他们介绍经验时,却说不出多少教学道理,更谈不上系统地说理。老教师经验的结晶,实践的感悟因此失传。对个人而言,什么也没留下,对后人而言,又得从头开始,岂不可悲可惜? 在科技飞速发展的今天,我们能运用微格教研的形式来捕捉他们成功的经验,分析他们的教学特点,并使之发扬光大。

    微格教研最受益的是教研组集体。"学会合作,学会做事,学会生存,学会学习"是联合国对21世纪教育的行动口号。一个朝气蓬勃,团结合作,和谐发展的集体对个人的成长是至关重要的。在教研组内,运用微格教研,教师能在一些教学基本问题方面达成一定程度的共识,并形成一定质量的教学理念。通过微格教研,自己看自己的课,看身边同事的课,自我分析,互相分析,气氛活,感触深。通过不断地扬长避短,在一连串的反思、分析中认识发生变化,观念也随之升华。从这个意义上说,"微格教研"对师资建设的作用并不是"微格"的。

> 讨 论 题

请参阅《校内教研活动亟待改革》一文,结合本节的学习,展开微格教研的讨论。

内容缺乏新意　形式呆板老套

校内教研活动亟待改革

(《文汇报》记者苏军)校内教研活动,是教师经常采用的学习方式,然而实际效果却往往不尽如人意。本市一项专项抽样调查显示:只有8%的教师认为参加教研活动"有效",而对参与面小得多的"观摩教育活动"认为"有效"的高达76%。教育界有关人士指出,要从内容和形式上对传统的教研活动进行改革,使之在提高教师业务水平上起到应有作用,发挥更大效益。

这项对闸北区12所幼儿园的教师学习情况进行的抽样调查表明,教师经常采用的学习方式与教师认定的对提高专业水平有效的学习方式,存在着明显的落差。被调查的教师认定"对提高专业水平有效的学习方式",依次排列为"观摩活动"、"书刊杂志"、"报告讲座"、"教研活动"、"教育科研"和"教育笔记",其中"观摩活动"被认为"有效"的达76%,其余各项都超不过15%。这也就是说,花费时间最多和组织色彩越浓的一些学习方式,实际效果并不呈正比例。

据分析,教研活动效果不佳与活动的内容缺乏新意、深意和组织形式的呆板、老套有关。据了解,教研活动作为传统的组织教师交流信息、进行学习的方式,绝大多数学校从制度上和时间上作了保证,教师参加的频率较高,但由于陈式化,在内容上缺少具有吸引力的新鲜成分,活动拘泥于单一的座谈形式,时间一长便渐渐失去了本身的魅力。有的教研活动,话题东拉西扯,名不副实,流于形式,不少教师将参加教研活动作为一种负担。

对此,本市一些校长认为,必须对目前效果不佳的教研活动进行改革,才能适应提高教师业务水平的需要。只有在内容和形式上走进实际教学生活,走进教师的关注视野,走进教师提高的需求领域,教研活动这一沿袭已久的教师业务学习方式才能获得活力。真正成为教师心目中汲取教学精华的另一个重要"学府"。

第二节 微格教研的初级阶段

运用微格教研的方法,一方面确定了教研组的活动内容,通过学习有关的微格教学的基本理论,探讨教学技能,观摩教学录像,对有关的公开课进行评价,集体指导下的个人反思等,给教研组的活动带来了生机和活力;另一方面,也提高了教师的教学能力。所谓教学能力,实际上是由教学中的智力技能和动作技能的综合运用而表现出来的。所谓技能,区别于能力的是可模仿,可观察,可描述的具体行为。而教学能力正是在掌握技能和有关知识,并使之应用于教学中而形成和发展的;至于教学艺术,则是建立在更广博的专业知识和熟练的教学技能基础上所达到的一种境界。正如巴班斯基所说的:"只有在掌握基本教育学知识和技能的基础上,才有可能实现教学过程最优化。"微格教研为教学过程最优化铺设了道路,架起了金桥。

一、事先的学习与研究

作为微格教研的第一步,首先要学习和研究微格教学的理论,学习和研究教学技能的理论,教学技能各要素的作用,使用的目的和原则,学习教育评价和反馈的有关理论,研究微格教学中的评价与反馈技术。关于微格教学的一些基本知识,诸如基本概念、基本理论、基本技能等,本书的前几章都已作了专门的论述,这里仅对微格教学的创始人之一爱伦博士关于新旧微格教学模式的区别和特点作一简单介绍。

1998年爱伦应邀在昆明微格教学研讨会上作了题为"微格教学新旧模式之比较"的学术报告。他列出了新旧微格教学模式之间的16点区别:

1. 教学时间:旧模式强调要一节课或者比较完整的一个课堂教学的片断,时间上至少长达20分钟;而新模式强调单一概念课堂,时间一般为5分钟左右;

2. 学生:旧模式强调微格教学课堂上课要用真正的中、小学生;而新模式认为不必,同侪(peers)即可;

3. 课堂评价与反馈:旧模式强调按预先制订的评分指标进行评价与反馈,这些指标往往是一个复杂的体系;而新模式强调"2+2重点反馈和评价",即首先提2条表扬性意见,然后提2条改进性建议;

4. 指导:旧模式强调必须由水平较高的指导教师进行指导练习;而新模式认为自我评价与反馈或者同级之间评价与反馈都是可以的;

5. 听课学生规模:旧模式主张人多,学生人数多到可以达20人;而新模式认为只要4名左右的"学生"即可取得微格教学的效果;

6. 反馈:旧模式强调由指导教师进行反馈;而新模式认为可以进行包括同侪在内的多途径的反馈;

7. 课题开发与计划:旧模式强调是上级部门指定的内容和课题;而新模式认为可以是自己选择的教学内容,教学技能等;

8. 教学秩序:旧模式只有教和评价,经常没有重教;而新模式强调教、评价、重教、再评价才是一堂标准的微格课;

9. 录像带的使用:旧模式强调每堂微格教学课都需要和要求使用录像带;而新模式认为录像带只用于示范课,一些练习课可以不必用录像带,5分钟的教学片断完全可以依赖脑的瞬时记忆功能;

10. 课堂地点:旧模式认为应有微格教学诊断教室,微格教学实验室或专用的微格教学教室;而新模式认为课堂地点可以开放,不一定在专用教室,课堂外的场所,例如办公室、寝室、会议室等只要适合练习的场所都是可以的;

11. 典型的微格教学经历:旧模式对教师的训练只可能是1次或者2次的机会;而新模式由于每次所用的教学时间少,场地、设备、师资、学生等限制条件少,所以对教师的训练可以有多次的教和重教的机会;

12. 训练材料:旧模式一般由教师指定或通用的训练材料;而新模式的训练材料是教师和学生共同开发的,学生就某些技能拍摄例证与非例证的录像带作为训练材料是特别有效的;

13. 微格教学服务对象:旧模式通常为正在接受培训的职前教师,即师范生;而新模式强

调职前与在职教师都应该成为微格教学的服务对象,而且在职教师尤其重要;

14. 微格教学的重点:旧模式强调单一的教学技能;而新模式既强调过程,也强调内容,强调一项教学技能以及技能中所含的教学内容;

15. 课堂组合:旧模式是典型的单一课堂,除非准备了组合的课堂片断;而新模式一般为五人组成的自学小组,轮流担任教师角色和扮演学生角色,小组持续到微格教学训练活动结束;

16. 微格教学与其他教学观测及实践的关系:旧模式一般独立于其他方法,与其他方法联系不密切;而新模式强调与"2+2"课堂观察结合使用,特别适用于在职教师培训。

综合起来,爱伦的早期模式主要具有下列特点:

1. 强调微格教学的真实性。当时许多人认为微格教学是一种人工操作的教学,不具有太多的参照性。爱伦和他的同事们则竭力在微格教学与普通教学之间建立联系,特别强调微格教学诸要素的真实性,进而说明微格教学的可转化性,即微格教学的训练内容可通过受培训者转化为实际的教学。

2. 训练目标侧重于教学技能。爱伦虽然早期也提出微格教学可帮助受培训者学会处理特定的教学内容,但在实际的操作过程中比较重技能而轻内容。

3. 强调指导教师的作用。指导教师应是经过专门训练的、有教学经验的教师。他们必须熟悉教学技能,具有教学策略,能运用适当的教学方法。

4. 强调摄像的重要性。爱伦是世界上第一台便携式摄像机的试用者,他理所当然地推崇这种新设备。他认为录像能提供最直接、最直观的反馈。

从20世纪80年代中期开始,微格教学由发达国家传到了发展中国家,如中国、印度、博茨瓦纳、津巴布韦等。爱伦本人积极参与了这次传播,并在传播过程中对微格教学进行了调整和发展。经过调整和发展后的微格教学的基本概念和原则虽然没有根本性的改变,但与早期模式相比,还是具有一些新的特点,主要体现在:

1. 强调简便、实用的原则。如把微格课堂教学的时间限制在4—6分钟之内,参与微格课堂教学的学生不必非要真实的学生,同学之间,老师之间可以互相扮演角色,也不必有经验的专门老师充当指导教师,训练者可以互相提供反馈和评价。事情越复杂,就越不易操作,简便实用则引起了大规模的推广和应用。

2. 强调突出重点的原则。爱伦觉得指导教师在提供反馈进行指导时不必面面俱到,也不必对教学全过程进行全方位的评估,要根据培训者的实际情况,特别是他改进的可能性提供反馈和指导。这种被称做"2+2评价"的方法,在实际操作时很容易被大家接受,可以帮助每个老师都成为学生,也可以使每个学生都成为老师。根据研究结果,一个人在矫正和形成新行为的时候,一次不可能做许多事情。

3. 开发了大量新的课堂教学技能。在早期的微格教学模式中只训练14种技能:(1)变化刺激方式;(2)导入;(3)结束;(4)沉默及其他非言语暗示;(5)强化学生参与;(6)提问的流利程度;(7)探询提问;(8)高层次提问;(9)发散性提问;(10)确认学生的听讲行为;(11)解释和举例;(12)讲解;(13)有计划地重复;(14)交流的完整性。在新的模式中对技能重新进行了分类,增加了许多新的内容。具体的课堂教学技能群如下：

(1) 提问技能

a. 提问数量　b. 开放性提问　c. 高层次提问　d. 探询提问　e. 提问措词

(2) 强化与控制技能

a. 正面与反面强化　b. 言语与非言语强化　c. 鼓励　d. 暗示　e. 沉默　f. 选择个别学生　g. 目光接触　h. 观察　i. 解决冲突

(3) 举例技能

a. 相关例证　b. 类比与比喻　c. 正反设例　d. 具体——抽象例证

(4) 运用教学手段的技能

a. 随手教具　b. 教学设备　c. 黑板及其他书写板

(5) 课堂结构技能

a. 导入　b. 结束　c. 课堂内过程评估

(6) 组织合作学习技能

a. 合作学习的组织实施　b. 小组学习的观察与评估　c. 学习对象的组织与指导

(7) 运用教学原理的技能

a. 演绎　b. 归纳　c. 直觉思维　d. 反证　e. 有计划地重复　f. 生动形象　g. 错位反差　h. 延迟反应　i. 变化刺激方式

(8) 试误技能

a. 向学生提供反馈　b. 推动尝试　c. 利用错误　d. 设计迷惑

之所以要罗列以上这些内容，无非想说明，作为微格教学创始人之一的爱伦博士对微格教学也是在不断地研究，不断地改进，不断地创新的。对于我们学习者来说，更应该如此。微格教学是在不伤害学生利益的前提下进行的，它一定会推动中国教育的发展，在中国教育改革的发展史上留下光辉的一页。

作为在职教师继续教育的课程之一，微格教学在上海市徐汇区教育学院推开后，许多教师在课程结束时写下了感人的心得体会：

教师A：

微格教学实实在在在讲了作为教师天天要用的，天天发生在身边的事，十分符合教师的实际情况。学习这门课既感到十分的熟悉，又感到十分的陌生，件件事情就在你身边，件件事情都有那么多实际问题。具有很强的操作性，联系自己本学科的特点，我已经对下学期工作的打算有了一个初步的设想。微格教学使我受益匪浅。

教师B：

充分应用现代科技手段，把教学流程定格录像，既利于自我反馈，也利于集体研讨，因此，掌握了这门学科必将推动教学科研的开展。上海市徐汇区教师进修学院开设这门课是明智的、有远见的表现。

教师C：

微格教学可以作为学校管理者在抓教师队伍业务素质提高过程中的重要手段、方法，特别适用教师队伍比较年轻的学校。抓教师业务水平，教学技能的提高，不仅是教师培训部门的任务，更是各所学校义不容辞的责任，是各校校长必须花精力抓的大事。

教师D：

以前在教研组活动和听课评课的时候，感到没有什么内容搞，评课也是印象而已，没有标准，也没有真正评在点子上，往往是流于一般形式。现在学习微格教学后，在这方面的工作就有了实实在在的内容，评课也有了方向和目标，这对教研活动提供了极为丰富的内容。

教师E：

微格教学使教学的各个环节取得优势，从而提高了课堂教学质量，这是一种新的教学技能的归纳与总结，为教学途径提供了新的方向，是现代教学的又一示范，必将引起教育界的关注和重视。

教师F：

刚接触微格教学时，我持有一种怀疑的心态，这会对我上体育课有帮助吗？通过学习，我知道当初的选择是对的。不仅仅是只适合于那门学科，而是适用于任何一门学科，尤其是对于像我这样一名初为人师者？怎样做一名好教师？微格教学中一名好老师的12种素质：友善的态度、尊重课堂里的每一个人、耐心、兴趣广泛、良好的仪表、公正、幽默感、良好的品性、对个人的关注、伸缩性、宽容、有方法，给了我明确的答案。

以上六位老师的体会仅是这次传播活动中的一小部分，它充分说明："微格教学将帮助教师加强、改进教学技能和方法，减少失误，并使师范生尽快地建立信心。它不能一个晚上改变教师或师范生的个人素质和习惯，它不能解决教学中的所有问题。它不一定能把一个普通教师变成一个天才的完美无缺的教师，但可以把他变成一个更好一点的教师。"

二、微格教研的形式与内容

微格教研明确地提出对教学行为要有分析和反馈，对教学技能要有分类和评价。它用录像的方法记录教师在教室里与学生教学活动的过程，为教学行为的再现和分析创造了条件。同时它以"还原论"的方法，将一个个问题进行分解，构成多层次的解释、归类和整合，这就不同于单纯地宏观而笼统地谈教学能力和教学质量。这种教研方法，无论是对青年教师，还是中老年教师，都是有用的。青年教师可以通过课堂记录总结分析并从中得到启发和指导，缩短成熟期；有经验的教师可以通过微格教研提炼特点，精化教学。更主要的是在教研组里，对一些基本问题可有一定程度的共同认识，形成一定质量的教学理念，使之成为教研组建设一笔可以继承和发展的宝贵财富。

一般的微格教研形式与内容有：观摩，公开课后的评价等。

1. 观摩

微格教研的观摩活动有二个内容：现场观摩和录像观摩。现场观摩指参加各种类型的听课活动,包括组内的、校际的、区级的、市级的乃至全国性的。与平时所说的听课活动不同的是,除了作必要的听课笔记外,在有条件的情况下,尽可能地将全部课程用录像或录音的方式记录下来,以便日后研究。录像观摩除了观摩自己的课外,也应该观摩其他人的课,例如优秀教师的课,有某一方面特长,形成一定教学风格的教师的课。通过观摩,进行切磋,研讨,总结,理论升华,再将理论运用到教学实践中去予以检验,拓展。

微格教研中的观摩活动与传统的观摩活动是有明显的区别的。首先,它的目标是比较具体和明确的,即所谓的切口比较小。微格教研的局部定格、分解比较的特征,使观摩活动的目标可以定得具体而明确,以利于消化吸收。其次,它的内容也是比较具体和明确的,既然目标明确了,内容当然要围绕目标,就某一特定的目标进行具体内容的观摩;再次,它的方法也是比较具体和明确的,微格教研所用的观摩方法,区别于传统观摩方法的,就是录像可以重放和再现,当观摩有争议,或感到某一细节需重新观摩,就可以重复放录像。

下面以特级教师钱梦龙的一个教学片断为例,来说明微格教研中的观摩活动。

首先确立观摩目标。教研组就课堂提问中的曲问进行微格教研。提问如何做到宜曲忌直,使问题有思考价值,并且学生思考后能够回答。

目标确立了,教研组就可以选择有关内容进行教研活动,组长选择了钱梦龙老师"愚公移山"一课中"邻人京城氏之孀妻有遗男,始龀,跳往助之"的教学实录作为观摩内容:

师:那么,那个遗男有几岁了?
生:七八岁。
师:你是怎么知道的呢?
生:从"龀"字知道。
师:噢,龀。这个字很难写,你上黑板写写看。(学生板书)写得很对。"龀"是什么意思?
生:换牙。换牙时,约七八岁。
师:对,换牙。你看是什么偏旁。(生答:"齿"旁。)孩子七八岁时开始换牙。同学们不但看得很仔细,而且都记住了。那么这个年纪小小的孩子跟老愚公一起去移山,他爸爸肯让他去吗?
生:(一时不能解答,稍一思索,七嘴八舌地)他没有爸爸!
师:你们是怎么知道的?
生:他是寡妇的儿子。孀妻就是寡妇。
生:这个孩子死了爸爸,只有妈妈。

钱梦龙老师这一段教学是围绕着"龀"、"孀"二字的字义解释而展开的,在讲解"龀"字时,用的是曲问(那个遗男有几岁了?);在讲解"孀"字时,用的是虚问(他爸爸肯让他去吗?)。这比直问"'龀'是什么意思?'孀'又是什么意思?"要来得高明。提问要拐弯,要有一定的思维"坡度",让学生要经过运用概念进行推理、判断的思考功夫。赞可夫说:"教师提出的问题,课堂内三、五秒钟就有多数人'刷'地举起手来,这是不值得称道的。"提问,必须有的放矢,箭中"课眼",促使学生思考、琢磨。

通过这种形式和内容的微格教研,相信大家对提问中的曲问及虚问一定留下了深刻的印象,对课堂上如何恰到好处地应用这一教学技能,也会产生许多思考。这正是微格教研的魅力所在。这一教学片断为课堂教学过程和内容的最优化提供了生动形象的例证。

2. 公开课后的评价

公开课后教研组成员应该及时地进行评价,看看教学方案是否成功,教学目标是否达到,教学过程是否始终处于优化状态,是否符合客观规律。通过评价,使被评者看到自己的长处,从而激发他努力工作的热情;也使他看到自己的不足,从而鞭策其不断地改进。评价对一位敬业的教师来说,不是压力,而是动力。

微格教研的评价更侧重于某一种或几种教学技能的评价,而不是整堂课的总体评价。美国斯坦福大学的基本模式是:5分钟教学,10分钟评价,15分钟休息,5分钟重教,10分钟评价。公开课后的评价,可以按照事先约定的评价内容,如,着重研讨课的导入技能,在听课时,就有意识地注意课的导入;在评价时,把导入部分的录像再重现一遍或多遍,以利于研究;在评价后,可以根据大家的意见,进行导入部分的重教,接着可进入再评价。如此循环往复,使其教学技能不断得到提高,教学水平日臻完善,炉火纯青。

评价一般采用定性和定量的方法。关于定量的量表体系的制订,是一项比较复杂的工程,一般可根据教学过程规律对教师的要求目标,经分解成为若干指标形成一个量表结构体系。作为微格教研,应尽量使目标成为具体的、可测的行为化、操作化的规定。各学科既有其通用标准,也有其特殊标准。各校也可以制订自己的标准,不求千篇一律,应有自己的特色和风格。

评价不是领导及专家的专利,而是每个教师的权利与义务。作为一名教师,置身于教研组集体中,应具有对教学水平的评价能力,这对提高教学质量和教学研究水平大有好处。如果不知道什么是好课,好在什么地方,自己又如何去设计好课呢?因此,在微格教研中,大胆地发表自己的见解,参与评价他人的课,不断提高自己的评价意识,无疑是一件既帮助别人,又提高自己的好事。

实习活动

结合本节的学习,选择一教学片断(最好是本教研组的)进行微格教研活动。

第三节 微格教研中的同侪训练

在微格教研活动中,应用同侪训练的概念进行微格教研也不失为一种好的方法。

同侪(Peers)是指同辈的人,同类的人。"同侪训练"原文为 Peer Coaching,指的是同伴(Peers)之间的相互教学或相互训练,如学生训练学生,教师训练教师,同事训练同事。同侪训练有两种基本形式:

（1）同水平同侪训练（Co-Peer Coaching）

指的是同水平的同侪（Co-Peer）之间的相互训练，例如，新教师之间的相互训练。

（2）不同水平同侪训练（Expert-Peer Coaching）

指的是具有一定水平的专家（Expert-Peer）去训练与帮助其他同侪。例如，老教师帮助新教师，有一定经验的新教师训练尚缺乏经验的新教师。

一、同侪训练贯穿于微格教研中

同侪训练活动是贯穿于整个微格教研的，一堂标准的微格教研课应包括教——评价——再教——再评价的过程。具体进行方法按如下步骤进行：

1. 教

教研组长或备课组长为了某一教学目的，比如，为了研究课的导入、结束、讲解、提问、教学语言、演示、强化、变化、板书、试误、课堂组织等教学技能中的某一项技能，指定某位同侪担任主讲人，其他同侪担任"学生角色"。主讲人接到任务后，就必须对指定的内容进行微格教学的教学设计。一般地说时间长短视具体情况而定，教学片断控制在5分钟左右，2—3分钟不足以讲清一个片断，而超过5分钟的教学片断又显得过于冗长。

在5分钟的教学过程中，主讲人不必将自己的教学思想向同侪们交代，就跟平时进教室面对全班学生上课一样面对同侪。同侪一般四五个左右，人太少没有气氛，太多将会使活动时间拖得太长。办公室、会议室，甚至是寝室、操场、实验室均可作同侪训练的"教室"。

主讲人上课首先要进入"角色"。当需要调动"学生"积极性时，可以提问请"学生"回答，让"学生"上黑板演示，请"学生"一起进行演示实验，不必因同侪的缘故而胆怯。主讲人进入"教师角色"及同侪进入"学生角色"是同侪训练成功的关键。

在讲授时，可以请一个同侪担任记时员，在4分钟时，伸出4个手指头，5分钟时，伸出5个手指头，当6分钟时，可以轻轻地敲三下桌子，以示警告，示意超过规定时间，可以下台了。一堂40分钟的课，时间观念是必须强调的。一个片断超过1分钟，那么40分钟内所含的8个片断就会超过8分钟。即使这个片断在同侪训练时是成功的，但在实际课堂教学时却因时间不够而失败。

2. 评价

主讲人讲完以后，应该马上进行评价，趁热打铁，及时反馈，这是"微格教研"的优势所在。

评价在全体听课的同侪中进行。每一位同侪都必须对主讲人发表评价意见，一方面表示你对他人上课的尊重，另一方面也表达自己的见解和水平。通过评价别人，提高自己的评价意识，提高自己的观察能力和鉴别能力。如果是不同水平的同侪训练，最后请水平较高的同侪，例如教研组长或备课组长发表总结性评价意见。在听了所有的评价以后，主讲人可以进行表态，谈谈这一教学片断的设计思想，说说对同侪评价的意见，可以全盘接受，也可以全盘否定，或者部分接受，部分否定，同侪的意见仅供参考。路，还是要靠自己去走。

"2＋2"教学指导方法是评价时经常运用的方法。"2＋2"是指评价他人教学时重点讲2条肯定性的表扬意见，同时也提2条建议性的改进意见。研究表明，人的行为的改进是个渐进的过程,一个人在矫正旧行为和形成新行为的时候,一次不可能做许多事情,就一二个问题进行改进效果最佳,如果对他要求过多,则可能顾此失彼,越改越乱,越改越糟。同侪们的意见往往是重复的,在这些重复的意见中,可以归纳出 2 条表扬性的意见,2 条改进性建议,供主讲人参考。

3. 再教

第二次教学既是对评价意见的反馈,也是对自身教学的提高。有的时候,还可以进行多次的教学。这样不断反馈,不断调整的过程,就是教学水平不断提高,教学方法不断完善的过程,真正体现了同侪训练中的"互相帮助,真诚合作,共同研究,不断进步"的微格精神。

第二次教学应该比第一次成功。作为主讲人,在听了同侪的肯定性评价后,可以发扬自己的长处和优势,使肯定的评价得到强化,有利于主讲者稳步地前进,并在进步中提高自信心和学习兴趣。对于改进性的建议,"旁观者清",可以作为一面镜子,引以为戒,不断地修正自己的教学行为。

如果第二次比第一次教得糟糕,那也是正常的,不必惊慌失措。遇到这种情况,所有的同侪可以坐下来,认真地进行研究,帮助找出一些关键性的因素,根据"由易到难"的原则,从最容易改进的地方入手,进行再教。比如,一名教师板书不太好,特别是字写得不漂亮;讲课时眼睛老是望着黑板或者盯着课本,很少与学生目光进行接触。对这样一位教师,当务之急是改变讲课时不看学生的习惯,这比较容易做到,而板书的提高则不可能立竿见影。

通过再教,有利于理清思路,有利于加深对教材的理解,有利于提高口头表达能力。不管作为主讲人还是作为同侪训练者中的"学生",都会在这种互教互学的活动中教学相长,有所提高。

4. 再评价

"2＋2"的评价指导原则同样适用于再评价,它突出了重点,抓住了关键。教学中许多有价值的做法往往是在教师不经意的情况下表现出来的,主讲人有时对此并不十分敏感,同侪训练中若能通过再评价帮助主讲人发现自己的优势,对今后教学改进将是一件十分有利的事情。对主讲人的讲课进行肯定和表扬,可以使主讲人树立起信心。大量实验表明,表扬较之于批评更有利于改进。在这种宽松和谐的教学氛围中互帮互学,不仅教学能力得到了提高,而且耐心、宽容、乐于助人的精神和人际交往能力都随之得到了发展,也有利于教研组的建设。对主讲人提出的建设性建议,必须确立这样一种观点:教学是一门科学,教学是一门艺术,科学无止境,艺术无止境,那么,教学也应该是无止境的。任何人的教学都需要改进,任何人的教学都能够改进,即使很好的教学也有改进的余地,尽善尽美是没有的,教学上从来没有唯一的选择。只有这样,指导性的改进建议,才可能被接受和采纳。"2＋2"的评价指导原则才具有意义和效用。

往往有这样的情况,对"2＋2"的评价发表表扬性意见比建设性建议要来得容易,如何发表有意义、有质量的建设性建议成了同侪训练中的一个难点。学习一点教育学、心理学的相关理论,学习一些评价知识进而制订有关的评价条款,不失为一种比较行之有效的办法。相关理论的学习,也是教研活动中的一个重要组成部分。通过从上课实践到相关理论的学习,使认识从感性认识上升到理性认识、再以理论的指导进行新的实践,作新的比较分析,再认识,再提高,循环往复螺旋上升以提高同侪们的业务素养。对于评价条款,可以集思广益,共同制订。比如,提问技能的评价,可以拟定以下 10 项指标:(1)问题内容是否明确,重点是否突出;(2)是否联系旧知识,解决新问题;(3)问题设计是否包括多种水平;(4)是否把握提问时机,促进学生思维;(5)表述是否清晰流畅,引入界限是否明确;(6)提问后是否给予适当停顿,给予思考时间;(7)提示是否适当,是否有助学生思考;(8)提问是否照顾到各类学生,是否只局限于部分学生;(9)对学生回答是否能及时予以分析评价,使学生明白答案所在;(10)对学生的鼓励或批评是否适时恰当。只要遵循大家共同制订出来的标准,应该说,无论是表扬性评价,还是建议性评价,都将很容易被同侪接受,而且评价的质量也会有很大的提高。

二、同侪训练案例

【案例1】

初中数学课"角平分线定理及其逆定理"

1. 教案

角平分线定理及其逆定理

教学目标	1. 掌握角平分线定理及其逆定理。 2. 理解用集合的思想看待角平分线。 3. 根据角平分线定理及其逆定理用于证明、计算,提高学生的分析、归纳、运用的能力。			
时间分配	授课行为	应掌握的授课技巧	学习行为	要准备的媒体等
2′	复习中垂线定理及其逆定理,复习点和点的距离以及点到直线的距离	一般提问	看图思考	黑板 多媒体
4′	P 为 $\angle ABC$ 的角平分线 BP 上一点,$PD \perp AB$,$PE \perp BC$,首先猜测结论 $PD = PE$,然后通过几何画板进行演示,改变 P 在平分线上的位置或者改变 $\angle ABC$ 的大小,观察 PD、PE 数据的变化。	图形运动的演示	观察、比较、思考	多媒体
4′	总结论之后导出已知求证并且进行证明。再以文字语言总结成定理。	启发设问	口头发言	多媒体课本
3′	根据命题与逆命题的关系,先回答逆命题是什么,这时的条件和结论又是什么。再次通过几何画板进行演示,观察 P 点的位置变化情况。	提问 演示 比较	口头发言 观察思考 比较分析	多媒体
3′	总结结论,导出已知、求证、证明并且总结成逆定理。	启发设问	口头发言	多媒体课本
3′	综合比较这两个定理,启发学生从集合观点看待、理解角平分线:角平分线可以看作是到角两边距离相等的点的集合。	教师启发式讲授	思考 理解 记忆	多媒体

续表

3′	提出问题:三角形两条角平分线必交于一点,第三条呢?如果经过的话,如何把这个过程成为一个证明题?	启发 设问	思考 讨论 口头发言	多媒体
3′	总结结论,引出三角形的内心、内切圆以及性质定理。	讲解	观察 记忆	多媒体
3′	应用1:课本证明题,考察学生直接运用两个定理的基本能力。	引导 启发	思考 回忆	多媒体 课本
4′	应用2:三条公路问题,考察学生将实际问题抽象成数学问题的能力,灵活运用两个定理能力。	引导 启发	讨论	多媒体
6′	应用3:操作题,考察学生的动手能力,画图能力,灵活运用定理能力。	讲解 启发 演示	操作 作图 观察	多媒体
2′	共同小结: 1. 角平分线定理及其逆定理。 2. 用集合思想理解角平分线。 3. 三角形三条角平分线的相交问题。 4. 两个定理的学习为今后提供了新的证明依据以及添加辅助线的方法。	提问 讲授	回忆 思考 记录	多媒体

2. "2+2"评价

教师A:

表扬性意见:

(1) 例题选用恰当,从复习到引入新课,以及三条公路的问题,体现备课的辛苦。

(2) 教态自始至终亲切,基本功扎实,体现教师的素养。

建设性建议:

(1) 例2的处理有不足,是初一没教的缘故。

(2) 提问集中在少数人身上,体现"以学生发展为本"还不够。

教师B:

建设性建议:命题的组成,点到线的距离,圆的有关性质,对于本节课的内容可以起到铺垫的作用,复习时应提到。

教师C:

表扬性意见:注重学习数学的方法,学以致用。

建设性建议:开始时可作适当铺垫,能否多一些基本题。

教师D:

表扬性意见:

(1) 点到直线的距离在讲解中引起足够重视。

(2) 语言即文字语言转化为数学语言较为规范。

建设性建议:有关中转站的问题,如何用足该题,讲解中显得太急。

教师 E：

表扬性意见：

(1) 语言规范。

(2) 课件制作较好。

教研组长：

表扬性意见：

(1) 教态亲切，语言规范，以鼓励学生为主，激发学生的自信心。

(2) 上课节奏把握得较好。

建设性建议：

(1) 内心不要过分追求，与中垂线作类比，点到为止。

(2) 三条公路中转站问题，注重开发，但学生"思维固定"，故可以铺垫知识点。

3. 主讲人表态

本节课是逆命题逆定理的第二节课，在学习中垂线定理及其逆定理的基础上学习角平分线定理及其逆定理，基本流程，课的设计都基本一致，整节课设计成观察→猜测→操作演示→严密论证→总结定理→合理应用几个环节。本节课还采用了几何画板软件，使整个定理内容发生的过程用运动的形式体现出来，比较直观形象，能使学生在变化中寻找到不变的规律。

另外，从最基本的定理、逆定理，到用集合观点研究角平分线，再到内心的引入，梯度合理，层次分明，层层深入，每个知识点都是在教师的帮助下，学生自主发现、探索、总结，体现了学生的自主性。

当然，在许多地方还存在着不足，课后组内教师给我提出了宝贵的建议，很多地方相当有道理，确实是我考虑不周的地方。如本节课在引入角平分线定理之前应先复习点和点的距离，点到直线的距离，这点是很多学生容易混淆的地方，因此相当重要，为后面的学习作好铺垫，体现了新旧知识的衔接。另外，在例 2 中辅助线的引入上，处理有些欠缺，相关圆中的知识点也应及时回顾，以让学生更好的把握知识点之间的联系，以达到温故而知新的效果。在例 2 例 3 的讲授中，给予学生考虑的时间还不够充分，可以给学生更多的想象的空间，或者展开分组讨论的形式，组与组之间进行一定的竞争，这样能进一步激发学生的思维，活学活用，课堂气氛也会比较好。在提问这个环节，问题应更体现出一定的层次性，照顾到更多的不同程度的学生，使每位学生都能在原有的基础上学到新的知识。

通过这样一节研究性公开课的展示，让我在肯定自己优势的同时更清楚地认识到自己客观存在的不足，感谢学校给我这样的机会以及组内教师对我的指点、关心，今后定能更好地改进教学工作。

【案例2】

初中语文课"城市视觉污染"

1. 教案

城市视觉污染

教学目标	在熟悉本文的基础上了解视觉污染的危害,加深认识,欣赏提高			
时间分配	授课行为	应掌握的授课技巧	学习行为	要准备的媒体等
5′	请你们默读课文3—7节,找出体现视觉污染危害性的语段	一般性提问	学生看书 默读圈画 (找出第3节)	教材
2′	哪位同学能口述一下视觉污染的危害性?(可用文中的话回答)	一般性提问	口头发言	课本
2′	齐读第3节,加深认识视觉污染的危害性	一般说明	朗读	课本
4′	文中所得到的几种情况生活中都比较常见,从图片中我们也可以进行比较,他们都是从色彩污染的角度进行的。同学们可以想象,我们的城市如果没有这些视觉污染是否会更美丽	一般讲解 图片欣赏	看图片 比较	多媒体 画面
8′	再次齐读第2节,设想内涵中的几种情况都不存在,结合4、5、6、7节内容改写第2节	引导说明	朗读 改写	课本 多媒体
3′	其实,生活中的小事是这样,城市建筑同样也讲究完美,正如黑格尔所说"……"请齐读第5节黑格尔所说的话	讲授	朗读	课本
3′	不知你们怎么理解黑格尔的这段话	一般性提问	默读 思考	多媒体 课本
5′	对!就像你们所说的,音乐和建筑的结合点就在于和谐、协调,也即当凝固的建筑像流动的音乐一样让你感到抑扬顿挫,让你赏心悦目之时,它才会产生美感	教师讲解 小结	听 记	课本
3′	那么,老师这里也有一组建筑图片,我们一起来欣赏。请你们选择一张或几张最喜欢的,说说它美不美,美在哪里。写出序号或名称	讲解 设问	欣赏图片 记录	多媒体
3′	配乐欣赏图片	动作技巧	欣赏 感悟	多媒体
2′	生发言后师小结:看来对于可以给我们美感的事物,同学们还是有话可说的。通过学习本文,我们也初步了解了一些关于"美"的知识,那我们就来谈谈学习这篇说明文的现实意义	小结	听 思考 记录	多媒体

2. "2+2"评价

教师A:

表扬性意见:

(1) 敢于提出一些有深度的问题(如:理解黑格尔的话),让学生思考交流。

(2) 课堂上师生互动,教师启发得当,学生能较快地理解问题,进入思考。

建设性建议

(1) 说明文的特点体现不够。

(2) 结尾显得仓促了些。

教师B:

表扬性意见:

有亲和力,课很成功,也流畅。

建设性建议:

要注意化繁为简,不要重复学生的回答。

教研组长:

图片的精选是这节课的成功之处,应对了黑格尔的话:"音乐是流动的建筑,建筑是凝固的音乐。"但在试上时,图片显现的速度过快,学生尚未看清,图片就闪过去了,未能收到预期效果。第二次试上,图片的显现放慢了速度,还标上了相应的名称,使学生看清了也感受到了这些建筑的造型奇特、古朴、温馨柔和,但如何使"真美啊"成为学生的真切感受呢?力度还不够。进一步探讨后,改为在优美的音乐声中,一座座典雅、古朴、风格迥异的建筑物展现在学生眼前,配上教师恰到好处的、简洁的点评,使学生获得了视觉的美,也较好地理解了黑格尔的话:"没有污染的建筑就像音乐的音符,艺术地结合成为了音乐,建筑也应艺术地组合。"(学生语)从而使这一局部成了这节课的一个亮点。从开始备课时,准备删去这句话,到这句话成了这堂课的一个亮点,这正是微格教研带来的成功。微格教研,通过具体的比照,反思中酝酿出新的构思,有利于具体的修改。针对一堂课中某一个局部来分析、探讨,这样切口小,容易深入。相信,经过这样持之以恒的"琢磨",我们语文组的教师,必然会获益匪浅。

3. 主讲人表态

这是一节让我有所得、有所感的课!

9月底知道自己要开课时,心里还是彻底的茫然,加上对多媒体教学方式的抵触情绪,矛盾了整整一个多星期,不知该如何下手。首先选课题就是一个难题。浏览一、二、三单元,第一感觉没有好上的课文,我把目标放到了课外,包括实验教材,几乎将有感觉的文章都构思了一遍,结果还是回到了课本。语文教研组内的资深教师也被我搅得不太平,H老师和S老师为了选课题不知跟我谈了多少次,最后还是一次偶然的机会,无意中翻开12课课文,浏览一遍之后突然觉得它是篇好文章,一半是陌生,一半是好奇,我想也许应该借助多媒体教学的好机会把它教给学生。就这样瞬间敲定了要上12课。

紧接着就是漫长而又短暂的备课过程。漫长是因为搜集材料的过程几乎贯穿了我生活中的每一个环节,因为说明文本身比较枯燥,若没有配图讲解,学生听起来不会有太深的印象,可想而知效果也不会太好。所以,我通过网上查找、实物拍摄等方法,收集了大量的可供参考的图片,经过多次筛选、比较才留下最后的几幅。与教案相比,图片还只是次要的。教学过程的安排经过不下三次的修改,都是组内的老师给我提供建议和意见才不断地合理、完善起来。而这个过程也是自己逐渐有所收获的过程,让我真正感受到组内共同探讨、共同钻研的气氛,不胜感激。尤其电脑操作方面,从一知半解到娴熟操练,"技术"长进不少。

而短暂则是因为这课怎么准备都觉得不充分。材料多感觉就有些像"乱花渐欲迷人眼",到最后自己也不知该从何讲起了。还是组内的老师多方提示、指正,精简了不少内容。当然,这也是备课收获之一,感觉"敝帚自珍"是不行的,正所谓"听君一席谈,胜读十年书"啊!

至于正课以后的心得体会,具体有以下几点:

(1)时间有限,有些环节是随机的,也是视情况而定,即做两手准备。比如文章第3小节在文中的作用,只是一个预设的环节,讲与不讲要看需不需要,当我觉得学生已经从第3节明白、意识到了视觉污染的危害时,那我就不用赘述或多此一举了。

(2)课的上部分图片由于课前改动,因操作不习惯而滑过去,看起来有些不流畅。但此因素以后是可以避免的。

(3)学生反应相对较好。事先备课的时候就考虑到,一个问题撒下去必须有"遍地开花"的效果,即大部分人都能有感觉,比如讨论防治办法,选择最喜欢的图片这两个环节。但限于时间关系,举手的学生并不能都发言,如果在平时,作为老师肯定会倾听每一个学生的意见,不至于会给听课老师以压制学生、不尊重学生的感觉。同时也还是因为时间仓促,学习本文的现实意义这一问题没有完全落实,只在结尾时一语带过,实是遗憾,这将在下一节课中有所补充!

(4)通过这节课我想学生应该基本都弄懂了视觉污染的内涵,也应该具有在日常生活中预防和治理的想法,但培养学生对建筑美的欣赏能力却还需要在以后的教学中继续推进,不能浅尝辄止罢!

(5)另外课堂提问的艺术性问题也是本节课引发的一个思考,值得我从每一节课去注意、锻炼,争取师生互动达到更加良好的状态!

感谢语文组各位老师的关怀、指导!

【案例3】

初中英语课"Controlling fire"

1. 教案

Controlling fire(节选)

教学目标	Learning some information about fire Matching the fire-fighting tools with the descriptions Writing a report on fire rules			
时间分配	授课行为	授课技巧	学习行为	教具媒体
6′	3. Information about fire: a. Early men and the fire: Who first found the fire? What did early men use fire for?	导入性提问激发兴趣	回答	多媒体图片 (slide 5-8)

8′	b. The usage of the fire:
	  at home,
	  at work,
	  in some places,
	  in the countryside
		一般性提问讲解	分组发言	多媒体图片
				(slide 8-14)
				录音机

2′	c. Sometimes fire is harmful. It can destroy everything	总结概括 启发思维	理解	多媒体图片 (slide 15)

10′	4. About firemen:
	  their work,
	  work place,
	  their clothes,
	  fire-fighting tools and materials
		解释讲述
		动作技巧
		强化信息
			朗读	多媒体图片
				(slide 16)
				录音机

4′	5. Practice: fire rules	图示式板书	讨论交流	多媒体板书
10′	6. Situational setting: Going for a barbecue. What will I be like? Fire Safety Wee at school. Talking about my uncle Ken zhao	创设情景 动作技巧	反馈 表演小品	图片

2. "2+2"评价

表扬性意见:

(1) 教态较好,语言具有亲和力,课堂气氛融洽。学生全员积极参与,形成了很好的师生互动。

(2) 多媒体的教学手段与教材内容很好地相结合,教学流程明晰,教学目标明确,节奏快,容量大。

建设性建议:

(1) 教学目标比较多,体现目标时重点还可以再突出一些。

(2) 对大段课文的处理，形式可以多样化，可采用录音机，学生跟读，填空，竞猜抢答，提问等多种形式学习课文。

3. 主讲人表态

这是一堂校际公开课，先在教研组内商定课题并说课，选定 Controlling fire。

我的教学目标体现在以下教学过程中：

(1) 回顾复习以前所学自然元素，水 water，空气 air，土地 earth，风 wind，结合环境污染，讨论 What can we do to stop the pollution?

(2) 学习有关火的信息，远古用火由来 early man and the fire，现代生活中火的运用 the usage of the fire，火的危害 fire can destroy everything。

(3) 学习消防用具和有关消防员的知识，fireman, fire-fighting tools and materials。

(4) 生活中用火的注意事项的讨论，居家 at home、校园 at school、公共场合 in the park, in the library...

最后通过情景设置，四个话题和场景，学生进行小品短剧的表演，体现了良好的教学效果。

制作幻灯片时，我查找了许多资料，听取教研组同事们的意见，准备了手绘图片，录音磁带，在大家的点拨和帮助下完成了多媒体课件。

这节课，我在课堂教学的手段和技巧上有了很大收获，对这节课的框架，思路我也比较满意。但也存在不足之处，比如，最后的总结还可以让学生来说等等，我想，我会在以后的教学过程中注意改进和提高的。

实习活动

就"提问技能"或其他教学技能设计4—5分钟的教学片断，并进行4—5人的同侪训练。

主要参考文献

1. 刘舒生主编:《教学法大全》,经济日报出版社,1990年版。
2. 孟宪恺主编:《微格教学基本教程》,北京师范大学出版社,1992年版。
3. [英]George Brown, *Micro teaching*, Methuen & Co. Ltd, 1985年版。
4. 郭友等编著:《教师教学技能》,首都师范大学出版社,1998年版。
5. 德瓦埃特·爱伦(美)、王维平著:《微格教学》,新华出版社,1995年版。
6. [澳]C. Turney, K. J. Eltis, etc. *Sydney Micro Skills*, Griffin Press Ltd, 1987。
7. 赵祥麟、王承绪编译:《杜威教育论著选》,华东师范大学出版社,1981年版。
8. [美]B·S·布鲁姆等著,邱渊等译:《教育评价》,华东师范大学出版社,1987年版。
9. 瞿葆奎主编:《教育学文集·教师卷》,人民教育出版社,1991年版。
10. 荣静娴、汪思谦编:《中学物理课堂教学技能研究》,高等教育出版社,1994年版。
11. 王秋海主编:《课堂教学技能微格训练》,吉林人民出版社,1998年版。
12. 区培民著:《语文教师技术行为概论》,贵州人民出版社,1998年版。
13. 施良方、崔允漷主编:《教学理论:课堂教学的原理、策略与研究》,华东师范大学出版社,1999年版。
14. 傅道春著:《教师技术行为》,黑龙江教育出版社,1994年版。
15. [美]B·S·布卢姆等编著,罗黎辉等译:《教育目标分类学(第一分册:认知领域)》,华东师范大学出版社,1986年版。
16. [美]Donald R. Cruickshank等著,时绮等译:《教学行为指导》,中国轻工业出版社,2003年版。
17. [美]Joanne M. Arhar等著,黄宇等译:《教师行动研究——教师发现之旅》,中国轻工业出版社,2002年版。
18. [美]Thomas L. Good等著,陶志琼等译:《透视课堂》,中国轻工业出版社,2002年版。
19. 沈毅、崔允漷主编:《课堂观察——走向专业的听评课》,华东师范大学出版社,2008年版。
20. 沈龙明著:《中学课堂教学艺术》,高等教育出版社,2004年版。
21. 夏志芳总主编:《学科课堂教学行为研究及案例(语数外理化生史地政分册)》,江西教育出版社,2009年版。